복 있는 사람

오직 여호와의 율법을 즐거워하여 그 율법을 주야로 묵상하는 자로다.
저는 시냇가에 심은 나무가 시절을 좇아 과실을 맺으며 그 잎사귀가 마르지 아니함 같으니
그 행사가 다 형통하리로다. (시편 1:2-3)

아브라함 카이퍼는 프랑스 혁명 이후 급격하게 세속화된 유럽 사회와 문화 속에서, 한편으로는 삶의 모든 영역에서의 하나님의 주권을, 다른 한편으로는 각 영역의 고유 권한과 책임을 중시한 사상가요 실천가이다. 그는 학문 영역뿐만 아니라 정치와 언론, 교육과 문화 영역에서 탁월한 지도력을 발휘한 하나님의 사람이었다. 그의 삶을 유럽 문화와 사회를 배경으로 탁월하게 그려낸 이 책은, 하나님 나라에 대한 열망을 가진 청년들과 목회자들에게 커다란 영감의 원천이 될 것이다.

강영안 | 서강대학교 철학과 교수

아브라함 카이퍼는 인생의 전 영역에서 삶의 체계로서의 칼빈주의를 몸소 실천한 인물입니다. 국가 개혁교회 목사의 아들로 태어나 신학을 공부하고 목사가 되어 네덜란드의 베이스트 교회, 우트레흐트 교회, 암스테르담 교회에서 목회한 목회자로, 네덜란드 주간지 '드 헤르아우트'지와 일간지 '드 스탄다르트'지의 편집장으로, 그리고 국회의원, 네덜란드 수상으로서의 카이퍼의 면모와, 네덜란드 자유대학 총장으로, 그리고 네덜란드 국가교회에서 분리교회, 돌레안치 교회를 넘어 네덜란드 개혁교회를 조직한 그의 삶의 면면이 이 책에 잘 담겨 있습니다. 목회자, 신학생뿐 아니라 개혁신학에 관심하는 모든 성도 여러분의 일독을 권합니다.

김길성 | 총신대학교 부총장 및 신학대학원장, 조직신학 교수

역사적 인물을 올바로 이해하기 위해서는 그 인물의 생애와 그가 살았던 시대에 대한 이해가 필수적입니다. 이 책에는 네덜란드 개혁교회의 위대한 목회자이자 신학자이며 정치가였던 아브라함 카이퍼의 생애와 그가 활동했던 19세기의 시대상이 고스란히 담겨 있어, 역사적·사상적 맥락 속에서 한 인물을 연구하고 살펴볼 수 있습니다. 개혁 신앙에 대한 관심과 열정을 가진 목회자와 신학생들은 물론, 이 시대를 살아가는 모든 그리스도인에게 강력히 추천합니다.

최윤배 | 장로회신학대학교 조직신학 교수, 한국칼빈학회 명예회장

여기 카이퍼에 대한 좋은 소개가 또다시 주어져, 김기찬 목사의 번역서와 정성구 교수의 「아브라함 카이퍼의 사상과 삶」과 함께 읽을 수 있는 좋은 책을 우리말로 읽을 수 있게 되었습니다. 이 책은 19세기와 20세기 초의 네덜란드 개혁교회의 역사뿐 아니라, 개혁신학을 지닌 한 신앙인이 네덜란드 사회와 온 세상에 어떻게 큰 영향을 미쳤는지를 잘 알 수 있게 해줍니다. 얼마 전에 번역된 헤르만 바빙크의 「개혁교의학」과 함께 카이퍼에 대해서도 앞으로 더 구체적인 소개와 논의가 이루어지는 일에 이 책이 좋은 기여를 할 것을 믿으며, 한국의 진지한 독자들에게 기쁨으로 추천하는 바입니다. 이 책을 통해 우리 모두가 아브라함 카이퍼와 더 깊이 대화할 수 있었으면 합니다.

이승구 | 합동신학대학원대학교 조직신학 교수

아브라함 카이퍼는 네덜란드 신칼빈주의의 부흥을 주도했던 탁월한 신학자요, 영적 지도자였다. 동시에 그는 탁월한 정치인이자 언론인이었으며 교육자이자 사상가요 변증가로서, 오직 하나님의 영광을 위해 자신의 삶을 아낌없이 불태웠다. 카이퍼는 16세기 제네바의 존 칼빈과 18세기 뉴잉글랜드의 조나단 에드워즈, 그리고 20세기 영국의 C. S. 루이스에 비견될 만한 위대한 그리스도인이다. 이 책 「그리스도가 왕이 되게 하라」는 한 사람의 신실한 그리스도인이 어떻게 한 시대를 변화시키며, 하나님 나라의 대의명분을 위해 영구적인 영향을 미칠 수 있는지를 간결하고 명쾌하게 제시해 준다. 모든 그리스도인, 특히 이 시대의 아픔과 문제를 안고 고민하는 청년들에게 적극 추천한다.

정성욱 | 덴버 신학대학원 조직신학 교수

아브라함 카이퍼는 신앙과 학문 그리고 삶이 통합된 구체적인 롤 모델(role model)입니다. 비록 그가 활동했던 시기와 상황은 다르지만, 우리는 이 책을 통해 많은 시사점을 발견할 수 있습니다. 무엇보다 한국의 그리스도인들과 교회가 그를 통해 이 시대에 필요한 패러다임과 통찰력을 배울 수 있을 것입니다. 또한 삶의 모든 영역에서 주님의 왕되심을 드러내기 위해 헌신했던 그의 모습이 우리에게 크나큰 도전을 가져다줄 것입니다. 이 책을 통해 21세기 한국의 아브라함 카이퍼가 나올 수 있기를 기대합니다.

최용준 | 한동대학교 글로벌에디슨아카데미학부 교수

카이퍼는 개혁 교리의 풍성함과 아름다움을 우리 시대의 후손들에게 신뢰할 만한 추천장과 더불어 전달해 주었다. 카이퍼가 부흥시킨 개혁주의 교리들의 특징을 한마디로 하면, 곧 모든 것이 하나님으로 말미암았고 모든 것이 하나님께로 돌아간다는 것이다.

헤르만 바빙크 | 『개혁교의학』 저자

카이퍼는 교회에서나 국가에서나 가장 중요한 사람이었다. 그는 반혁명당의 수장이자 조직자로, '드 스탄다르트'지의 편집장으로, 암스테르담 자유대학의 창설자이자 수호자로, 교회의 영적 자유에 대한 변함없는 변호자로, 개혁교회의 신앙고백과 원리들의 수호자로, 주목할 만한 영향력을 그의 조국 네덜란드에 행사했다. 한마디로 카이퍼는 교회와 국가의 힘이었다.

B. B. 워필드 | 전 프린스턴 신학교 조직신학 교수

카이퍼는 끊임없이 우리를 놀라게 한다! 카이퍼의 탄탄하고 확신에 찬 칼빈주의 속에서, 나는 그동안 내가 찾아 왔던 한 비전을 발견했다.

리처드 마우 | 풀러 신학교 총장

나는 오래도록 생각해 왔고 또 계속 생각하는데 이것은 참 놀라운 일이다. 우리가 이제 포스트모던 견해라고 인정하는 예일 신학자라고 부르는 사람들을 볼 때, 칼 바르트가 1920년대에 그러한 견해에 이르렀다는 것은 놀라운 일이다. 그러나 더욱더 놀라운 것은, 아브라함 카이퍼가 이미 백여 년 전에 포스트모던 학문관에 도달했다는 것이다.

니콜라스 월터스토프 | 『정의와 평화가 입맞출 때까지』 저자

그리스도가 왕이 되게 하라

L. Praamsma

Let Christ Be King

그리스도가 왕이 되게 하라

루이스 프람스마 지음 | 이상웅·김상래 옮김

복 있는 사람

그리스도가 왕이 되게 하라

2011년 11월 28일 초판 1쇄 발행
2021년 5월 21일 초판 4쇄 발행

지은이 루이스 프람스마
옮긴이 이상웅·김상래
펴낸이 박종현

(주) 복 있는 사람
서울특별시 마포구 연남동 246-21 (성미산로 23길 26-6)
Tel 723-7183(편집), 723-7734(영업·마케팅) | Fax 723-7184
hismessage@naver.com
등록 1998년 1월 19일 제1-2280호

ISBN 978-89-6360-067-3

Let Christ Be King
by L. Praamsma

Copyright ⓒ 1985 by Paideia Press Ltd.
Originally Published in English under the title
Let Christ Be King: Reflections on the Life and Times of Abraham Kuyper
Published by Paideia Press Ltd., P.O. Box 1000, Jordan Station, Ontario, Canada L0R 1S0.
All rights reserved.
Korean Translation Copyright ⓒ 2011 by The Blessed People Publishing Co., Seoul, Korea.

이 책의 한국어판 저작권은 (주) 복 있는 사람이 소유합니다.
저작권법에 의하여 한국 내에서 보호를 받는 저작물이므로 무단전재와 복제를 금합니다.

차례

해설의 글 _13

1. 19세기의 시대정신 _39

2. 시행착오: 그 시대의 신학 _63

3. 네덜란드의 상황 _75

4. 젊은 카이퍼 _91

5. 목사관에서의 회심 _103

6. 평화를 어지럽히는 자 _119

7. 작은 단상 _141

8. 위대한 모험 _161

9. 교회의 개혁자 _181

10. 세상의 소금: 카이퍼와 사회 문제 _205

11. 교수로서의 카이퍼 _221

12. 신세계에서 _249

13. 두 가지 은혜 _269

14. 그리스도 우리의 왕 _293

15. 방관자의 입장에서 _313

16. 마치며 _349

추천 도서 _371

주 _377

해설의 글

아브라함 카이퍼Abraham Kuyper(1837-1920년)는 헤르만 바빙크, B. B. 워필드와 더불어 세계 3대 칼빈주의 신학자라 불리는 동시에, 제2의 칼빈이라 불리는 신학자이다. 그의 방대한 저작과 다방면에 걸친 사역을 훑어보면, 왜 사람들이 그를 가리켜 "10개의 머리와 100개의 손을 가진 사람"이라고 놀라워했는지를 긍정하게 될 것이다. 그는 목회자, 신학자, 언론인, 국회의원, 대학 설립자, 대학 교수, 교회 개혁자, 정당 당수, 수상 등 다채로운 생의 이력을 가진 사람이다. 카이퍼는 살아 있을 때만 많은 영향력을 행사한 것이 아니라, 그가 서거한 지 90년이 지나가는 지금의 시점에서도 다방면에 걸쳐 많은 영향력을 행사하고 있다. 그를 통해 네덜란드의 개혁교회가 갱신되었고, 사문화되고 있던 칼빈의 종교개혁 신학이 부흥하게 되었다. 뿐만 아니라 삶의 모든 영역에서 그리스도의 주권을 높이기 원했던 그의 생애 모토에 찬동하는 수많은 추종자들이, 학문, 예술, 정치 등 삶의 다방면에 걸쳐 하나님의 말씀에 기초한 개혁을 시도했고 성공하기도 했다. 몇몇 예를 들면, 그가 세운 자유대학, 반혁명당(그 뒤를 잇는 기독민주당과 최근 수상을 지낸 발케넨데), 그의 영향을 받아 시작된 헤르만 도여베이르트 그룹의 칼빈주의 철학 운동, 그리고 미국과 캐나다에 세워진 여러 학교와 기구들, 국내에서는 기독교학문연구회, 기독교윤리실천운동, 기독교대학설립동역회, 한동대학교 등을 들 수 있을 것이다.[1] 그만큼 그의 이름과 사상은 아무것도 아닌 것으로 지워버리기에는 너무나 큰 의미를 가지고 있다.[2]

미국에서 아브라함 카이퍼는 프린스턴 신학교와 네덜란드 계열의 칼빈 신학교 등을 통해 알려지게 되었고, 국내에서는 두 장로교 신학자, 곧 박형룡 박사와 박윤선 박사에 의해 소개되기 시작했다. 두 사람의 저술에 카이퍼의 이름이 끊임없이 등장하는 것을 볼 수 있다. 이후 정성구, 차영배, 서철원, 손봉호, 최홍석, 강영안, 유해무, 이상원, 정광덕, 이신열, 최용준 교수 등 많은 학자들에 의해 카이퍼 사상의 면모들이 소개되었고, 몇 권의 전기도 출간되었으며, 몇몇 사람들의 노력을 통해 「칼빈주의 강연」, 「하나님께 가까이」, 「성서속의 여인들」, 「기독교와 사회문제」 등과 같은 책이 번역되어 출간되었다. 그러나 카이퍼의 저술이 220여 권이나 된다는 사실을 기억한다면, 상당히 제한적인 언어인 네덜란드어를 자유로이 읽을 수 없는 수많은 개혁 신학도들에게 카이퍼의 신학 사상을 직접적으로 접할 수 있는 길은 아직까지도 요원하다는 것을 알 수 있다.[3] 그리고 또 한 가지 아쉬운 점은, 아직까지 카이퍼의 신학 사상을 체계적으로 분석하고 평가한 책자가 국내에는 전무하다는 것이다. 따라서 카이퍼나 바빙크의 신칼빈주의 신학 연구 분야는 여전히 미개척 분야라고 할 수 있다.[4]

이 책 「그리스도가 왕이 되게 하라」는 루이스 프람스마Louis Praamsma의 저작 *Let Christ Be King: Reflections on the Life and Times of Abraham Kuyper*를 완역한 것이다. 저자 프람스마는 네덜란드에서 출생하여 1945년에 암스테르담 자유대학 신학부에서 '교회사가로서의 아브라함 카이퍼'라는 주제로 박사 학위를 받은 교회사가이다. 짧고 간결한 형태로 구성된 이 책은, 카이퍼의 생애와 사상뿐 아니라 그가 활동했던 19세기 시대 상황과 사상을 객관적으로 다루고 있어, 역사적·사상적 맥락 속에서 한 인물을 파악하는 데 많은 도움을 준다. 이 책을 읽는 독자들의 이해를 돕기 위해 카이퍼가 활동했던 시대와 그의 생애를 간략하게 정리하고자 한다.

1. 아브라함 카이퍼의 시대적·사상적 배경

위대한 사상가나 신학자의 사상을 올바르게 이해하기 위해 그의 시대적·사상적 배경을 충분히 살피는 것은 당연한 일이다. 아브라함 카이퍼는 1837년 네덜란드 남서쪽에 위치한 마스슬라이스에서 출생하여, 1920년에 헤이그에서 별세했다. 그가 태어나 활동한 시기를 지배했던 시대 사조는 무엇이었고, 또한 유럽과 네덜란드를 풍미했던 신학 사조에는 어떤 것들이 있었을까? 그리고 카이퍼는 그와 같은 시대적·사상적 배경과 어떠한 상호작용을 주고받으며 마침내 칼빈주의 개혁 신학의 부흥을 이끌 수 있게 된 것일까?

1) 19세기의 시대정신

루이스 프람스마에 따르면, 카이퍼나 그의 선각자였던 흐룬 판 프린스떠러Groen van Prinsterer(1801-1876년)가 활동했던 19세기의 시대를 지배했던 시대정신을 파악하기 위해서는, 무엇보다도 프랑스 대혁명이라고 하는 엄청난 사건을 염두에 두어야 한다.[5] 자유, 평등, 박애를 기치로 내걸었던 프랑스 대혁명은, 한편으로는 잘못된 구제도에 대한 심판 사건이기도 하겠으나, 그 근본 뿌리에 있어서는 반신적反神的인 사건이라 할 수 있다. 즉 프랑스 대혁명에 표출된 근본정신은 앞선 시대의 합리주의, 이신론, 자연주의, 그리고 유물론 등이 최고조로 꽃을 피운 것이다. 그리고 이어지는 19세기는 프랑스 대혁명이 표방한 사상들을 더욱 발전시키려는 경향과 또한 부정적인 요소들에 대한 반동적 경향으로 구성된다고 말할 수 있다. 프람스마 박사가 분류하는 바에 따르면, 반동적 경향에 속한 것으로 복고주의와 보수주의, 낭만주의와 역사주의, 부흥 운동과 정통주의 등을 들 수 있겠고, 혁명 정신의 선상에서 더욱 발전적으로 나아가려고 한 경향으로는 자유주의, 사회주의,

공산주의, 진화론 등을 들 수 있다.[6]

2) 19세기 전반의 네덜란드 개혁교회

카이퍼의 생애와 사역을 살펴보기 위해서는 19세기 네덜란드의 교회 상황도 고려해야 한다. 왜냐하면 그는 네덜란드 국교회 목사의 아들로 태어나 동일한 교단의 목사가 된 사람이요, 후에는 국교회로부터의 분리 운동을 통해 네덜란드 개혁교회를 설립했기 때문이다. 네덜란드 국교회는 네덜란드가 나폴레옹 군에 의해 상실되었던 국권을 회복한 후에 나라와 교회를 재정비하는 과정에서 생겨났다. 국가와 교회의 깊은 결속을 원했던 개혁교회의 지도자들은, 빌럼 1세를 지지하면서 교회 재조직을 위한 모든 비용을 왕이 부담해 줄 것을 요청했다. 1814년에 개신교 네덜란드와 가톨릭 벨기에의 합병 후 1815년에 이르러, 빌럼 1세는 법 앞에 모든 종교단체가 평등하다는 새로운 법안을 발표했다. 그리고 빌럼 1세는 1816년에 네덜란드 안에서 교회 조직의 재정비를 통해 개혁교회들 간의 결속을 추진했다. 그는 교회들 간의 단일성을 위해 개혁교회에 계급 구조적 교회 규정을 새롭게 제시했으며, 지역교회협의회들의 다양한 업무를 정부가 감독하도록 했다. 또한 교회 안에서 일어나는 문제들의 최종 권한을 국가 총회에 위임했다. 그 총회의 구성원들은 왕에 의해 임명되었고, 지역협의회의 임원은 정부에 의해 선임되었다. 이것은 네덜란드 남쪽 지역과 벨기에에 지배적이던 로마 가톨릭에 맞서 세력 균형을 이루기 위한 것이었다. 그래서 교회들 간의 교리적 차이에도 불구하고 하나의 국가적 개신교, 곧 포괄적인 개혁교회를 만들려는 정부의 야심이 숨어 있었다. 이로 인해 네덜란드 국교회는 마치 영국 성공회처럼 다양한 신학적 확신을 가진 이들이 한 울타리 안에서 자유롭게 활동하는 꼴이 되고 말았다. 그리고 세 개의 국립대학 신학부는 대다수 자유주의 신학자들에 의해 잠식되고 만다.

이와 같이 새롭게 출범한 네덜란드 국교회는 많은 이들의 환영을 받았다. 1817년 종교개혁 300주년 기념식에서, 네덜란드 국교회 새 총회의 상임 비서인 이삭 요한네스 더마우트는 교회들 간의 "깊은 평화"는 "종교개혁이 빚어낸 순수한 정신"의 결과라고 말했다. 그리고 계속해서, "네덜란드의 개혁교회는, 신앙을 고백하는 교회 구성원 간의 평화와 그 교회의 교사(신학 교수) 간의 형제적 우애—학교 교수들로부터 시작해 전 계층의 교인들에게로 퍼지는—그리고 그 교회의 제도적 모습이 향상된 사실 때문에, 하나님께 감사함으로 현재의 상황을 찬양한다"고 말했다. 그러나 새롭게 조직된 개혁교회를 정화하기 위해 전통적 교훈과 업적들을 보존함으로 그 교회의 추세에 맞서고자 하는 수많은 사람들도 있었다. 19세기 네덜란드 국교회 안에서 일어난 중요한 두 사건은, 다름 아닌 1834년의 '분리 운동'과 카이퍼에 의해 주도된 1886년의 '돌레안치 운동'이었다. 이후, 분리하여 나간 두 그룹은 1892년에 연합하여 '네덜란드 개혁교회'라는 새로운 교단을 형성했다. 그리고 여기에 가담하지 않은 소수의 그룹들은 기독교개혁교회로 남아 있다.

3) 19세기의 네덜란드 신학계를 풍미했던 신학 조류

카이퍼는 1873년에 출간한 한 소책자에서 19세기 네덜란드 신학계를 풍미하고 있던 다양한 신학 조류를 나열했다.[7] 특히 그는 일곱 가지 조류를 언급하며, 당시의 신학 학파들이 어떤 원리보다 주도적인 인물들에 의해 특색지어진다고 말했다. 그가 언급한 7대 조류와 주요 대표자는, 흐로닝헌 학파의 호프스떼이더 드 흐로트, 레이던 학파의 스콜턴, 윤리 신학파의 드 라 소세이, 경험론의 옵조머, 비판 학파의 두더스, 고백주의자 펠릭스, 그리고 평화주의인 크라머 등이다. 이 중에서 카이퍼에 대한 이해를 돕기 위해, 중요한 세 가지 신학 조류를 살펴보기로 하자.[8]

흐로닝헌 학파

흐로닝헌 학파의 주창자는 네덜란드 북쪽에 소재한 흐로닝헌 신학부의 교수였던 호프스떼이더 드 흐로트P. Hofstede de Groot(1802-1886년)이다. 슐라이어마허가 네덜란드에 알려지기도 전에 이 학파에서는 마음의 신학the theology of heart을 주창했다. 이 신학파는 감정의 뜨거움을 강조하고, 예수 그리스도를 인류의 위대한 교육자로 존경하며, 위대한 낙관론에 의해 특징지워진다. 또한 이 학파는 존 칼빈이나 도르트 신경을 작성한 선조들보다 네덜란드 인문주의자인 에라스무스와 후고 흐로티우스를 더욱 존중하는, 본질적으로 기독교 휴머니즘을 표방했다. 그들은 예수의 인성을 강조했으며, 기독론은 아리우스적이요, 인간론은 펠라기우스적이었다. 비록 합리주의적인 성경 비평을 거부하기는 했지만, 그렇다고 성경의 절대적 권위를 받아들이는 것도 아니었다. 그들은 성경의 무류성infallibility을 주장하는 것을 독단적이라고 거부했다.

이러한 신학이 카이퍼가 출생했을 때 풍미하던 신학이요, 대부분의 네덜란드 강단에서 울려 퍼지고 있던 사상이었다. 특히 흐로닝헌 시가 속한 흐로닝헌 주는 흐로닝헌 신학의 절대적인 영향력 아래 있었다. 이 신학파의 영향으로 흐로닝헌 주의 종교적 삶은 철저하게 타락하고 변질되기에 이른다. 이에 대한 반동으로 1834년 젊은 목사들에 의해 1차 교회 분리 운동이 일어났고, 흐로닝헌 주 안에서 많은 참여가 있었다. 카이퍼도 1868년부터 흐로닝헌 신학파에 대해 비판적인 입장을 공개적으로 표명하기에 이른다.[9]

윤리 신학 학파

슐라이어마허의 제자들 가운데 중재 신학파가 있는데, 이것의 네덜란드판이 바로 윤리 신학파이다. 윤리 신학파의 대표적인 주창자는 드 라 소세이Daniel Chantepie de la Saussaye(1818-1874년)와 그의 제자 휜닝Johannes H. Gunning(1829-1905년) 등이다. 이들은 전통적인 개혁파 정통주의에 항거하고 인간의 양심을 중시했던 헤베이 운동(스위스 부흥 운동)의 주창자 알렉산더 비네Alexander Vinet에 의해 영향을 받았다. 이들은 덴마크 사상가 키에르케고르에 처음으로 관심을 기울였으며, 또한 네덜란드적인 특색을 유지하면서 극단의 입장을 싫어했다. 그러한 성향은 1853년부터 간행하기 시작한 그들의 신학 동인지 이름인 '진지함과 평화Ernst en Vrede'에서도 표방되고 있다. 따라서 그들은 '평화주의자'라고 불리었다. 그들은 심지어 구원론적 진리들을 거부하는 이들과도 평화롭게 지낼 수 있었다.

그리고 이들은 당대의 실존주의자들로 불리었다. 드 라 소세이는 어떤 형태의 정통주의도 거부했다. 정통적인 신학 용어를 사용한다는 것은 살아 있는 신학의 증거가 아니라고 보았다. 또한 진리의 특색을 합리적인 것이 아닌, 윤리적ethical이라고 보았다. 그가 윤리적이라는 단어를 사용할 때 의미하는 바는, 도덕적 혹은 도덕주의적이란 뜻이 아닌, '내면적인 개인의 삶의 깊은 영역'을 의미했다. 이들이 주장하기를, 성경은 그 인간적 문서 형태로 인하여 온갖 종류의 하등 비평과 고등 비평에 의해서 공격당할 수 있지만, 그것이 우리 내면의 의식에 도달하자마자 하나님의 살아 있는 말씀이 된다고 했다. 헤르만 바빙크는 깜뻔 신학교의 교의학 교수로 취임한 이듬해인 1884년에 이 학파의 주창자 드 라 소세이의 신학에 대하여 분석하고 비평하는 책을 출간한 적이 있는데, 윤리 신학파가 취하고 있는 교리적 입장을 이 책에서 잘 분석했다.[10] 바빙크는, 윤리 신학파 학자들의 입장을 따르면 개신교와 가톨릭의 절대적 차이도 18세기 합리주의와 초자연주의의 차이도 모두 부정되고 만다고 분석했다.[11] 그들은 어떤 형태의 반정립 antithesis도 거부하는 종합론자synthesist였다. 후에 카이퍼의 사상과 활동에 줄기찬 비판과 저항을 보인 것도 바로 윤리 신학파에 속한 신학자들이었다.

근대 신학 학파[12]

카이퍼는 중도 보수적 목사였던 아버지의 영향하에 양육을 받았지만, 그가 신학을 공부했던 레이던 신학부는 철저하게 근대주의로 물들어 있었다. 심지어 당시의 레이던 신학부는 근대주의 신학의 아테네로 불리고 있었다. 근대주의에 속한 신학자들은 과거에 매인 사람이기보다 현재의 사람이기를 원했다. 당시는 자연과학이 승승가도를 달리고 있던 시대였기 때문에, 이들은 당연히 근대 자연과학과 조화를 이루는 신학을 추구했다. 카이퍼와 바빙크는 각기 근대주의 신학의 아성인 레이던 신학부에서 신학 수업을 받고 박사 학위를 취득했다. 이들을 가르친 스승들 가운데는 예수 그리스도의 부활을 부인한 라우언호프 교수가 있었고, 벨하우젠과 더불어 구약의 문서설을 주창한 쿠에넌과 같은 신학자도 있었다. 그리고 교의학 교수로는 네덜란드 근대주의 신학의 대스승으로 불리는 스콜턴 J. H. Scholten(1811-1885년)이 있었다.[13] 이 사람이 바로 카이퍼와 바빙크의 지도교수였다.

스콜턴은 처음에는 호로닝헌 신학파에서 출발했다. 그러나 그는 슐라이어마허의 제자였던 알렉산더 슈바이처처럼 형식적으로 개혁파 신학자이기를 원했기 때문에, 개혁파적인 용어들을 많이 사용했다. 그가 지은 저작의 제목도 「원자료들로부터 표현되고 평가된 네덜란드 국교회의 교리」였다.[14] 그러나 스콜턴은 그와 같은 개혁파적 용어를 사용하여 비개혁파적 신학을 산출했다. 그는 성경이나 신경의 권위를 강조하면서도 실제로는 그 권위를 허물어뜨리는 사람이었다. 그는 신관에 있어서도 스피노자의 신을 좋아했다. 그에게 하나님은 우주를 조화롭게 하고 조직하는 힘이었다. 그는 또한 개혁파의 중심 교리인 예정론을 말하지만, 실제로는 결정론을 주장했다. 섭리는 자연법과 합치하는 방식으로 일어나는 것이라 주장했고, 기적은 자연법과 일치하지 않으므로 전적으로 부인했다. 스콜턴에 의하면 예수는 종교의 탁월한 창시자일 뿐, 선재하는 분도, 동정녀에 의해 탄생한 것도, 무덤으로부터 부활한 것도 아니었다.[15]

근대주의 신학은 결국 19세기의 네덜란드 신학계와 강단을 석권했다. 교회들은 혼란과 소동에 휩쓸리고 불신앙의 물결이 노도처럼 네덜란드 교계를 휩쓸게 되었다. 목회자들이 강단에서 이러한 신학적 사상을 자유로이 유포해도 총회는 수수방관할 수밖에 없었다. 그것이 과학적인 시대에 교회가 나아가야 할 양심적이고 지적으로 솔직한 길이라고 대다수가 생각하고 있었기 때문이었다. 그러나 이러한 사상을 가지고서는 도무지 양심적으로 목회를 할 수 없어서 목회직을 포기하는 알라드 피에르손Allard Pierson과 같은 사람도 있었다.[16] 그러나 철벽같은 근대주의 신학에 항거하여 종교개혁 신학의 부흥을 추구한 신앙의 용사들이 있었으니, 그들이 바로 카이퍼와 그의 후계자인 헤르만 바빙크였다.

2. 아브라함 카이퍼의 생애와 사역

1) 출생에서 김나지움 재학기까지(1837-1855년)

아브라함 카이퍼는 주일이었던 1837년 8월 29일 오후 1시에 얀 프레드릭 카이퍼 Jan Frederik Kuyper(1801-1882년) 목사의 장남으로 마아스슬롸이스에서 태어났다. 그는 같은 해 12월 3일에 아버지의 집전하에 유아세례를 받았으며, 1841년에는 아버지의 목회지를 따라 제이란트 주의 항구도시 미덜뷔르흐로 이사하여 그곳에서 유년기를 보냈다. 선원이 되는 것이 꿈이었던 그는, 어린 시절 학교 교육 대신 집에서 부모님으로부터 교육을 받았다. 그의 공식적인 학교 교육은 아버지의 목회지인 레이던 시에 있는 김나지움에 입학함으로 시작되었다. 그는 1849년에서 1855년까지 인문 고등학교 교육을 받았다. 특별히 김나지움 시절에 그는, 역사 선생인 로버트 프라인 Robert Fruin 박사의 영향을 많이 받았다. 프라인 박사는 많은 저작들을 남긴 자유주의적 학자인데, 특히 칼빈주의가 네덜란드 역사에 미친 긍정적인 공헌을 카이퍼에게 인식시켜 주었다.[17]

2) 레이던 대학 재학 시절(1855-1862년)

레이던 대학에 등록하여 처음에는 고전 문학을 공부하여 최우수 성적으로 문학사를 받고(그의 부모가 출중한 현대어 실력을 갖추었기 때문에, 그는 어린 시절부터 언어에 대한 탁월한 소질이 있었다), 이후 신학부 학생으로 등록하여 신학을 공부했다. 그러나 당시 레이던 대학은 독일의 근대주의적 신학을 그대로 수입하여 가르치는 자유주의의 상아탑 역할을 하고 있었다. 특히 교회사 교수인 라우언호프Rauwenhoff는 그리스도의 부활을 공공연히 부인했으며, 교의학 교수인 스콜턴은 자칭 개혁주의 신학자라고 했으나 실상은 네덜란드의 슐라이어마허로 불리던 자유주의 신학자였다. 이와 같은 근대주의와 자유주의 분위기 속에서 신학 수업을 받으며, 그는 점차 부모님께 물려받은 전통 신앙을 상실하기에 이른다.[18]

그러나 하나님께서는 카이퍼가 재능 있는 자유주의 신학자로 길러지는 것을 결코 간과하지 않으셨다. 자유주의 신학에서 개혁주의 신학과 신앙으로 전향하도록 하는 일련의 계기들이 청년 카이퍼를 위해 준비되어 있었기 때문이다.[19] 우선, 1859년 네덜란드 북쪽에 위치한 흐로닝헌 대학 신학부에서 존 칼빈과 개혁자 존 아 라스코J. a Lasco(1499-1560년)의 교회관을 비교하는 주제로 현상 논문을 공모했는데, 카이퍼의 재능을 알아본 교수의 추천에 의해 그는 이 공모전에 응모하게 된다. 카이퍼는 이러한 계기로 칼빈을 연구하게 되었고, 우리에게는 별로 알려져 있지 않지만 네덜란드 종교개혁사에 중요한 기여를 한 폴란드 출신의 종교개혁자 존 아 라스코를 연구하게 되었다. 그러나 라스코의 주요 저작들을 유럽의 어느 도서관이나 중고 서점에서도 구할 수 없게 되자, 그의 연구는 난관에 봉착하게 된다. 그러다가 우연히도 자신의 문학 교수인 드 프리스M. de Vries의 부친이요 하알렘의 목사였던 드 프리스 목사의 개인 서재에서, 유럽의 모든 대학에서도 구할 수 없었던 라스코의 전집을 발견하게 되고, 하나님의 섭리의 손길을 처음으로 느끼게 되었다.[20] 이와 같은 기적을 체험한 그는, 손쉽게 현상 논문의 저술을 마칠 수 있었고 결국 우승하기에 이른다. 카이퍼는 이 논문을 손질하여 박사 논문으로 제출하고, 1862년 9월 20일에 신학박사 학위를 취득했다.

또한 이 시기에 빼놓을 수 없는 한 가지는, 그의 약혼녀에게서 선물로 받은 한 권의 소설책이 그에게 미친 영향이다. 영국의 여류 소설가 샤를롯 메리 용어Charlotte M. Yonge가 쓴 「레드클리프의 상속자」라는 책인데, 그 책은 소설의 형태로 된 경건 서적이었다. 두 사람의 대조적인 인생 역정을 비교하여, 어머니된 교회가 한 인간의 출생으로부터 사망에 이르기까지 어떠한 역할을 하는지를 감동적으로 그린 이 소설을 통해, 카이퍼는 이와 같은 교회를 진심으로 사모하게 되었다. 즉 고아 같은 그의 생애 가운데 걸음마다 인도해 준 어머니 같은 교회를 말이다. 카이퍼는 또한 여기서 칼빈이 그의 「기독교 강요」 제4권에서 하나님을 아버지로 교회를 어머니로 묘사한 것을 회상한다. 그가 감명받은 것은 무엇보다도 성례, 가정 및 공적 예배의 확실한 형식, 감동적인 예배 프로그램, 그리고 영국 교회가 '기도서'에 커다란 중요성을 부여하는 점이었다. 이러한 체험은 카이퍼의 이상적인 성경적 교회관의 기원으로 작용하게 된다.[21]

3) 목회 시절(1863-1874년)

첫 목회지 베이스트 교회

카이퍼는 학위를 취득한 후 자신의 목회 임지를 찾던 중, 1863년에 헬더란드 주에 속한 베이스트라는 작은 마을 교회에서 초빙을 받고 목회를 시작하게 된다. 목회 초년기에 그는, 레이던 대학에서 배운 자유주의와 역사적 연구를 통해 접하게 된 개혁주의 사이의 중간 지대를 통과하고 있었다. 카이퍼가 부임한 교회 회중의 대다수는 철저한 개혁주의 노선과는 거리가 멀었다. 그들에게는 영적인 열정이 없었다. 다만 그 교회 내에는 옛 개혁주의 유산을 소중하게 간직하고 있는 소수의 무리가 있었는데, 그들 중 특히 방앗간 주인의 딸로 노처녀였던 삐쳐 발투스는 새로 부임한 젊은 목사 카이퍼를 반겨 맞아 주지 않았다. 하지만 심방을 통해 삐쳐와 가진 많은 대화를 통해, 카이퍼는 결정적인 영향을 받게 된다. 후일에 그는, 이때에 비로서 자신의 인생에 새벽별이 떠올랐다고 고백했다.[22]

청년 목회자 카이퍼는 평범한 회중이나 서민들과 잘 어울리는 편이었다. 베이스트 교회 재직 당시 교회 내 선거권이 문제가 되었을 때에도, 그는 서민의 편에 서서 발언했다.[23] 그리고 그는 이곳에서도 계속해서 교회사 연구에 몰두했는데, 특히 그의 학위 논문 서문에서 약속했던 것과 같이 「존 아 라스코 전집」을 마침내 출간하게 된다.[24] 또한 카이퍼는, 칼빈과 동시대 역사에 대한 연구에 집중하면서 본의 아니게 정치 분야에 대해서도 많은 관심을 가지게 된다. 이러한 일련의 과정들을 통해 그는 흐룬 판 프린스떠러와 밀착하게 된다. 카이퍼나 그의 부인은 도시풍의 사람들이었다. 그의 첫 목회는 4년여의 기간으로 끝맺음하게 된다. 1867년에 다음의 목회지로 떠나게 되었을 때 그는, 회중들 앞에서 자신의 부임 초기에 행한 비복음적 설교에 대해서 공적으로 회개했다.

우트레흐트 돔 교회 목회 시절

카이퍼는 1867년(30세)에 네덜란드의 중부에 있는 아름다운 중세 도시 우트레흐트의 돔 교회 담임목사로 부임하게 된다. 이곳에는 세 개의 국립대학 중 하나가 소재해 있었고, 보수적인 오스떠르제이Van Oosterzee 교수가 활동하고 있었다. 카이퍼는 이곳에서 본격적으로 교회 개혁의 지도자로 전면에 나서게 된다. 우트레흐트 교회 재직 시절 문제가 되었던 것은, 교단 총회에서 시행하는 형식적인 교회 시찰이었다. 카이퍼는 영적인 실체는 무시한 채 일상적인 설문조사로 일관하는 총회를 비판했다(당회는 교회 시찰을 위해 총회에서 보내온 설문조사에 응하지 않고 설문지를 돌려보냈다). 이러한 반항은 교회 언론, 신문 등에 대서특필되어 급속도로 전국을 술렁이게 했고, 찬반양론이 펼쳐지면서 국가교회는 그 문제의 심각성을 드러내고 말았다.

1867년 3월 1일 발표된 23조에 의해 시행된 1868년 교회 선거의 결과는 카이퍼를 비롯한 정통주의자들을 흥분시키기에 충분했다. 전국적으로 자유주의적인 장로, 집사들이 아닌 정통주의자들이 선출되었던 것이다. 하지만 그 승리는 최종적인 승리라기보다, 오히려 선전포고에 가까운 것이었다. 그 승리는 투표하지 않은 자유주의자들이 많아서였지 결코 정통주의자들이 우세해서가 아니었다. 또한 보수적이고 낙관적인 많은 정통주의자들은 카이퍼의 종교개혁에 동조하지 않고 오히려 그를 견제했다(그들은 '심각한' 싸움을 원치 않았다).

우트레흐트 시절에 카이퍼가 적극적으로 가담하기 시작한 또 하나의 공적 활동은, 소위 '학교 투쟁'이라는 것이었다. 교육제도와 국공립학교로부터 독립하려는 기독교 국립학교협회에 참여하여 개혁주의적인 기독교 학교 운동을 벌이게 되는데, 그때 그 협회의 명예회장이었던 흐룬 판 프린스떠러를 처음으로 만나게 된다. 젊은 카이퍼는 67세의 흐룬의 마음을 사로잡았고, 흐룬은 그런 카이퍼를 결코 놓치지 않았다. 더 나아가 흐룬은 카이퍼 박사를 반혁명당의 장래 지도자로 지목하고, 카이퍼는 반혁명당을 지지하여 1869년 국민 선거를 치르게 된다. 그 선거의 주 관심사는 학교 문제였다.

암스테르담에서의 목회 시절

1870년(33세)에 카이퍼는 네덜란드 국가교회의 중심지인 암스테르담 교회의 목회자로 부임하게 된다. 이로써 카이퍼의 본격적인 활동 시기가 시작된 것이다. 이때에 카이퍼는 이미 완전히 복음적이고 개혁 신학적인 사상으로 무장된 목회자요 사상가가 되어 있었다. 부임하던 이듬해에 그는 주간지 '드 헤르아우트*De Heraut*'의 편집장이 되었고, 1872년에는 일간지 '드 스탄다르트*De Standaard*'지의 편집장이 되었다. 카이퍼는 이 두 신문을 편집하는 역할만 한 것이 아니라, 이 매체들을 통해 그의 묵상록과 방대한 신학 연구물을 연재하기 시작한다. 그는 아무리 바쁜 일이 있어도 이 두 신문의 편집 일과 글 쓰는 일을 포기하지 않았는데, 이것은 개혁 신학과 사회 개혁을 위한 그의 사상을 전달하는 중요한 매개체가 되었다. 또한 그의 대중적 필치의 글들은 수많은 네덜란드 기독교인들의 영의 양식이 되었다. 그러나 1874년까지 지속된 암스테르담에서의 목회는 그의 목회 사역으로서는 마지막 기간이 되었다. 왜냐하면 1874년에 선거를 통해 하원 의원에 당선되면서, 헌법에 따라 목사직에서 물러나 장로가 되었기 때문이다.[25]

4) 국회의원으로서 학교 투쟁과 자유대학 설립(1874-1880년)

1874년 봄에 치러진 선거를 통해 카이퍼는, 하우다를 대표하는 하원 의원이 되었다. 이와 같이 그가 목사직을 내려놓으면서까지 정치가가 되고자 한 이유는, 반혁명당 당수였던 흐룬 판 프린스떠러와의 사귐이 계기가 되어, 제한된 목회 사역보다는 기독교적인 정신을 가지고 전국적인 영향력을 행사하고 싶은 열망을 가지게 되었기 때문이다. 정치가가 된 카이퍼는, 이제 막 정당 정치가 활성화되려고 하는 시기인 1878년 반혁명당의 수장의 자리에 오른다. 이후 그는 오랫동안 당수로서 정책 결정에 절대적 영향력을 행사하게 된다.[26]

하지만 그의 정치 여정은 결코 순탄치 않았다. 그가 마주한 중요한 현안 가운데 하나는, 기독교적인 정신을 가진 학교 설립을 국가가 법적으로 인정하고 다른 공립학교들처럼 재정을 지원하도록 하는 것이었다. 결국, 소위 학교 투쟁이라 일컫는 이 장기간의 투쟁을 통해, 어떤 종교적인 이념을 표방하는 학교든 국가의 법적인 인정을 획득하게 되었다.[27] 이 운동의 일환으로, 카이퍼는 세속화된 국립대학들에 반하여 성경적이고 개혁 신학적인 토대에 근거한 학문을 수행하고 교육할 수 있는 기관을 설립하려고 몸부림쳤으며, 그 결과가 바로 1880년 암스테르담에 세워진 자유대학이었다. 개혁 신학자 카이퍼는 단순히 개혁 신학을 가르칠 수 있는 신학교 설립에 만족하지 않았다. 진정 그가 원했던 것은, 개혁 신학적인 원리에 근거하여 모든 학문을 수행할 수 있도록 학생들을 교육하는 종합대학을 설립하는 것이었다. 카이퍼는 이와 같은 설립 이념을 대학 설립 당시 행한 강연에서 명시적으로 대내외에 알렸다. 이 강의의 주제는 '영역주권론'이었는데,[28] 그의 주요 논지는 다음의 세 가지이다.

첫째, 전능하신 하나님만이 모든 피조물들 위에 홀로 주권적이시다. 둘째, 하나님은 하늘과 땅의 모든 권세를 그의 아들 예수 그리스도에게 주셨다. 셋째, 예수 그리스도의 주권은 모든 삶의 개별 영역에서 인정되어야 한다.[29]

그의 강연은 특히 다음과 같은 유명한 구절에서 절정을 이루었다. "인간 존재의 전 영역 중에 만물의 주권자이신 그리스도께서 '내 것이라'고 주장하지 않으시는 곳은 단 한 치도 없다."[30] 그러나 자유대학은 공식적으로 비합법적인 교육기관이었다. 그곳에는 헌신된 소수의 교수들과 소수의 학생들이 모였다. 교실 창문에는 단테의 「신곡」 지옥편에 나오는 구절인 "여기에 들어오는 자는 모든 희망을 버려라"가 긁적여졌다. 그들은 졸업한다고 해도 학력을 인정받을 수 없었다. 하지만 카이퍼는 열성을 가지고 다양한 과목들—교의학뿐 아니라 히브리어, 설교학, 미학 등—을 가르쳤다.[31]

5) 교회 개혁 시기(1880-1892년)

자유대학을 설립하여 열과 성을 다하여 강의하던 카이퍼와 그의 추종자들은, 1880년과 1883년의 총회 결의안으로 인해 다시금 교회 내적 위기에 내몰리게 된다. 즉 총회가 결정하기를, 각 지역 교회들은 신임 목회자의 개인적인 신앙이 복음적인지 아닌지를 시험하지 말고 무조건 받아드리라는 것이었다. 이것은 참으로 복음적인 신앙을 가진 목회자와 신자들에게 커다란 위기로 받아들여졌고, 교회 내적 저항 운동이 불가피하게 되었다. 당시 암스테르담 교회의 장로이기도 했던 카이퍼는, 이와 같은 총회의 결정이 반영하는 바 개혁교회의 교리적 탈선을 애통해 하는 운동을 전개했다. '애통해 하다'라는 의미의 라틴어 돌로레dolore에서 비롯된 돌레안치Doleantie 운동이 바로 그것이다.[32] 본래 교회 내적 개혁 운동이기를 원했으나 총회파의 강경한 태도 때문에 교회 분열은 불가피하게 되었다. 국가교회 총회가 1886년에 카이퍼를 비롯하여 암스테르담 교회에 속한 개혁 인사 78명을 정직시켰기 때문이다. 전국적으로 200개 교회, 76명의 목회자, 18만 명의 교인들이 국가교회를 이탈하여 카이퍼의 대의명분에 동참했다. 카이퍼와 지도자들은 이에 만족하지 않고, 이미 1834년에 국가교회에서 분리하여 소규모 교단을 이루고 있던 네덜란드 기독교개혁교회측과 연합 운동을 전개하여 1892년에 '네덜란드 개혁교회'라는 새로운 교단을 형성하게 되었다. 이와 같이 새로 연합된 교단은 암스테르담에 자유대학과 깜뻔 신학교를 교역자 양성기관으로 가지게 되었다. 이때에 깜뻔신학교에는 헤르만 바빙크가 교의학 교수로 시무하고 있었다.[33]

6) 생애의 최정상에 선 카이퍼(1890-1905년)

영향력 있는 신학자요 언론인으로서 다방면에 걸친 맹활약과 저작 활동에도 불구하고, 네덜란드 내의 어떤 대학도 카이퍼에게 명예박사 학위를 수여하지 않았다. 그러나 1898년 미국의 프린스턴 대학에서 그에게 명예 법학박사 학위 수여와 스토운 강좌의 강의를 의뢰해 왔다.[34] 이에 응한 카이퍼는 생애 처음으로 증기선을 타고 대서양을 건너 신대륙으로 항해하여 미국에 도착했다. 여러 모로 환대를 받은 그가 미국에서 행한 강의의 제목은, 그가 그토록 사모하는 바 '칼빈주의 강연*Lectures on Calvinism*'이었다.[35] 이 강의는 여섯 주제—삶의 체계로서의 칼빈주의, 칼빈주의와 종교, 칼빈주의와 정치, 칼빈주의와 학문, 칼빈주의와 예술, 칼빈주의와 미래—로 이루어져 있다. 카이퍼는 강의 초두에 자신이 칼빈주의 안에서 안식을 얻었다고 고백한다. 그는 칼빈주의가 어떤 교파의 이름이나 신학 체계의 이름으로만 사용되는 것에 대해 반대를 표하면서, 칼빈주의야말로 당당한 세계관임을 천명함으로 강의를 시작한다.

1901년(64세) 카이퍼는 그의 생애에서 최정상에 서게 된다. 가톨릭당과 연합 전선을 편 반혁명당이 선거전에서 승리하며 카이퍼가 네덜란드의 수상이 된 것이다. 그는 1905년까지 수상 재임 기간 동안 철도 노동자들 파업, 남아프리카 문제 등 여러 일로 곤욕을 치루었지만, 그것은 기독교적인 정치를 시험대에 올려 본 중요한 계기가 되었다. 카이퍼가 수상 재임 기간 동안 이룬 입법상의 업적 가운데 가장 의미 있고 유명한 것은, 1905년의 고등교육법안이다. 이 법안이 통과됨으로 비공립학교의 법적 지위가 처음으로 인정받게 되었다.[36] 한편 그가 수상직을 맡게 됨에 따라 자유대학의 교수직은 헤르만 바빙크에게 이임되었다.

7) 말년의 생애(1905-1920년)

1905년 선거에서 약소한 차이로 패배한 반혁명당은 이후에도 여러 번 정권을 잡을 수 있었지만, 카이퍼가 수상이 될 수 있는 기회는 다시 주어지지 않았다. 은퇴를 시점으로 그의 지도권에 대한 다양한 반발이 당 안에서 일어났고, 대내외적으로 온갖 비난과 비판의 화살이 쏟아졌다.[37] 이에 카이퍼는 장기간에 걸쳐 지중해 여러 지역들과 성지를 순례했으며, 1908년 다시 정계에 복귀했지만, 이미 그의 전성시대가 지나간 뒤였다. 하지만 그는 그의 생애 후반에 예배 의식에 대한 중요한 책을 우리에게 남겼다.[38] 반혁명당의 오랜 지도자이자 전략가로서의 자신의 경험을 원용하고 정리하여 「반혁명 정치학*Antirevolutionaire Staatkunde*」이라는 두 권의 방대한 정치학 관련 저작을 출간한 것이다.[39] 또한 그는 성경책 중의 한 권에 대해 주석을 쓰고자 희구했던 자신의 소원을, 종말론에 관한 방대한 기사를 쓰는 중에 그 일부분을 요한계시록 주석에 사용함으로 성취할 수 있었다.

1918년 11월은 제1차 세계대전의 종결이라는 기쁜 소식과 더불어 사회주의 혁명의 기운이 네덜란드 전국을 긴장케 했던 달이었다. 당시 사회민주당 당수였던 뜨룰스트라P. J. Troelstra는 11월 11일 로테르담에서 노동자 계급의 궐기와 혁명을 촉구하는 연설을 하는가 하면, 이튿날에는 국회에서 같은 내용으로 연설하면서

혁명을 선포했다. 그러나 그의 예상과는 달리 네덜란드 국민들의 안정과 보수성에 대한 희구열은 강력한 것이어서, 오히려 뜨룰스트라는 3일 만에 자신의 발언이 실수였다고 고백하고 말았다.[40] 11월 18일, 왕궁이 있는 헤이그에서 수많은 사람들이 모여 오라녀 왕가를 지지하는 집회를 가졌으며, 같은 날 수많은 젊은 군인들이 카이퍼의 사저 앞으로 몰려와 여러 곡의 국민 노래와 시편을 찬송하면서 노년의 카이퍼에게 존경을 표했다. 이와 같이 카이퍼는 자신의 고국이 사회주의 혁명으로부터 안전하게 지켜지며, 1914년에서 1918년까지 유럽을 피로 얼룩지게 만들었던 제1차 세계대전에도 유린되지 않고 보호되는 것을 보았다. 자신의 일생의 정치적 노력이 헛되지 않았음을 확인한 것이다. 83세 생일을 넘기면서 카이퍼는 중병으로 앓아눕게 되고, 불과 얼마 뒤인 1920년 11월 8일에 서거하게 된다.

이상 우리는, 제2의 칼빈이라 불리고 10개의 머리와 100개의 손을 가졌다고 비유되는 아브라함 카이퍼의 생애와 그 시대적 배경에 대해 간략하게 살펴보았다. 자유주의 물결이 신학과 사회에 만연되고 있던 19세기 유럽의 상황 가운데서 하나님의 주권을 믿고 받들며, 만물의 모든 영역이 그리스도의 왕권이 미치는 영역이며 그리스도인은 이 모든 영역에서 하나님의 사역자로서(단지 신학자, 목사, 선교사로서만이 아니라) 각기 부르심을 받았다고 주장한 그의 정신은, 당대뿐만 아니라 그의 사후에도 수많은 사람들을 감동시키고 있다. 하지만 그도 역시 시대의 아들이어서, 그의 신학 사상에는 당시를 풍미했던 헤겔의 관념론의 영향력이 스며들어 있다. 성령론을 포함해, 그의 극단적인 유기체론, 영원칭의론, 극단적인 타락 전 예정론, 중생전제설 등이 그와 같은 사변적인 내용들에 의해 지배되고 있다. 따라서 극단적으로는 그를 일컬어 칼빈주의자가 아니라 초칼빈주의자Hyper-Calvinist라고까지 비평하는 학자들도 있다. 그러나 그의 공적인 활동과 그가 남긴 개혁주의적 사상(특히 일반 은총론, 영역주권론 등)이 아직까지도 전 세계 개혁교회와 장로교회 가운데 강력하게 영향을 미치고 있음은 부인할 수는 없는 일이다. 개혁된 교회는 항상 개혁되어야 한다는 것이 개혁주의의 모토라면, 누구의 사상이든 절대화할 것이 아니라 절대적인 성경의 빛 안에서 비평적으로 읽으며 발전적으로 계승해 나가는 것이 우리의 도리일 것이다.

이상웅
산격제일교회 담임목사

1   19세기의 시대정신

시대정신이라는 개념

현대 사회학의 창시자 에밀 뒤르껭Emile Durkeim(1858-1917년)은, 한 사회는 대다수의 평균적인 사람들에 의해 공유되는 감정이나 신념들로 이루어진 '집단의식'을 가진다고 확신했다.[1] 사회가 어떤 종류의 정신에 의해 방향을 제시하고 제시받고, 행동하고 반작용하며, 특징지워진다고 제안한 것은 뒤르껭뿐만이 아니었다. 그보다 한 세기 전에, 폰 헤르더J. G. von Herder(1744-1803년)는 자신의 책 「인류의 역사 철학에 대한 이념」에서 비슷한 관점을 제시했다.[2]

낭만주의의 첫 주자 중 한 사람인 헤르더는 연속적인 단계들 속에서 더욱 충만하게 표현되어지는 인간성의 정신 Geist에 대해 말했다. 그는 19세기 전반에 네덜란드의 흐로닝헌 신학Groningen theology에 영향을 미쳤다. 그리고 이 신학은 청년 아브라함 카이퍼에게 영향을 미쳤다.

따라서 카이퍼의 저작들 속에서 우리가 '시대정신spirit of the time'이라는 말이나, 카이퍼가 크게 존경했던 이삭 다 코스타Issac Da Costa가 표현한 '시대정신spirit of the age'이라는 말을 자주 보게 된다고 해도 놀랄 일이 아니다.³ 하지만 참된 인간성의 시대가 도래할 것을 예상했던 헤르더와 달리, 카이퍼는 '시대정신' 속 퇴락과 불경건을 향해 있는 위험스러운 경향성을 추적했다.

그는 명백한 공모 없이 동시에 몇 개의 장소에서 교회 문을 두드리고 있는 어떤 이단을 발견하게 된다는 주목할 만한 사실을 언젠가 지적했다. 그는 다음과 같이 논평을 했다. "우리는 시대의 정신에 대해서 논한다. 종교개혁과 프랑스 대혁명의 시대정신 혹은 18세기와 19세기의 시대정신을 비교해 보면, 한 시대와 다른 시대 사이에 본질적인 차이가 있다는 것을 직접적으로 느낄 것이다." 그는 시대정신을 드러내는 여론, 삶의 스타일과 패션, 그리고 사고하고 말하는 일반적인 방식 등과 같은 다양한 측면과 요소들에 대해서 기록했다. 하지만 그 모든 측면과 표현들조차도 시대정신의 역동성을 충분하게 설명하지는 못한다. 카이퍼는 "그러한 명백한 요소들 안과 배후에, 영적인 세계로부터 오는 신비스러운 영향들에 의해 야기되는 '일반적인 동력'이 우리의 분석을 피해 존재한다"고 기록했다. 그는 그러고 나서 사도 바울의 말씀을 인용했다. "우리의 씨름은 혈과 육을 상대하는 것이 아니요 통치자들과 권세들과 이 어둠의 세상 주관자들과 하늘에 있는 악의 영들을 상대함이라"(엡 6:12).⁴

이것은 역사적으로 건전한 평가이다. 역사는 실제로 시대들로 존재한다. 때때로 한 시대의 출발점을 발견하기가 어렵거나, 그 시대가 너무 길거나, 시대 사이에 길게 이어지는 과도기들이 있다 할지라도, 각 특별한 시대가 자신의 특별한 외관을 가지고 있다는 것을 부인할 수는 없다. 외관은 몇 가지 특징들에 의해 표기될 수 있다. 어떤 것들은 족보를 가지지만 모두 그런 것은 아니다. 오랜 요소들이 있는 반면, 새로운 요소들도 있다. 또한 모든 문명에는 연속성과 불연속성이 존재한다. 그리고 우리는 예수 그리스도의 교회 안에서 성령의 상존하시는 사역을 발견하지만, 또한 인간 정신에서 나온 행동과 반작용, 창안과 왜곡, 순종과 불순종도 발견하게 된다. 더욱이 우리는, "처음부터 살인한 자"(요 8:44)라고 불리는 자를 지시하는 신비하고 숨겨진 충동, 무모하고 때로는 압도하는 격정을 발견하기도 한다.

역사는 그 자체로 결코 반복되지 않는다. 우리가 역사적 병행들을 인지하게 되고, 어떤 인간 권력도 인간의 조건을 변화시킬 수 없어서 심지어 성경조차도 "해 아래 새 것이 없다"(전 1:9)고 말하고 있다 할지라도, 우리는 결코 어떤 원 안에서 걸을 수 없다. 시대가 시대를 이어 감에 따라, 우리는 더욱 복잡하고 무르익어 가는 시대에 산다.

우리는 아브라함 카이퍼를 그가 살았던 시대적 배경 속에서 접근하기를 원한다. 그의 시대의 가장 큰 특징은 무엇이었는가? 그 시대정신은 무엇이었는가?

여기에는 분명한 출발점이 존재한다. 선임자인 흐룬 판 프린스떠러Groen van Prinsterer와 마찬가지로 카이퍼를 항상 그의 시대를 특징짓는 어떤 출발점과 관련짓는데, 그것은 바로 1789년에 일어난 그 무시무시한 프랑스 대혁명 사건이다. 이 혁명은 18세기의 희망과 이상의 완성이자 정점으로 일컬어지기도 하지만, 동시에 쇠락과 파괴로 설명할 수 있다.

이 혁명은 앞선 시대의 합리주의, 이신론, 자연주의, 그리고 유물론 등의 성취였다. 그것은 또한 독재, 시대에 뒤떨어진 봉건 제도, 그리고 억압받는 하급 계층들의 부르짖음 속에서 분명히 드러난 그 시대의 오용들에 대한 심판이기도 했다. 로베스삐에르의 공포 정치와 나폴레옹의 총검 통치 속에서, 혁명은 자유, 평등, 박애라고 하는 그것의 높은 이상들의 풍자화로 변모했다.

19세기는 우선적으로 프랑스 대혁명의 끔찍스러운 측면들에 대항하는 반작용이었다. 하지만 동시에 그것은 프랑스 대혁명의 이념들을 더욱더 수행했다. 그것은 반작용과 자유주의, 보수주의와 사회주의, 모든 종류의 새로운 신학과 옛것의 부흥, 세속주의와 복음주의, 그리고 불가지론적인 관념론에 대해 문을 열어 주었다. 그 시대는 많은 위대한 이름을 낳았다. 슐라이어마허와 헤겔, 다윈과 마르크스, 비스마르크와 글래드스턴, 뉴먼과 키에르케고르의 시대였다.

이 위대한 이름들 가운데, 아브라함 카이퍼의 이름은 언급할 만한 가치가 있다. 어렸을 때 그는, 당대의 모든 새로운 관념들을 소화했다. 그리고 하나님께서 그를 회심시키신 이후에 그는, 자신의 주목할 만한 모든 능력을 네덜란드 개혁교회를 갱신하고 네덜란드에 있는 하나님의 백성들을 그 자녀들과 더불어 노예의 집으로부터 자유롭게 하는 데 사용했다. 교회와 정부 양쪽에서 행한 그의 활동 속에는, 마음속에서부터 우러나오는 깊은 외침이 있었다. "그리스도가 왕이 되게 하라!"[5]

프랑스 대혁명에 대한 반동들

복고와 보수주의

거대한 혁명과 나폴레옹이 불러일으킨 여파는, 구제도, 관습, 그리고 개념들을 제거하며 유럽 형제 국가들을 휩쓸었다. 후에 많은 이들이 유럽의 이전 조건들을 복고하기를 원하게 되었는데, 1815년에 이어지는 첫 수년이 그 복고의 시간들이었다.

복고는 러시아의 차르 알렉산더 1세의 신성동맹 속에 구현되는 것처럼 보였고, 불변의 현상 유지 status quo 를 추구한 이로 알려진 오스트리아의 외교관 폰 메테르니히에게서 또 다른 화육이 발견되었다. 나폴레옹이 몰락한 후에 첫 수십 년은 '메테르니히의 시대 the age of Metternich'라 불리었다.

하지만 신성동맹은 단순히 절대주의와 귀족적인 특권을 구가했던 이전 시대로 되돌아가려는 시도가 아니었다. 차르 알렉산더가 경건주의적이었던 폰 그뤼더니 남작 부인에게 깊은 영향을 받았기 때문에, 그것은 종교적으로 고무된 결과이기도 했다. 신성동맹의 기초와 의도에 대한 그의 천명은 마치 종교적 선언서처럼 들린다.

> 오스트리아 황제와 황후, 프러시아의 왕, 러시아 황제는, 마음으로부터 우러난 확신을 가지고, 구원자이신 영원한 종교의 하나님께서 가르쳐 주신 지극히 높은 진리 위에서 상호 간의 관계에서 권력에 대한 적절한 정책의 기초를 놓아야 할 필요를 절감하며, 엄숙히 선언한다. 세상 앞에서 자신의 나라들의 정부와 다른 정부와의 공적 관계 속에서 공히 그들이 무엇인가를 행할 동기를 제공할 지금 선언하는 법령의 유일한 목적은, 신성동맹의 규정이 단지 개인의 삶에 적용되는 것이 아닌 정의와 사랑과 평화의 규정들이 모든 군주들이 지시하는 모든 조처들에 대해 영향을 미치는 것인데, 이것이 인간의 법령들을 보존할 오랜 방법이며 그들의 법령들을 고칠 방법이기 때문이다.

그 동맹은 세 가지 원리들을 제시하는데, 다음의 인용에서 살펴볼 수 있다.

> 세 명의 각각의 군주는 서로가 하나님의 대리자로서 동일한 민족 가운데 세 분가分家, 곧 오스트리아, 프러시아, 그리고 러시아를 통치하는 것으로 간주한다. 우리는 우리와 우리의 백성들이

모든 권력이 속해 있는 그분보다 더 높은 주권자가 없다는 진리를 인정하는 기독교 국가에 속해 있음을 고백한다. 이는 오직 그분 안에서만 사랑의 모든 귀한 것들과 지식과 무한한 지혜가 발견되며, 지극이 높으신 말씀이며 생명의 말씀인 그분이 우리의 하나님이시며 우리의 거룩한 구원자 예수 그리스도이시기 때문이다.[6]

이것들은 고귀하고 합당한 원리들이며, 이 원리들을 채택한 사람의 진심을 의심할 수 없다. 그런데, 그러한 원리들은 어떻게 제정되었는가? 어디서 그리고 어떻게 국가를 위한 하나님의 뜻이 발견되었는가? 진정 한 나라의 군주에게만 유일하게 진정한 필요를 발견하고 필요한 법들을 제정하는 자격이 주어졌는가?

혁명 시대 이전 전제정치 시대에, 신성동맹의 군주들은 **온정주의와 정통주의**의 원리를 확립했다. 온정주의를 최고로 정의하면 군주들이 그들의 백성들에게 아버지와 같이 되는 것이지만, 그것은 또한 그의 백성들에게는 나라를 통치하는 데 있어서 어떠한 발언권도 허용하지 않는 것이다. 정통주의는 이미 주어진 역사적 상황이 하나님의 뜻에 의한 것이므로 변화를 거부하고 있는 그대로를 고수하는 것이다.

이러한 토양에서 19세기의 보수주의가 그 뿌리를 내렸다. 1820년대 초, 영향력 있는 프랑스 월간 잡지 '르 꽁세르바퇴르*Le Conservateur*'에 샤토브리앙Chateaubriand이 중요한 글을 썼는데,

그는 부르봉 왕가를 옹호하고 자유주의자들을 공격했다. 1830년 이후에 잉글랜드에서는 토리당원들이 보수주의자로 불렸다. 독일에서는 상류 지배 계층과 중상류 계층의 사람들 중에 비스마르크를 지지하는 사람들이 보수주의자로 불렸다.

19세기 네덜란드에서는 많은 기독교인들이 1880년까지 보수당을 지지했다. 이 당은 기독교적 원리에 의해서는 거의 규정지어지지 않고, 단지 있는 그대로를 지키는 당으로 규정지어졌는데, 이것은 곧 기회주의의 먹이가 되었음을 의미했다.

카이퍼는 이 보수주의가 역사를 사랑하는 것에 대해서는 칭송했지만, 이러한 분위기에서는 숨조차 쉴 수 없음을 이유로 들며 그와 그의 추종자들이 보수주의자가 될 수 없을 것이라고 선언했다. 더욱이 그는, 거룩하신 하나님께 돌려야 할 영광마저도 정치적 이익을 위해 이용하는 보수주의자들의 실용주의 정신에 대해 혐오했다.[7]

낭만주의와 역사주의

낭만주의는 프랑스 혁명의 합리적 요소들에 대한 반작용뿐만 아니라 비합리적인 요소들에 대한 반작용으로 불려 왔다.[8] 어떤 경우에도, 유럽의 문학과 철학과 신학에서 이성에 대하여 감성이, 지성에 대하여 직관이, 고정된 사고방식에 대하여 상상이 큰 흐름으로 자리 잡았다는 것을 부인할 수 없다.

프랑스 낭만주의 저자 샤토브리앙은 1802년에 출간한 「기독교의 아름다움」에서 다음과 같이 외친다. "나의 확신은 가슴으로부터 용솟음쳐 나온다. 나는 부르짖었고, 나는 믿게 되었다." 이 작품에서 그는, 역사가 기독교 신앙이 유럽의 문명화와 예술에서 주요한 기반임을 입증한다고 주장했다. 그러한 낭만주의의 영감 아래서 다량의 역사적 연구와 전기, 명상록, 그리고 소설이 등장했다. 그리고 오직 한 걸음만이 이러한 움직임을 역사주의로부터 분리시켰다.

우리 시대에 **역사주의**라는 용어는, 시간과 관련된 모든 역사적 현상, 곧 그것들의 끊임없는 흐름, 가변성, 그리고 상관성 등을 의미할 수 있다.[9] 그 용어는 또한 역사 철학을 의미하기 위해 쓰여질 수도 있다.[10] 나는 역사주의라는 용어를 19세기 초반 낭만주의의 영향 아래서 싹트게 된 역사에 대한 상당한 관심을 상징하는 것으로만 사용할 것이다. 이렇게 역사에 대해 관심을 갖게 된 원인과 결과 가운데 하나는 고대 작품들의 재발간이었다.

카이퍼는 낭만주의와 역사주의에 의해 영향을 받았다. 그의 엄격한 경향성과 일관된 논리적 추론에도 불구하고, 그의 감정적 성향은 그의 인생 말년에 그의 활동이 극적이라고 그의 적들이 끊임없이 비난할 여지를 제공하는 주요 원인이 되었다. 그의 힘 있는 상상력은 그의 연설들을 생동감 있는 묘사들로 색칠했고, 때때로 그의 상상은 있는 그대로의 역사적 판단의 범위를 넘어가기도 했다.[11] 그가 애국심에 대해 이야기하거나 그의 네덜란드 군주가 속한 오라녀*Oranje* 왕가에 대한 사랑을 표현할 때면, 항상 따뜻한 감격으로 가득 차곤 했다.

    만약, 그의 사명이었던 교회를 개혁하는 일과 나라를 하나님을 향한 섬김으로 드리는 데 그의 재능이 사용되지 않았다면, 그는 19세기의 가장 위대한 역사가 중 한 명이 될 수 있었을 것이다. 폴란드 종교개혁자인 존 아 라스코J. a Lasco와 유니우스F. Junius와 푸치우스G. Voetius의 선집을 포함한 다양한 그의 저작 활동들은 이 분야에서 그가 가진 재능을 충분히 입증하고도 남는다.

부흥과 정통

유럽에서 쓰이는 헤베이Réveil 라는 용어는 영어 단어인 리바이벌 revival과 유사한 의미를 내포하고 있다.[12] 두 단어는 모두 영적인 생명의 각성을 표현할 때 쓰이는데, 리바이벌은 주로 특정한 도시나 일정 지역에서 한정된 기간 동안만 지속된 영향을 가리키는 반면, 헤베이는 유럽의 여러 지역들(스위스, 프랑스, 네덜란드, 스코틀랜드)에서 동시에(19세기 전반)에 일어나고 오랫동안 지속된 영향을 가리킨다. 그것은 무기력한 정통주의에 대한 반작용으로 나온 것으로, 그 시대에 유행하던 합리주의와 자유주의에 대항한 것이었다. 비록 그것이 개인의 경건에 집중한 것이 분명했지만, 교회들에 개혁의 길을 분명히 제시했고 교회로부터 벗어나지 않았다.

    제네바에서 극단적인 자유주의가 창궐할 때, 세자르 말랑 César Malan이라 불리는 젊은 목사가 1817년에 강단에서 당시로서는 흔치 않던 주제인 '사람은 오직 예수 그리스도에 의해서만 구원을 받는다'라는 내용의 주제로 설교했는데, 그는 이후로 당국으로부터 면직 처분을 받았다. 그리고 그가 다루었던 설교 주제는 원죄와 예정 교리와 더불어 제네바 교회에서 금지 주제 중 하나가 되었다.

말랑이 새로운 교회 세우는 것은 원하지 않았기 때문에, 그는 자신의 집에서 그의 추종자들을 만났다. 그는 나중에 지어질 예배당을 생각했는데, 물론 그는 예배당에 청중들이 모인다고 해도 그것이 국가교회의 한 부분이 되어야 한다고 생각했다. 하지만 1849년에 이르러 자유 복음주의 교회가 세워지는 것은 불가피한 일이었다. 1847년에 알렉산더 비네Alexander Vinet의 지도 아래 뻬드 보에서 자유 복음주의 교회가 먼저 세워졌다.

비네[13]는 거의 죽을 뻔한 심각한 질병 이후에 그리스도에게 전적으로 헌신하고 회심한 인물이었다. 또한 그는 복음의 강력한 설교자였다. 그러나 그는 자신의 신학의 기초를 성경의 무오성에 두지 않고 인간 양심의 순수한 음성에 두었다. 이것이 네덜란드에서 윤리 신학으로 나타나게 되자, 카이퍼는 이러한 사고방식에 반대했다.

헤베이와 관련하여 프랑스에서 가장 유명한 사람은, 1832년 리용 개혁교회에서 자유주의화된 당회에 의해 면직된 아돌프 모노드Adolphe Monod였다. 그는 그리스도의 은혜에 관한 한 가장 탁월한 설교자 가운데 한 사람이었다.[14] 두 가지 특징이 그를 헤베이에서 특별한 위치를 차지하게 만들었다. 첫째로, 그는 자유교회가 창설된 이후에도 개혁교회의 분열을 보고 싶어 하지 않았다. 둘째로, 비록 그는 성경의 영감을 수용했지만, 비네의 영향을 받고 나서는 자신의 입장을 분명하게 드러내지 못하게 되었다.

독일에서 헤베이는 '각성 운동'이라 불리었다. 이 운동의 출발 신호는, 루터Martin Luther의 95개조 반박문을 1817년 10월 31일에 재출간하고 여기에 95개조를 덧붙인 키일의 목회자였던 클라우스 하름스Claus Harms가 울렸다. 그가 직접 작성한 반박문 중 아홉 번째 항목을 소개하자면 다음과 같다. "우리 시대의 교황은 신앙의 관점에서 보면 이성이며 사역의 관점에서 보면 양심이다." 이 각성의 신학자는 자신의 「죄의 교리와 구속자」라는 책에서 합리주의의 냉담함을 공격했던 톨룩A. Tholuck 교수였다.

이 시기에 개종한 두 명의 유대인이 독일의 복음주의 교회에서 리더쉽을 발휘했다는 것은 놀라운 사실이다. 한 명은 광범위한 교회사를 저술한 네안더J. A. W. Neander(본명은 데이빗 멘델David Mendel)이고, 다른 한 명은 국가교회 조직의 높은 위치에 있던 법관으로 프러시아에서의 그리스도인의 이상을 실현하고자 했던 스탈F. J. Stahl(본명은 욜슨F. J. Jolson)이다. 스탈은 흐룬 판 프린스떠러와 아브라함 카이퍼에게 영향을 끼치게 된다. 비록 흐룬이 "스탈은 루터주의자이고 나는 칼빈주의자이다"라고 말한 것을 카이퍼가 충분히 알고 있었음에도 말이다.[15]

스코틀랜드에서는 로버트 할데인Robert Haldane과 토마스 찰머스Thomas Chalmers가 단연 두드러졌다. 할데인은 처음에 프랑스 혁명 정신에 매혹당했으나, 1794년 회심한 이후에는 기회가 있을 때마다 설교하기 시작했다. 1816년에는 제네바를 방문하여 그 도시에 헤베이를 추진하는 것을 지지했다.

찰머스는 1815-1823년까지 글래스고의 목회자였으며 이후에는 교수생활도 병행했다. 1843년에 그는 스코틀랜드 자유교회의 리더로 섬기기 시작했다. 교회와 사회 그리고 정치적인 영역에서의 그의 왕성한 활동은, 이후에 등장하는 아브라함 카이퍼의 네덜란드에서의 왕성한 활동을 연상케 한다. 목회자로서 그는 도시의 가난한 자들을 위한 구제책을 마련했고, 더불어 사회적 약자들의 물질적, 도덕적, 영적 상황을 개선시켰다. 그는 집사의 사역을 부활시켰고 주일학교와 주중학교를 설립했다. 그는 특히 성직 임명에 있어서 교회의 자유를 원했다. 의회는 성직 임명권을 유지했는데, 그것은 곧 지역교회들이 그들의 목회자를 자유롭게 부를 수 없다는 것을 의미했다. 찰머스와 그의 추종자들은 스코틀랜드 장로교회의 총회를 떠나 스코틀랜드 자유교회를 설립했다. "굉장한 열정과 수많은 희생으로, 자유교회에 속한 성도들이 새 건물들을 세우고 그들의 목회자들을 후원했으며, 노회를 조직하고 해외 선교 사역을 지원했다."[16]

네덜란드에서 일어난 헤베이 운동의 가장 중요한 대표는 흐룬 판 프린스떠러였다. 그는 여러 해 동안 기독교 원리들을 정치 활동에 적용하려고 시도했던 네덜란드 국회의 외로운 전사였다. 흐룬은, 스코틀랜드의 할데인의 설교를 통해 그의 선조들의 신앙을 가지게 된, 스위스의 헤베이의 아들이라고 불리는 메를르 도비녜 Merle d'Audigné의 설교를 통해서 회심했다. 자신의 유명한 책 「불신앙과 혁명」에서 흐룬은, 18세기 계몽주의적인 불신앙의 정신을 구체화한 것으로 보였던 프랑스 혁명의 개념들을 공격했다.

흐룬의 전 생애는 국가교회의 개혁과 국가교회의 교리의 자유로움에 대항하여 투쟁하는 데 바쳐졌다. 그는 또한 공적인 삶에서 하나님의 말씀의 권위를 위해 싸웠다. 국회의원이었던 그는, 정치가라기보다 복음 선포자로 불리기 원했다. 흐룬은 인생 말년에 이르러 자신이 심은 것의 열매를 거둘 유능한 후계자인 카이퍼를 만나게 된다.

네덜란드 헤베이에 속한 사람들은, 1834년에 드 콕H. de Cock 과 판 펠젠S. van Velzen과 같이 용기 있는 젊은 설교자들의 주도로 시작된 국가교회로부터의 '분리 운동'으로부터는 멀리 떨어져 있었다. 그들은 분리 운동을 주장하는 사람들이 핍박을 받을 때 동정심을 나타내며 그들을 변호하기도 했지만, 국가교회에 그대로 남아 있었다.

네덜란드의 헤베이에 속한 사람들은 상류층에 속한 복음주의자들로 구성되어 있었던 반면, 분리 운동파들은 대부분 하류층에 속한 사람들이었다. 흐룬이 보기에 유감스러운 점은, 전자는 그들의 정치관과 사회관에 있어서 보수적이었던 반면에 후자는 일관되게 칼빈주의적인 관점을 고수하고 있다는 점이었다.

혁명과 한 노선에 서서

자유주의

우리는 자유주의liberalism라는 용어를 사용함에 있어서 신중을 기해야 한다. 왜냐하면 자유주의는 한 가지 이상의 의미를 가지고 있기 때문이다. 많은 경우에서 이 단어는 인간 자유의 상당히 매력적인 의미를 내포하는데, 곧 결박이나 전통, 권위로부터의 자유를 의미한다. 신학적으로 말하자면, 우리가 19세기와 20세기 교회에서 찾을 수 있는 인간 자율성을 향한 경향을 의미하는 것이다. 전통적인 성경의 권위와 신앙고백들을 거부하고 자유주의자들은 인간 이성과 경험, 정서의 탁월함을 선포하는 것이다. 정치적으로 말하자면, '자유'라는 말은 잉글랜드와 캐나다의 구 휘그당에서 나온 기관들을 의미한다. 미국에서는 이 용어를 다른 정당에 비해서 좀 더 진보적인 정당들에 속한 멤버들을 지칭할 때 사용한다.

나는 이 자유주의라는 용어를 프랑스 혁명의 원리들을 온건하게 적용하고자 했던 19세기 유럽 중산층의 사상을 뜻하는 것으로 사용하고자 한다. 이 자유주의자들은 공포 정치와 무절제한 혁명을 혐오했지만, 그들은 혁명의 위대한 원리인 인간과 인간 이성의 자율성 그리고 어떠한 신성한 계시도 받아들이지 않는 것을 망설임 없이 받아들였다.

이러한 자유주의와 정통 기독교의 차이를 네덜란드 자유주의 정치가인 판 하우떤S. van Houten이 다음과 같이 요약했다.

> 우리는 계시를 우리 진리의 지식의 근원으로나 권위로나 어떤 교회의 기능으로도 간주하지 않는다. 오직 이성의 빛 아래서 우리는 현재와 과거의 사람들의 의지의 표현들을 관찰한다. 우리는 그것의 예측 가능한 결과들을 평가하고 행복과 번영을 증진하고 슬픔을 억제한다. (신앙인들의 언어인) '하나님의 말씀'이 아니라, 하나님의 선물로 우리가 소유하고 있는 우리의 이성이 우리 발의 등이다.[17]

자유주의는 모든 사람들이 아니라 소수파였던 자기들의 주권을 편들었다. 자유주의는 중상층, 곧 부르주아의 주권을 원했지 노동계층이나 프롤레타리아의 주권을 원하지 않았다. 그래서 자유주의자들은 적어도 어느 정도의 세금을 낼 수 있는 사람들로만 참정권을 제한했던 것이다.

자유주의자들의 경제관은 그들의 슬로건에 의해서 요약될 수 있다. "자유롭게 방임하라, 모든 것을 내버려 두라*Laissez faire, laissez aller*." 이 슬로건이 의미하는 바는, 산업화 시기에는 수많은 노동자들이 열악하게 가난한 환경에서 살도록 허용되어야 한다는 것이다. 이러한 슬로건 아래서 아이들과 여성들이 이익을 위해 착취당했던 것이다.

자유주의자들은 하나님의 말씀에서 벗어난 어떠한 종류의 의견이라 하더라도 존중하고 관대하게 대했지만, 1834년에 분리 운동으로 명백하게 드러난 바, 예배의 자유를 원했던 정통파들에게는 관용을 베풀지 않았다. 그들은 최신 교육을 국가의 영향력 아래 있는 공립학교에 실시하는 것은 권하면서도, 어떠한 순수한 기독교 교리도 가르쳐서는 안된다고 주장했다. 그리고 그들은 자유로운 기독교 학교를 설립하는 것을 거의 불가능하게 만들었다.

아브라함 카이퍼의 대부분의 공적 활동들은 교회와 국가 그리고 사회에서의 자유주의에 대해 끊임없이 대항하여 투쟁하는 데 바쳐졌다. 그는 자유로운 교회의 위대한 챔피언이 되었으며, 자유로운 기독교 학교들에 공립학교와 같은 의무와 권리들이 주어지고 건전한 사회적 약자들을 위한 제대로 된 사회법 제정이 이루어지도록 투쟁했다.

사회주의와 공산주의

19세기는 또한 계급투쟁의 원리를 주창하고 프롤레타리아 사회주의와 엘리트 공산주의를 발생시킨 마르크스주의의 세기였다. 마르크스주의는 자유주의의 적자였다. 마르크스주의 역시 자유와 평등 그리고 박애(예수 그리스도를 떠난)를 위해 투쟁했다. 그러나 그것은 부유 계층이나 중산층을 위한 것은 아니었다. 마르크스주의의 투쟁은 빈곤 계층, 곧 프롤레타리아 계급을 위한 것이었다.

마르크스주의는 성경의 권위를 자유주의자들이 그랬던 것보다 더 극단적으로 반대했다. 마르크스주의는 "종교는 사적인 것이다"라는 슬로건으로 시작했다. 그리고 "종교는 민중의 아편이다"라는 외침으로 마르크스주의의 진정한 색깔을 보여주었다.

자유주의는 삶에 대해서 유물론적인 견해를 가지고 있지는 않았다. 그것은 모든 노동 상품이 공급과 수요의 법칙에 의해서 움직여야 한다고 생각했다. 자유주의는 노동자들의 임금이 노동자 계층이 살아가는 데 드는 비용보다 높지 않아야 한다는 '철의 법칙'을 말하기를 좋아했다.

한편, 마르크스주의는 **완벽하게 유물론적**이다. 이 체계에서는 모든 인간관계와 이상, 종교가 단지 물질적 환경들의 산물로 간주된다. 그래서 끊임없이 피할 수 없는 계급투쟁이 진행중이라는 것이다. 그리고 모든 계급의 사람들은 그들만의 도덕을 창조해내고 그들만의 편견들에 집착한다는 것이다. 결국 이러한 끊임없는 투쟁을 종식시키는 유일한 길은 계급 차별이 없는 사회를 만드는 것이라고 말한다. 이러한 사회가 오는 것은 메시아적인 열정으로 예언되었고, 끔찍한 전 세계적인 혁명의 결과로 주어질 것이라고 생각했다.

19세기의 사회주의자들(사회주의라는 용어는 1830년경부터 사용되기 시작했다)은 처음에 이상적 사회주의자라고 불렸다. 그러나 그들 중 몇몇은 실용적인 프로그램들을 제안했다(예를 들면, 푸리에와 루이스 블랑크 등과 같은 사람들).

1848년에 마르크스Karl Marx와 엥겔스Friedrich Engels는 사유

재산제도 폐지와 같은 방법으로 부의 분배를 주창한「공산당선언 *Communist Manifesto*」을 출간했다. 그 선언문은 다음과 같은 열변으로 끝을 맺는다.

> 공산주의자들은 공산주의자들의 시각과 목표를 감출 필요가 없다. 공산주의자들은 우리의 목표가 오직 강제적으로 사회에 의해서 주어지고, 모든 사회적 신분을 벗어던짐으로써만 획득된다는 사실을 공공연히 선언해야 한다. 공산주의 혁명으로 지배 계층들을 전복시키자! 프롤레타리아 계급이 잃을 것은 없으며, 오직 우리의 족쇄만이 깨질 것이다. 우리는 이 세상을 이길 수 있다. 전 세계의 노동자들이여, 하나되자!

사회주의자와 공산주의자가 한목소리를 낼 수밖에 없었던 데에는 많은 이유가 있었다. 산업화된 중심지나 농경 지역에서 노동자들이 처한 여건은 비참하기 이를 데 없었다.

카이퍼는 사회주의는 반대했지만 그것이 보여주는 실제적인 도전이 무엇인지 잘 인식하고 있었다. 그는 계획을 세워 사회적 환경 개선과 기독교 노동 조직들을 위해 항변했다.

진화론

진화론은 다윈보다 더 오래된 것이다. 이미 1796년에 라플라스 Laplace는 하나님의 이름을 언급하지 않고 태양계의 존재를 입증하려고 시도한 그의 책 「세계의 체계에 대한 해설」을 출간했다. 나폴레옹이 이런 놀라운 생략의 이유를 물었을 때 그는 이렇게 답변했다. "폐하, 저는 그러한 가설이 필요하지 않았습니다."

라플라스의 견해에 따르면, 하나님은 단지 누구에게는 필요하고 다른 누구에게는 필요로 하지 않을 수 있는 존재로 전락해 버리게 되었던 것이다. 이것은 차차 진화론의 선구자로 불리는 찰스 다윈Charles Darwin(1809-1882년)의 입장이 되었다. 그 유명한 '비글호'를 타고 여행을 시작한 당시만 해도 다윈은 여전히 자신을 그리스도인이라 생각했고, 윤리적 문제들에 대해서 성경을 인용하기도 했다. 그러나 어느 시점에서 그는 더 이상 창조와 같은 성경의 기적들을 받아들일 수 없음을 발견하게 된다. 그가 변하지 않는 자연의 법칙으로 간주하는 지식들이 많아짐에 따라 하나님에 대한 신앙은 더 이상 그에게 불가능하게 되었기 때문이다.

1859년에 다윈은 세 가지 주요 논제를 제시한 「종의 기원The Origin of Species」이라는 그의 유명한 책을 출간했다. 그는 어떤 생물학적인 지역 내에서 좀 더 간단한 생물에서 좀 더 복잡한 생물로 점진적인 진화가 일어난다는 주장을 고수했다. 또한 이 진화는 적자생존의 법칙으로 설명되는 '자연 선택'에 의해서 인도된다고 주장했다. 결국 그는 인간의 종의 기원도 동물계로부터 찾을 수 있음을 주장했다.

점진적인 진화론은 삽시간에 퍼져 나갔다. 이 이론은 단지 생물과 자연과학뿐만 아니라 언어학, 법학, 심리학, 사회학, 경제학 그리고 다양한 분야의 신학에도 적용되었다.

    이스라엘의 역사는 히브리 종교의식의 점진적인 진화라고 이해할 수 있는데, 초기 저술에서 발견되는 단순하면서도 조야한 관념에서 고상한 선지자들의 일신론으로 발전되었다는 것이다. 하나님께서 오랜 진화 과정을 통해 인간을 존재하게 하셨으므로, 하나님께서는 점진적으로 자기 자신을 인간에게 계시하셨고, 그리스도 안에서 절정에 이르게 된다는 것이다. 이런 유사한 패턴의 설명이 종교 역사(비교 종교) 연구에서 광범위하게 받아들여지며 20세기 초에는 현저하게 나타나게 되었다.[18]

진화론은 19세기 중요한 양식의 한 부분이라고 할 수 있다. 그것은 세련된 역사적 방법이라 할 수 있는데, 철저한 원자료에 대한 연구를 자랑하고, 더불어 우화, 전설, 신화와 같은 많은 전통적 개념들을 거부하는 것을 의미했다. 그 시대는 또한 아프리카의 중심부까지 강타하여 원주민들의 언어와 문화에까지 영향을 미쳤던 백인들의 거대한 팽창의 시대이자, 무제한의 번영을 약속하는 것처럼 보였던 거대한 산업 발전의 시기였고, 또한 중대한 전쟁들이 일어나지 않았던 시기였으며, 어느 정도의 평화를 구가하던 시대였다.

    19세기를 한마디로 말하면, 낙관주의적 기대로 가득 찬 시대라고 할 수 있을 것이다. 새로운 시대와 새로운 인간이 등장하는 새벽이었다고 말할 수 있는 것처럼 보였다. 이 세기의 끝자락에 위대한 철학자 니체는 그 시대정신을 냉소적으로 보았지만, 그는 또한 '웃는 사자' 곧 초인의 등장에 대해 기대감을 가지고 말할 수 있었다.

카이퍼는 진화론에 대한 개념과 여러 면에서 대면하게 되었다. 1899년에 그는 유명한 말을 남겼다. "우리 19세기는 진화론이라는 최면술 아래서 거의 실신 지경에 이르렀다."[19]

19세기 중요한 사상가 중 한 사람은 급진적인 무신론자였던 포이에르바흐Ludwig Feuerbach(1804-1872년)였다. 「기독교의 본질」에서 그는, 기독교를 환상으로 묘사하며 하나님의 개념은 인간 지성이 고안해 낸 것이라 제시한다. 포이에르바흐는, 신의 죽음을 주창하고 기독교로부터 도출한 모든 가치들을 폐지하고자 했던 니체에게 영향을 미쳤다. 그는 또한 공산주의의 창시자 마르크스와 소련 공산주의의 공식적인 신학가로 받아들여진 엥겔스에게도 영향을 미쳤다.

가장 유명한 19세기 네덜란드 무신론자는 물타툴리Multatuli ('사상'에 대한 많은 책을 저술한 두베스 데꺼르E. Douwes Dekker의 필명이다)였다. 자유사상가들의 협회인 '새벽De Dageraad'에서 그는 "매스터 물타툴리Master Multatuli"로 불렸는데, 이 협회는 어떠한 형태의 종교라도 열정적으로 반대하고, 교회로부터 많은 사람들을 떠나게 만드는 데 성공했던 조직이었다.

같은 시기에 잉글랜드의 헉슬리T. H Huxley(1825-1895년)는 사도행전 17:23을 참고하여 '불가지론'이라는 용어를 만들어 냈다. 헉슬리는 영적이든 물질적인 것이든 사람은 그 본질을 이해할 수 없다고 확신했다. 또한 형이상학이라고 하는 것은 불가능한 것이므로 삶에 있어서 인간의 중요한 의무는 무지와 고통을 치유하기 위해 노력하는 것이라고 주장했다.

프랑스 형식의 불가지론은, 실증주의를 주창하며 지식의 범위에서 형이상학을 완전히 제거하고자 했던 꽁트A. Comte(1798-1857년)에게서 발견된다. 우리가 우리 경험의 현상만 알 수 있고 정리할 수 있다고 그는 주장했다. 콩트는 인생 말년에 하나님 없는 종교를 개발했는데, 이 종교는 인류의 위대한 영웅과 위인들을 받들어 모시는 종교였다.

2

시행착오: 그 시대의 신학

합리주의

19세기 초반에는 구합리주의의 대표자들이 여전히 영향을 끼치고 있었다. 합리주의는 이전 경건주의 전통의 중심이었던 할레 대학에서 율리우스 베크사이더Julius Wegscheider(1771-1849년)에 의해 주창되었다. 1815년에 출간된 그의 책 「기독교 교의신학 강요」는 8쇄나 인쇄되었으며, 그 시대의 표준적 교리 안내서로 자리 잡았다. 베크사이더는 인간 이성에 대한 순진한 믿음으로, 종교개혁의 원리인 '은혜를 통한 믿음에 의한 구원'을 '인간 자신의 자력 구원의 원리'로 대체시켰고, 예수를 그저 하나의 모본으로 제시했다.[1]

파울루스H. E. G. Paulus(1761-1851년)는 이와 유사하게 복음서 중 하나를 주석했는데, 그는 그리스도의 부활을 명백한 죽음으로부터의 각성이라고 묘사했다. 그는 이러한 시각을 견지하면서, 예수가 물위를 걸었다고 했을 때 그것은 실제로는 해변가를 따라

걸은 것이라고 주장했다. 이러한 생각들은 18세기의 확신들의 결과로 주어진 자연스러운 파생물이며, 그것은 항상 19세기의 자유주의적 사고에 기반을 둔 것이었다.

나중에 논의하겠지만, 슐라이어마허는 합리주의자로 불리기를 원치 않았다. 그러나 프하이헤어 폰 슈타인Freiherr von Stein이 '교권敎勸을 박탈해야만 하는 합리주의자들'이라고 하면서 합리주의자들에 반대하고 이들에 대한 강력한 조처가 취해져야 한다고 자기의 소망을 표현했을 때, 이러한 확고한 교리적 원리를 들은 슐라이어마허는 후에 책에서 다음과 같이 말했다. "나는 순식간에 어두움에 둘러싸인 것처럼 느꼈고, 자유의 빛으로 돌아오기 위한 문을 찾기 위해 어둠 속을 헤매야만 했다." [2]

1832년에는 바이마르의 궁정 목사였던 로오르J. F. Röhr에 의해 다음과 같은 합리주의 선언이 작성되었다.

모든 존재들 중 가장 완벽하신 분, 창조주이시자 공급자이시고 세계의 통치자이시며 모든 인류의 아버지이신 참된 하나님을 우리는 마음을 다해 예배해야 한다. 이 예배는 주로 덕과 정직을 추구하고, 감각적인 욕구와 충동에 대한 성실한 투쟁과 예수의 본을 따르는 의무에 충실한 헌신을 통해 이루어진다. 이를 인식하면서 우리는, 고통 속에 살면서도 하나님 아버지의 도우심으로, 도덕적인 무기력함에 대한 감정 속에서도 그의 은혜와 자비로, 우리의 죽음의 순간 이후의 더 낫고 복된 삶으로 말미암아 위로

를 얻게 된다.[3]

이와 유사한 합리주의는 이 시기의 네덜란드에서도 널리 퍼져 있었다. 흐룬 판 프린스떠러는 이를 다음과 같이 묘사했다.

> 하나님이 육체 안에서 계시되신 그리스도는 어떤 다른 피조물보다 높으신 신적 존재로 불린다. 성령은 오직 신적 능력이시다. 원죄는 도덕적 부패, 약함, 결함, 불완전함으로 설명된다. 중보자의 고난과 죽음에서 하나님의 인류를 향한 사랑의 증거가 가장 잘 발견된다. 중생, 회심, 그리고 성화는 도덕적 개선과 덕을 행하는 것으로 변모된다. 그래서 천국은 철저한 외적인 죄악들을 범하지 않는 모두에게 열려 있다.[4]

카이퍼는 이후에 '네덜란드를 제외한 대륙의 모든 교회들을 뼛속까지 추위에 떨게 만들도록 성공한 합리주의의 저주'에 대해서 저술했다.[5] 카이퍼가 기꺼이 네덜란드가 이러한 저주에서 예외라고 말할 수 있었던 것은, 그가 또한 봐우브룩허의 네덜란드-스코틀랜드계 목사였던 알렉산더 꼼리Alexander Comrie에 대해서 저술하고 있었기 때문이다. 꼼리는 충실한 칼빈주의자로서 그 시대의 정신에 맞서 항거했던 사람이었다.[6]

카이퍼가 합리주의에 대해 차가운 겨울바람이라고 말한 것은 옳다. 그러나 그는 네덜란드의 상황을 너무 낙관적으로 묘사했다.

왜냐하면 꼼리와 다른 사람들의 노력에도 불구하고 그의 조국은 이러한 겨울바람에서 완전히 벗어나지 못했기 때문이다.

초자연주의

합리주의에 대한 가장 피할 수 없는 대항마로 등장한 것은, 하나님의 계시가 당연히 초자연적이라고 하는 것을 입증하려고 시도했던 초자연주의였다. 계시의 사실은 당연한 것으로 간주되었지만, 자연 신학의 가능성과 필요성도 역시 가정되었다. 모든 종류의 가능한 노력들이 인간의 합리적 통찰과 하나님의 계시된 진리 사이의 조화를 위해 투여되었다.

잉글랜드의 주교였던 버틀러는 이 분야의 선구자였다. 어느 정도의 영역에서, 네덜란드의 신학자였던 문팅어Munthinge와 판 오스떠르제이 J. J. van Oosterzee가 그의 뒤를 따랐다. 버틀러 주교(1692-1752년)는 그의 책 「자연종교와 계시종교에 대한 유추 *Analogy of Religion, Natural and Revealed*」(1736년)에서 두 가지 형태의 종교의 일치성을 주장했다. 그의 주된 주장은 **개연성**과 **안전성**에 기초한 것이었다. 그의 주장은, 비록 우리가 인정하는 바이기는 하지만 기독교는 수학적인 방법으로 증명되어서는 안된다는 것이다. 또한 우리가 다른 영역에서 개연성을 받아들이듯 우리의 결론들을 즉시 받아들여야 한다는 것이다. 이러한 상황 속에서 하나님의 계시된 진리의 규정들을 따르는 것이 그것들을 무시하는 것보다 더 안정적이라는 것이다.

호로닝헌의 교수였던 문팅어(1752-1824년)는 계시의 점진적인 성격과, 인간 발달의 정도에 따른 계시의 적응, 계시의 인간에 대한 교육 등을 지적하여 하나님의 계시의 정당성을 증명하려고 시도했다. 그는 그리스도께서 하나님의 진노에 대한 속상의 교리 the doctrine of satisfaction를 "무가치하고 부당한 개념"이라고 비판했으며 심지어 신성모독이라고까지 했다.[7]

네덜란드 변증가인 판 오스떠르제이(1817-1882년)는 일반 대중에게 알려진 용어의 의미로 보면 초자연주의자는 분명 아니었다. 사실 그는 "초자연주의와 합리주의의 진부한 비열함"[8]을 똑같이 반대했다. 판 오스떠르제이가 온 마음을 다하여 말구유와 십자가에 대한 메시지를 제시하기는 했지만, 그는 이성에 의존함으로 계시의 사실을 확립하고자 했던 변증 학파의 대표이자 창시자였다. 그 결과 그는 때때로 개혁교회의 신앙고백으로부터 벗어나기도 했다. 그는 종종 카이퍼에 대해서 반대했는데, 1873년에는 다음과 같은 글을 썼다. "우리는 사실들을 바꿀 수 없고 우리는 근본적으로 서로를 반대하니······감사의 악수를 함으로 서로 갈라집시다!"[9] 판 오스떠르제이와 같은 사람들은 기독교의 본질적인 가치들을 변호하려고 노력했다. 그러나 그들의 변호는 밀려오는 현대주의의 조류에 맞서는 거대한 전쟁터에서 실제적인 가치가 되기에는 너무도 합리적이었다.

슐라이어마허와 그의 학파

슐라이어마허Schleiermacher는 그 시대의 신학자라고 불려도 무방할 정도로 당대에 큰 영향을 미쳤다. 앞에서 낭만주의를 합리주의에 대한 반작용으로 설명했는데, 슐라이어마허는 그가 살았던 시기 동안 그 운동의 신학을 제공한 사람이었다.

교회사가 네안더는 슐라이어마허 사후에, "그와 함께 교회사의 새로운 시대가 열렸다"고 말했다. 슐라이어마허의 주관주의 신학에 대항하여 목청을 높였던 칼 바르트Karl Barth조차도 그를 "신학계에 드물게 나오는 영웅"이라고 칭찬하기를 마지않았다. 바르트는 "신학의 영역에 있어서 그의 시대였다"고 말하기까지 했다.[10]

심지어, 온 힘을 다해서 슐라이어마허의 범신론에 대해 반대했던[11] 카이퍼마저도 때때로 다음과 같이 그를 칭송하기도 했다.

> 그가 무대에 등장했을 때, 신성한 신학은 철학이라는 끈에 의해 교수형에 처해진 채 외딴 공동묘지 구석에 누워 있었다. 몇 안되는 친구들이 이따금씩 주저하며, 인본주의와 역사로부터 뽑아 온 꽃을 들고서 그 신학을 조문할 뿐이었다. 신학은 종교의 길을 따랐고 양쪽 모두 그 특권을 상실했다. 교회나 교회생활과 관련된 모든 것들이 혼란스러운 상태가 되었다. 그러나 그것은 슐라이어마허에게 더 이상 용인할 수 없는 것이었다. 그의 관점에서 종교

생활은 그의 영혼에 의해 장식되어지는 보석이자 교회에 속한 사람들을 향한 삶의 호흡과도 같은 것이었다. 그는 그 종교의 명예를 회복시키기를 원했지만, 그 명예는 문명화되고 과학적 자긍심으로 가득 찬 독일 사회에서 자기의 머리를 들지 않는 한 탈환할 수 없었다. 결국 그는 자기의 목소리가 들릴 수 있도록, 그를 위한 신학을 새롭게 창조하는 야망을 품게 되었다.[12]

카이퍼는 이러한 말들을 19세기 초기의 황폐화된 신학의 위치를 묘사하기 위해 사용했다. 그 당시의 사고방식 안에서, 합리주의는 초자연적인 계시의 가능성과 타당성을 제거해 버렸다. 초자연주의는 이미 상실된 위치들을 방어하기 위해 헛된 투쟁을 전개하고 있었다. 칸트의 후계자들은 이성의 가정으로 종교를 위한 영역을 지키기 위해 노력했지만, 그것은 하나님의 사역과 지식을 인간이 당연히 해야 하는 것을 해야 한다고 요구하는 것으로 대체시킨 것이었다. 다른 말로 하면, 그들은 종교의 자리를 도덕으로 대신 채운 것이다. 낭만주의자들에게 그것은 존엄한 역사로의 향수로 바뀌었지만, 점차적으로 그것은 종교에서 심미적인 것으로 자리를 옮기게 되었다. 종교는 램브란트의 작품이나 쾰른 대성당이 주는 감흥이 우리의 정서에 미치는 것과 마찬가지라고 주창되었다.

이것은 슐라이어마허가 일상적으로 호흡했던 분위기였다. 그는 「종교론 *Address on Religion to Its Cultured Despisers*」에서 이렇게 외쳤다.

종교는 지식도 아니고 과학도 아니다. 또한 세상의 것도 아니고 하나님의 것도 아니다. 지식이 되지 않고도 그것은 지식과 과학을 인식한다. 종교 그 자체는 감정affection이다. 감정은 무한 속의 무한의 계시이고, 하나님의 존재가 그 안에서 보이며, 하나님 안에 감정이 있다."[13]

그렇다면 종교는 감정 혹은 정서이다. 바르트가 설명하기를 "슐라이어마허의 신학은 감정의 신학이다. 더 정확하게 말하면 경건한 감정의 신학이다. 아니면 의식의 신학이다. 더 정확하게 말하자면 경건한 의식의 신학이다."[14]

이 연설에서 슐라이어마허는 감정과 미적 감각주의라는 용어 그 자체를 설명함으로 낭만주의에 상당히 가깝게 다가간다. 그러나 그가 사용하는 정서라는 개념은 특별한 종교적 성격을 지닌다. 이후에 그의 조직 신학 작품에서 그는 이것을 '절대 의존 감정'이라 불렀다.

슐라이어마허는 학파를 구성하지 않았다고 전해진다.[15] 그러나 또한 슐라이어마허 이후의 모든 신학이 그에게 의존하고 있다고 전해져 온 것도 사실이다. "그의 교리 신학은 누구에 의해서도 채용되지 않았다. 그러나 그는 자유주의, 현대주의, 고백 교회, 로마 가톨릭, 루터 교회, 그리고 개혁교회를 포함한 모든 교회들의 신학과 학파에 영향을 미쳤다." 가장 가까운 거리에서 그의 사상을 따랐던 사람들은 소위 중재 신학자들mediating theologians이라

불리는 사람들이었다.[16]

슐라이어마허가 꽃피운 것은 크게 두 종류로 나눌 수 있다. 하나는, 슐라이어마허가 "현대 신학의 아버지"라고 불린다는 것이다.[17] 많은 신학자들이 그의 신학의 주관적 요소들을 지나치게 강조함으로 초자연주의적 계시의 흔적들을 완전히 제거하려고 했다. 이런 식으로 그들은 현대의식과 보조를 맞추려 했던 것이다.

또 다른 우편의 날개는, 바로 많은 정통주의 신학자들이 슐라이어마허에 의해 영향을 받았다는 것이다. 그들은 물론 성경의 내용과 고백적인 기준들을 지켜 내려 했지만, 이러한 작업을 인간의 감정이나 성경에 대한 인간의 반응 그리고 인간의 마음 안에서 나오는 고백에 호소함으로 하려고 했던 것이다. 이러한 신학자들은 성경관에 있어서 비평적일 수밖에 없었다. 이런 이유로 인해 카이퍼는 냉혹하게 자신의 오랜 친구들이었던 반정통주의자 친구들에게도 '아니오'라고 말할 수밖에 없었던 것이다.

이 시기의 영국 신학

그 시대의 시대정신은 유럽 대륙뿐만 아니라 잉글랜드와 스코틀랜드에도 널리 퍼졌다. 우리는 스위스의 헤베이가 스코틀랜드에서 기원했으며, 어떻게 찰머스와 그의 추종자들이 18세기의 스코틀랜드 교회의 전통주의에 대항하여 반응했는지 살펴본 바 있다.

영어권의 슐라이어마허라 불리던 시인 코울릿지는 이 기간 동안 영국에서 저술활동을 하고 있었다. F. D. 모리스는 좀 더 진보적인 기독교 사회 사상가였다. J. H. 뉴만과 그의 낭만주의 옥스퍼드 운동은 영국 잉글랜드 교회의 기원과 역사적 배경에 대한 관심에 불을 지폈다.

새뮤얼 테일러 코울릿지Samuel Taylor Coleridge(1772-1834년)는 사우디와 워즈워드에 버금갈 정도로 낭만주의적 경향의 작품들을 남겼다. 그는 또한 종교적인 작품들을 남기기도 했는데, 이 작품들 속에서 독일 철학자 칸트와 독일 작가 괴테의 영향을 찾아볼 수 있다. 코울릿지는 종교를 본질적으로 윤리적인 것으로 제시한다. 실천적인 이성이 우리의 종교 지식의 원천이며, 구원은 하나님의 객관적인 행동이 아니라 인간의 윤리적인 행위라는 것이다.

코울릿지는 학파를 형성하지는 않았지만 많은 젊은 신학자들에게 영향을 끼쳤다. 그는 "19세기의 현저한 특징인 광廣교회파나 잉글랜드 교회의 자유주의 운동의 창시자로 불린다."[18]

유니테리언 목사의 아들인 프레드릭 데니슨 모리스Frederick Denison Maurice(1805-1872년)는 성공회 교회로 전향하고 정통주의자로 돌아왔다. 그러나 그는 이단 혐의로 결국 성직을 내려놓게 되는데, 그 이유는 그가 영원한 형벌 교리에 대한 의문을 제기했기 때문이었다. 그의 친구들이었던 킹슬리와 러드로우와 더불어 그는 기독교 사회 운동을 시작했는데, 그것은 자유주의적인 자유방임 원리에 직접적으로 대항하여 촉발된 것이었다. 1850년에 그와 그의 친구들은 재단업과 건축, 광산, 그리고 다양한 종류의 공예품들을 위한 협동 작업장을 열었다. 1854년에 그는, 자기 자신이 교수가 된 '노동자들을 위한 전문학교'를 설립했다. 물론 처음 시작하면서 상당한 반대를 받았지만, 그는 잉글랜드 교회에 지속적인 영향력을 행사했고, 노동조합 형성과 노동자 계층 교육 향상에 이바지한 바가 크다.

모리스의 작품들을 연구한 카이퍼는, 네덜란드 하원에서 행한 첫 연설에서 그것을 가리켜 "영리한 재능과 포괄적인 활동들"이라고 언급했다.[19] 그는 또한 진정한 교회를 갈망했고, 신자들의 어머니이자 "진리의 기둥과 보루"였던 존 헨리 뉴먼John Henry Newman(1801-1890년)과 공감했다.

이러한 두 위대한 교회 지도자들의 차이점은, 뉴먼은 그의 이상을 초대교회에 두었고 결국 그의 이상을 실현할 곳이 로마 가톨릭이라고 보았던 반면, 카이퍼는 종교개혁의 보물들을 재발견했고 그의 이상들을 진정한 개혁교회 안에서 실현하고자 했다는 데 있다. 그들은 모두 교리와 삶의 통합을 원했다. 뉴먼은 이러한 전통과 실천의 통합을 로마 가톨릭교회에서 발견했고, 반면에 카이퍼는 그의 시대 사람들의 삶과 언어 속에서 적용되고 표현되기를 원했던 종교개혁 시대의 신앙고백들과 거룩한 성경 본문 안에서 찾기를 원했다.

3   네덜란드의 상황

그 교회와 교회들

네덜란드 교회 혁명 시기 이전 두 세기에 걸쳐 교회는 특권을 누려 왔다. 1796년에 발표되고 1798년에 헌법에서 재확인된 법령에서, 기존의 모든 종교들이 동등한 권리를 지니고 있다는 사실과 정교 분리의 원칙이 천명되었다.

사실, 비록 국교회의 회원임이 공적 사역을 위한 필요조건이었지만, 대다수의 교회들이 그 전까지 함께 공존하고 있었다. 네덜란드는 오랫동안 유럽에서 가장 관용적인 나라로 존재해 왔다. 로마 가톨릭이 그들의 비밀 집회처를 여러 곳에 두고 있었고, 심지어 이들이 모여 살았던 곳은 소위 "일반적인 땅들"(현재의 브라반트와 림뷔르흐 지역)이라고 불리기도 했다.[1] 1724년 이래로 로마에서 독립한 구 가톨릭교회가 있었다. 또한 메노나이트 형제회가 있었고 많은 교회들을 이루었는데 특별히 프리슬란트 지방이 대표적이었으며, 항론파들은 말할 것도 없고 다양한 루터파 교회들도 있었다.

이러한 각 교회와 교회 그룹들은 그들만의 고유한 성격을 유지했지만, 18세기의 계몽주의는 그들의 확신과 표준을 파선하게 할 정도로 파괴력을 발휘했다. 로마 가톨릭교회를 제외한 모든 교회들은 그 시대의 국가주의와 도덕주의와 더불어 하나되어 갔다.

연합을 촉진시키는 또 다른 원동력은, 루터파 교회와 개혁파 교회를 그의 나라에서 1817년에 연합시킨 프러시아의의 왕 프레드릭 빌헬름 3세의 사촌이었던 네덜란드의 군주 빌럼 1세의 영향력으로 말미암은 것이었다.[2] 자신의 왕조의 왕권을 회복하기 전까지, 네덜란드 왕은 계몽주의 군주에 대해 온정적인 태도를 보이며 독일 연방의 작은 나라들을 다스리고 있었다.[3]

빌럼은 네덜란드를 하나님이 세우신 왕으로서 통치하기를 원했다. 그는 자신이 교회의 문제를 합당한 방법으로 해결하도록 부르심을 받았다고 느꼈다. 그의 심복은 국무장관이었던 얀센이었다. 그들의 주된 생각은 모든 개신교 시민들을 한 교회로 묶는 것이었다. 결국 네덜란드 개혁교회의 자유는 폐지되었다. 1816년에 칙령이 도입되었는데, 그 칙령은 기존의 종교회의의 교회 정치체제를 대신하여 왕이 총회의 회원들을 임명하는 체제였다.

왕은 이러한 정리 작업을 해 나가면서 두 가지 목표를 심중에 품고 있었다. 우선적으로 그는 좋은 그리스도인 왕이 되기를 원했다. 그는 신성동맹의 시대를 살고 있었다. 그는 자신의 백성들에게 아버지가 되기를 원했고, 온 백성이 한 교회의 회원들이 되어 하나가 되는 삶을 살기를 원했다. 둘째로, 교회 운영을 위한 하나됨을 원했다.

그러나 그는 결코 **교리에 있어서의 하나됨**을 지향하지 않았다. 물론 그가 점진적으로 그렇게 되기를 소망했을 수도 있다. 그러나 분명한 것은, 그 당시에는 교회의 모든 구성원들이 교리의 문제에 있어서 교리상의 차이들을 용인할 것을 원했다는 것이다. 그래서 그가 발표한 칙령에서 성직 후보자들의 서약서에 그때까지와는 다른 새로운 내용을 포함시켰는데, 그것은 이제부터 성직 후보자들은 '하나님의 말씀에 따르는 일치 신조에 포함된 교리'를 믿고 받아들일 것을 공적으로 선언해야 한다는 것이었다.

이러한 내용들은 정통주의적으로나 자유주의적으로나 둘 다 해석 가능한 것이었다. 그것이 교회의 신앙고백 기준들이 성경을 **따르고 있기에** 받아들여야 한다는 것을 의미할 수도 있고, 반면에 신앙고백 기준들이 성경과 **일치하는 한** 받아들여야 한다는 것을 의미할 수도 있었던 것이다. 두 가지 해석이 다 가능했지만, 그 시대를 주도하게 된 것은 후자의 해석이었다. 그때 이후로 교리에서 자유한 것이 네덜란드 개혁교회의 특징이 되고 말았다.

이후에 카이퍼는 신앙고백에 대한 서명이 어떻게 단지 형식에만 머물게 되었는지를 지적했다. 존경받는 교회 역사가였던 끼스트N. C Kist는, 도르트 신경에 서명한 그 시대의 레이던 교수들에 대한 글을 네덜란드 역사 잡지에 발행했다. 그는 그 교수들 중 두 명이 이전에 도르트 신경을 공적으로 부인했음을 지적하며, 이것을 가리켜 "어리둥절한 서명" 혹은 "심리적인 문제"라고 불렀다. 카이퍼는 단지 자신의 이름으로 서명한다고 해서 그것이 그것에 대한 믿음까지 보증해 주지는 못한다는 사실을 지적했다.[4]

빌럼 왕의 칙령은 반대와 분열을 야기시키고 말았다. 암스테르담 교회 당회에서[5] 처음으로 이 새로운 성직제도의 변화에 이의를 제기했고, 일곱 개의 다른 당회들도 그 뒤를 따랐다. 이후, 이 당회들이 모두 해산되었고, 따라서 모든 항의자들도 잠잠할 수밖에 없었다.

1834년에 이르러 왕의 위풍당당한 통일령에 혼란을 야기시키는 분리파들이 일어나게 되었다.[6] 전국 곳곳에서 여러 지역의 젊은 목사들이 함께 모여 바른 교리를 지키고 이단에 항거하기 위한 종교회의를 열 것을 요청했다. 성직으로부터 면직당했거나 성직 지원자의 경우, 그들은 교회 사역에 전혀 받아들여지지 않았다. 그들이 진정한 개혁적 성향을 띤 자유교회들을 시작하자, 그들은 반대에 부딪쳤고, 그 시대의 관용적인 자유주의자들에 의해 억압과 박해를 받았다. 그러나 그들의 교회는 여전히 보존되었고 증가되었다. 50년이 지난 이후에 그들 교회의 회원은 30여 만 명에 달했다.

그 후 많은 사람들이, 자신들을 지도했던 목회자들인 판 랄테 Van Raalte와 스콜테 Scholte의 지도하에 미국으로 이주하게 되었다. 이 이민자들이 북미의 기독교개혁교회 CRC를 설립한 선조들이 되었다.[7]

신학과 신학자들

19세기 유럽의 사상들은 네덜란드를 그냥 지나쳐 가지 않았다. 헤베이*réveil*로 알려진 거대한 운동이 네덜란드의 고유한 특성으로 자리를 잡아 갈 때, 다 코스타와 흐룬 판 프린스떠러와 같은 사람들이 그 시대의 정신에 항거했다. 그 '그리스도인 친구들'은 정규적으로 만나 교회와 나라의 상황에 대해 의견을 교환했다. 네덜란드에서 일어난 헤베이 운동의 강점은, 이러한 사람들이 당당하게 일어나, 중요한 순간에 그들 중 상당수가 교회와 나라, 사회의 그리스도의 왕권에 대해 고백했다는 것이다. 다른 한편으로 헤베이 운동의 약점은, 그 주도층이 귀족정의 지지자들이었으며 서민들에게까지 미치지 못했다는 것이다. 그것은 일관성이 부족했으며 너무 다양한 신학 입장들에게 자리를 내어주었다.

헤베이 시대에, 네덜란드에는 모든 종류의 서로 다른 신학적 신념들이 난립하고 있었다. 카이퍼는 그의 첫 번째 책에서 다음과 같은 개관을 제시한다. "호로닝헌 학파, 복음주의, 레이던 학파, 구근대주의, 신근대주의, 경험주의, 도덕주의, 비평주의, 평화주의, 고백주의, 진리의 친구들Friends of Truth, 콜브루게 학파, 리프더('사랑'이라는 이름을 가진 단체)의 추종자들Followers of De Liefde, 어빙파, 다아비파, 침례파 등." 그러고 나서 그는 흥미로운 결과를 제시하는데, 이러한 분파들이 원리들이 아닌 사람에 의해서 발생했다는 것이다. 즉 "호로닝헌 학파는 호프스떼이더 드 흐로트, 레이던파는 스콜턴, 윤리 학파는 드 라 소세이, 경험주의는 옵조머, 비평주의는 두더스, 고백주의는 펠릭스, 평화주의는 크라머에 의해 시작되었음을 지적한다.[8]

이러한 11개의 그룹들을 개별적으로 다 다루는 것은 주제를 벗어나는 것이기에, 나는 앞으로 우리가 다시 마주하게 될 흐로닝헌 학파, 윤리 학파, 그리고 근대주의, 이 셋만 다루고자 한다.

흐로닝헌 학파

슐라이어마허의 별이 독일 전역에 걸쳐 떠오르기 시작했을 때, 흐로닝헌 대학은 슐라이어마허처럼 마음의 신학을 전개하는 소장 신학자들을 만들어 냈다. 그러나 그들의 지도자였던 호프스떼이더 드 흐로트Hofstede de Groot는 정직하게도 다음과 같이 선언할 수 있었다.[9] "우리는 우리 신학만의 고유한 특성을 가지기 전에는 슐라이어마허를 읽지 않았다."[10]

그들의 신학은, 인류에 대한 위대한 스승으로서의 예수 그리스도에 대한 깊은 존경과 굉장한 낙관주의로 말미암는 따뜻한 감정으로 특징지어지는데, 이러한 배움의 과정이 계속해서 진행되면 결국에는 모든 진정한 그리스도인들이 다시금 하나가 될 것이라고 보았다. 흐로닝헌 신학자들은 그들이 전개하는 운동의 민족적인 성격을 강조했고, 그들의 영웅은 존 칼빈이나 도르트 신경을 작성한 선조들이 아니라 네덜란드 기독교 인문주의자였던 에라스무스Erasmus와 후고 흐로티우스Hugo Grotius라고 주장했다.

호로닝헌 학파의 신학은 본질적으로 그리스도의 인간적 인격에 강조점을 둔 기독교 인문주의였다. 기독론적 관점에서 그것은 아리우스주의에 가까웠고, 인간론적 관점에서 보면 펠라기우스적이었다. 비록 호로닝헌 학파가 성경 비평을 주창했던 합리주의자들의 견해를 거부했지만, 성경의 절대적 권위를 받아들이지도 않았다. 그들은 무류성infallibility을 거부했고 대신에 결함이 없다faultlessness는 입장을 수용했다.

이러한 흥미 있는 견해는 중도적인 입장으로 특징지어질 수 있다. 무류성은 없다No infallibility고 호로닝헌 신학자들이 말했는데, 이것은 무류성을 주장하면 인간적인 책에 대해 연역적 교리를 전제해야 했기 때문이었다. 그렇지만 호로닝헌 신학자들은 성경에 대해서는 결함이 없다고 말할 수 있었다. 이것은 과학적인 **귀납적** 판단이었는데, 특별히 신약 성경을 연구한 이후 도달한 결론이었다. 그들의 입장의 허술함은, 19세기의 과학적인 성경 비평이 시작되어 성경을 한 책씩 분석하기 시작하면서 명약관화하게 드러나게 되었다.

카이퍼가 태어났을 때, 호로닝헌 신학은 네덜란드 전역에 걸쳐 강타하고 있었다. 호로닝헌 신학은 국가교회의 대부분의 강단에서 선포되고 있었고, 특별히 호로닝헌 지역이 더욱 심했는데, 호로닝헌 신학의 강타는 분리파들이 그 지역에서 퍼져 나갔던 이유 중의 하나가 되었다. 그러나 이 기독교 인문주의의 열매들은 매우 실망스러웠다. 1862년에 이르러, 이 학파에 속한 학자 중 한

명이 다음과 같은 말로 흐로닝헌 지역 교회의 상황에 대한 실망감을 표현했다.

> 성찬식이 정기적으로 실시되었지만 많은 지역에서 신앙을 고백하는 사람은 소수에 불과했고, 교회 내에서조차 혼인의 신성함은 소수의 사람들에 의해서만 지켜졌으며, 가족 가운데서 종교 활동은 쇠퇴해 버리게 되었고, 세속적인 삶의 방식이 일반화되었으며, 술 취함과 부도덕함이 노동자 계층에서 심각하게 나타났다. 교회생활, 교회, 교회의 사역자들에 대한 그 어떤 존경심도 찾아보기 어려웠다.[11]

1868년에 이르러, 카이퍼는 흐로닝헌 학파에 속한 자들과 정면으로 충돌하게 되었다. 같은 해에 베셀 조약Convent of Wesel 체결 300주년을 기념하기 위한 회의가 제이스트에서 개최되었는데,[12] 네덜란드와 독일의 신학자들이 참여했다. 카이퍼는 흐로닝헌 학파가 좌지우지했던 그 회의의 지도자들에게 그들이 신앙의 선조들로부터 너무나 많이 벗어나 있다며 강력하게 항의했다. 카이퍼는 선조들의 방식을 취하여 밀어붙였다. 그것은 선지자들을 죽인 후에 선지자들을 위한 무덤을 지었던 바리새인들의 방식이 아니었다. 비록 그가 그 모임에서 야유를 받았지만, 그는 예수 그리스도의 교회 안에서 명확하고 정직한 관계와 기념을 위한 생애에 걸친 전투를 시작하는 신호를 발하였다.

윤리 신학 학파

흐로닝헌 신학에서 급진적인 근대주의에 이르는 길은 한 발자국 차이밖에 나지 않았다. 비록 고전적인 정통 개혁주의에 대해서는 여전히 반대했으면서도, 그러한 발걸음을 내딛기를 거부한 신학자들은 윤리적인 신학의 지지자들이었다. 이러한 사람들은 중재신학mediating theology으로 알려진 독일신학의 네덜란드 대표자들이었다.

그들은 슐라이어마허의 영향을 받았지만, 다른 학파들의 영향도 받았다. 그들은 헤베이에 대해 상당 부분 공감했는데, 특히 인간 양심에 호소한 비네Vinet의 영향을 받았다. 유럽 사상을 폭넓게 이해한 그들에게서 주목할 만한 부분은, 고독한 덴마크 사상가였던 쇠렌 키에르케고르Søren Kierkegaard의 가치를 처음으로 알아본 사람들이 그들 중에 있었다는 사실이다. 다른 한편으로 그들은 명백하게 **네덜란드** 신학자들이었다. 그들은 네덜란드의 국가적 성격을 적절하게 가지고 있었는데, 이는 지나친 것을 거부하고 동시에 다른 관점들을 수용하는 열린 태도를 가졌다는 점을 보아 알 수 있다.

네덜란드에서의 윤리 신학의 아버지는 드 라 소세이Daniel Chantepie de la Saussaye(1818-1874년)였는데, 그의 가장 뛰어난 제자는 요한네스 휜닝Johannes H. Gunning(1829-1905년)이었다. 많은 재능 있는 신학자들이 그들의 그룹에 속했고, 1853년부터 그들의 사상을 '진지함과 평화*Ernst en Vrede*'라는 잡지를 통해 출간했다.

이러한 윤리 신학자들은 그들의 시대에 실존주의자들이라 불렸다.[13] 이것은 물론 그들을 풍자적으로 묘사한 것이라고 볼 수도 있지만, 그들이 합리주의와 초자연주의에 대응하는 방식들이 키에르케고르가 동시대에 추구했던 모든 인간 '체계들'에 대해서 이의를 제기했던 것과 유사했다는 사실은 부인할 수 없을 것이다. 드 라 소세이는 정통주의 체계를 받아들이는 것과 정통주의의 용어들을 사용하는 것은 살아 있는 믿음의 증거가 될 수 없다고 확신했는데, 이는 그가 진리의 본질적 성격을 합리적이라기보다 '윤리적'으로 보았기 때문이다. 그는 여기서 **윤리적**이라는 용어를 일반적인 의미에서의 도덕과 윤리를 가리키는 것으로 사용하지 않았다. 그가 윤리주의를 주창하면서 의미했던 것은 '내면적인 개인의 삶의 깊은 영역'이었다.[14]

성경의 권위와 관련해서 윤리적 진리라는 것은 무엇을 의미할까? 성경의 권위를 윤리적인 방식으로 생각한다면, 성경이 가진 인간적인 형식이라고 하는 것은 온갖 종류의 높고 낮은 비평에 공격당할 것이지만, 성경이 우리의 내면 의식에 도달하자마자 그것이 하나님의 살아 있는 말씀이 된다는 것이다.

이러한 견해가 다른 교리적 관점들과 관련해서는 어떤 의미를 가지는 것일까? 헤르만 바빙크Herman Bavinck의 설명을 들어 보자.

> 아타나시우스를 반박한 아리우스의 주장은 어느 측면에서는 분명히 옳다고 할 수 있다. 우리가 알고 있는 것처럼 아타나시우스

의 삼위일체 교리에서 성부와 성자 사이의 관계를 윤리적인 관계로 설명하는 한, 그것이 어디까지나 불충분한 설명이라고 하는 것은 부인할 수 없는 사실이기 때문이다. 마찬가지로, 펠라기우스가 어거스틴의 예정 교리의 불충분함에 대해서 말한 것도 분명히 옳다고 할 수 있다. 왜냐하면 펠라기우스의 목표는 적어도 어느 정도까지는 인간의 양심의 실재와 인간의 책임과 죄책에 대한 감정이 존재한다는 사실을 설명하려는 것이었기 때문이다. 심지어, 로마 가톨릭과 개신교 사이에도 절대적인 반립이 존재하지 않는다고 할 수 있는데, 이는 18세기의 합리주의와 초자연주의에 대해서는 양쪽 모두 똑같은 입장을 가지고 있었기 때문이다. 따라서 드 라 소세이를 고백주의자나 근대주의자로 묶는 것은 불가능한 일이다.[15]

윤리주의자들은 종종 '평화주의자'라 불리기도 했다. 그들은 심지어 구원에 있어서 가장 중요한 교리들을 부인하는 사람들마저도 교회 안에 남아 있는 것을 허용했다. 반면에 그들의 좋은 친구였던 흐룬 판 프린스떠러가 네덜란드 국회에서 교육과 사회를 개혁하기 위해 혁명 정신으로 저항하며 고독한 전쟁을 치르고 있었을 때, 그들은 거의 동참하지 않았다. 그뿐 아니라 흐로닝헌의 후계자인 카이퍼가 기독 정당과 모든 종류의 기독교 활동을 역설했을 때도, 이 '평화주의자'들에 의해 더 강한 반대와 비판에 직면해야만 했다. 그들은 윤리적 관점에서 국가의 유익을 도모하기 위한 그들의 목표에 반하는 모든 사상들을 반대하면서, 이와 부합하는 모든 사상들을 종합하는 태도를 견지했다.

근대 신학 학파

학생 시절에 카이퍼는 근대 신학의 열렬한 지지자였었다. 근대주의자라고 할 때 '근대'라고 하는 명칭이 말해 주듯, 그들은 과거가 아닌 현재의 사람들이 되고자 했다. 이와 같은 주장이 18세기 계몽주의자들에 의해서 주창되었고, 20세기에 와서 '신新신학'의 지지자들에 의해 계속해서 이어졌다.

근대주의자들은 자연과학이 위대한 승리를 할 수 있었던 시대를 살았다. 성경 원자료에 대한 역사 비평이 신학의 주된 과제였다. 새롭게 떠오르는 중산층은 진화론이 사회를 관통하고 지대한 영향을 미치는 동안, 계속적으로 인간이 진보한다는 사상에 의해 "매각당했다."

이러한 시대 상황 속에서 슐라이어마허가 직면했던 문제는, 전 시대의 교회에서는 전혀 문제가 되지 않았던 다음과 같은 질문들이었다. '이 시대에도 여전히 신앙을 위한 자리가 남아 있는가?', '신앙과 과학의 관계는 무엇인가?', '이 시대의 사람이 된다는 것과 성경의 사람이 된다는 것은 병립할 수 있는 것인가?', '시대의 정신에 충실하면서도 교회의 일원으로 충실할 수 있는가?'

네덜란드 근대주의의 거장이었던 스콜턴 J. H. Scholten(1811-1885년)은 이러한 질문들을 정면으로 대면했다.

그의 강의를 듣기 위해 각 학부에서 몰려든 학생들을 자신의 의자에 앉아 가르칠 때에, 스콜턴은 그들 모두를 네덜란드 어느 지역의 탑보다도 더 높은 곳으로 데리고 갔다. 왜냐하면 그는 청중들이 과학적인 판단을 내림에 있어서 하나님의 선물을 얼마나 잘 사용하고 있는지, 하나님께서 그의 진리로 우리를 더 깨우치게 하셔서 궁극적인 진리에 이르도록 계몽시키실 것에 대해서 두려움 없이 선포했기 때문이었다. 스콜턴의 학생들은 그 시대의 수많은 위기 가운데서도 그의 스승이 사상적인 버팀목을 제공했음을 공언했다.[16]

청년 스콜턴은 흐로닝헌 신학으로 시작했지만, 곧 성경에 결점이 없다는 교리doctrine of the faultlessness에 동의할 수 없음을 깨닫게 된다. 그는 성경의 외적 권위는 거부하고 성령의 조명으로 인한 성경의 내적 권위를 주장했다.

그러나 그의 근대주의자로서의 경향이 또한 나타나게 되는데, 칼빈주의적Calvinistic[17]이라는 용어와 고백주의적confessional[18]이라는 용어를 자신의 인간 중심적 신학의 권위를 뒷받침하는 데 사용한 것이다. 그는 성령의 조명에 대해 말하면서 세 가지 위험에 대해 경고했다. 첫째, 이러한 조명이 본문의 **권위**를 뒷받침한다고 가정할 수 없다. 그것은 오직 본문의 **가치**를 강조한다. 둘째, 이러한 조명이 본문의 모든 내용과 연관된다고 가정할 수 없다. 그것은 오직 본문의 **진정한 종교적** 영역에서만 연관이 있다. 셋째, 이러한 조명이 초자연적이라거나 직접성을 가진다고 생각하는 오류를 범하지 말아야 한다. 오히려 그것은 "그리스도인의 지성에 의해 정화된 이성과 양심의 조명"이라고 묘사되어야 한다.[19]

이런 모든 스콜턴의 전략은 단순히 그가 정통적인 용어를 정통이 아닌 의견을 뒷받침하기 위해서 사용했음을 의미한다. 하나님의 말씀의 권위와 개혁교회의 신앙고백들을 지지하는 것처럼 보이지만, 사실 그는 그 권위를 손상시키고 있는 것이다. 이런 측면에서 스콜턴이 자기 자신을 "이성의 사도"[20]라고 부른 것은 상당한 의미를 가진다.

스콜턴의 하나님에 대한 결정론적 인식은 그가 존경하던 스피노자의 하나님과 여러 가지 면에서 일치한다. 스콜턴에게 하나님은, 그 섭리가 자연의 법칙과 일치하고, 우주를 조직하고 조화시키는 힘에 불과했다. 자연은 그 자체로 모순될 수 없기 때문에, 그는 초자연적인 기적들이 불가능하다고 보았다. 예수가 분명 뛰어난 우리 종교의 창시자이기는 하지만 선재하지 않았고, 동정녀 마리아에게서 태어나지도, 부활하지도 않았다고 본다.

다른 유명한 레이던의 근대주의의 아버지인 아브라함 쿠에넌 Abraham Kuenen(1828-1891년)의 숙련된 작업 아래서 구약 성경은 재구성되었다.[21] 자신의 저서 「이스라엘의 종교 *The Religion of Israel*」에서 쿠에넌은, 독일 학자인 그라프의 모세오경 비평을 받아들여, 모세오경의 가정된 자료들에 의해 다음과 같은 순서로 구성했다. J 문서 Jahwist, E 문서 Elohist, D 문서 Deuteronomist, P 문서 Priestly Code.²² 진화론의 영향을 받은 그는 또한 일반적인 구약 성경의 배열 순서가 그대로 유지되어서는 안된다고 주장했다. 즉 율법, 성문서, 선지서 순서가 아니라, 선지서, 율법, 성문서 순서로 배열되어야 한다고 주장했다.

레이던 학파의 계승자들은 이러한 고등 비평과 부인할 수 없는 과학적 진리들을 받아들여 온 나라에 퍼지게 했다. 그로 말미암아 교회는 소란과 불안 그리고 커져 가는 불신앙의 물결로 고통을 겪게 되었다. 이 학파에 속한 일부 학자들은 양심상 더 이상 성직에 머무를 수 없다고 느끼고 공개적으로 고백하기도 했다.

헤베이 운동이 낳은 재능 있는 아들이었던 알라드 피에르손 Allard Pierson은 스콜턴과 쿠에넌 밑에서 수학했다. 피에르손은 목사가 되었지만 수년이 지나지 않아 성직을 내려놓았는데, 자신의 글에서 그는 "근대 신학이 불안을 가져왔고 많은 사람들의 기도를 침묵하게 했음"을 밝히고 있다. 그는 더 나아가 이렇게까지 묘사한다. "근대 신학이 등장한 이래 많은 사람들이 성경을 덮어 버렸으며, 냉혈한 같은 어떤 종교적 개념이 신앙고백자들의 평안과 영적 삶의 원천을 공격했다"²³

피에르손은 이러한 사실들에 대해 몹시 유감스럽게 생각했지만, 그는 그것들이 피할 수 없는 그 시대정신의 산물이라는 사실을 알고 있었다. 가장 열정적으로 이러한 시대정신과 맞붙어 싸울 사람은 바로, 레이던의 또 다른 학생이었던 아브라함 카이퍼였다.

4 젊은 카이퍼

카이퍼의 학창 시절

카이퍼는 스토운 강좌에서 칼빈주의에 대해 강연하면서 "혈통의 혼합"이라는 자신의 이론을 발전시켰다. 메소포타미아, 그리스, 이탈리아계와 같이 한 혈통으로 묶여 있지만 다른 나라에 의해서 지배당했던 가계들과, 합스부르크, 부르봉, 오라녀, 호엔촐레른 왕가와 같이 가장 주목할 만한 정치가들과 영웅들을 탄생시킨 가문들에 대해서도 언급했다. 카이퍼의 결론은 다음과 같았다. "역사는 칼빈주의가 흥왕한 나라일수록 수많은 혈통들이 혼합되어 있음을 보여주고 있다."[1]

카이퍼의 강연이 미국의 대중 앞에서 이루어진 것이라는 것을 감안하더라도, 이것이 정말 믿을 만한 이론인가에 대해 의문이 드는 것은 사실이다. 그럼에도 불구하고 이 이론이 카이퍼 자신에게만큼은 정확히 적용된다고 할 수 있다. 인생 전체를 통해 카이퍼는 더없이 네덜란드인으로서의 정체성을 유지하면서 살았지만,

그의 혈관 속에는 이국異國의 피가 흐르고 있었다. (그의 아버지) 얀 프레드릭 카이퍼Jan Frederik Kuyper는 스위스 군대의 장교의 딸이었던 헨리에테 후버Henriette Huber와 결혼했다. 그의 할머니는 스위스의 독일어를 사용하던 지역 출신이었다.

카이퍼의 혈통적인 기원보다 더 중요한 것은 그가 어린 시절 가정에서 받았던 영적 영향력이다. 그의 아버지는 국가 개혁교회의 목사였다. 비록 그가 헤베이의 정신에 영향을 받았지만, 그는 극단주의를 경계하고 주어진 상황을 받아들이던 보수주의자 중의 한 사람이었다.

카이퍼의 아버지는 젊은 시절 암스테르담에서 사무원으로 근무했다. 그는 영어에 익숙했기 때문에 암스테르담 성공회 목사였던 텔월Thelwall을 도와 영어로 된 소책자를 네덜란드어로 번역하는 것을 돕는 작업을 했다. 이렇게 그는 출판업계의 관심을 끌게 되었고, 장학금을 받고 레이던에서 신학공부를 하여 목사가 되었다.

그가 세 번째 임지였던 마아스슬라이스에서 목회하고 있던 1837년 10월 29일에 아들 아브라함이 출생했다. 아브라함은 가족들의 사랑을 받으며 행복한 어린 시절을 보냈다.[2] 카이퍼는 그의 집필 활동을 통해 건강한 국가와 사회, 그리고 교회의 모델과 모판으로서 이러한 가족의 소중한 가치를 강조했다.

1841년에 카이퍼의 아버지는 제이란트 주의 항구도시 미덜뷔르흐로의 청빙을 받아들였다. 그곳에서 사는 동안, 어린 '브람'은

선원이 되는 것을 꿈꾸었다.³ 이 시기에 그는 학교에 가지 않고 집에서 부모님으로부터 교육을 받았다. 그의 부친은 영어에 능통했으며 모친은 불어에 능통했다. 카이퍼는 한 번도 유럽의 현대 주요 언어들로 자기 자신을 표현하는 데 어려움을 겪어 본 적이 없었다. 그는 라틴어와 헬라어에도 능통했는데 심지어 자유대학에서 히브리어를 수년간 가르치기도 했다.

카이퍼는 그의 부친이 1849년에 목사로 임직되었던 레이던의 김나지움⁴에서 학업을 시작했는데, 1855년까지 6년간 김나지움에서의 학업을 계속했다. 카이퍼에게 역사를 가르쳤던 로버트 프라인Robert Fruin 선생은 네덜란드 역사에 관한 수준 높은 작품을 많이 남겼던 자유주의 역사학자이자 작가였으며, 역사 기록의 공정성을 제안한 주창자이기도 했다. 카이퍼의 작품에서 우리는 프라인으로부터 인용한 내용들을 상당히 찾아볼 수 있는데, 이것은 프라인이 칼빈주의를 사람들의 영적 능력의 주요 원천이라고 생각했던 것과 별개로 생각할 수 없을 것이다.⁵

본격적인 학업을 위한 예비과정을 마치게 되었을 때, 카이퍼는 졸업생 대표로서 고별연설을 독일어로 하게 되었다. 그가 선택한 주제는 '서고트족의 주교 우필라와 그의 고틱어 번역 성경'이었다.

이제 드디어 19세기 네덜란드 학문 세계의 엘리트 코스로 입문할 시기가 무르익은 것처럼 보였다. 레이던 대학에는 중요한 여러 분야에서 인정받던 학자들이 여러 명 있었다. 그러나 카이퍼는, 공적으로 자기의 신앙을 고백할 때 주저했던 것처럼 무슨 공부를 계속할지에 대한 결정도 쉽게 내릴 수가 없었다.[6] 1855년, 카이퍼는 '문학과 신학' 코스에 등록했다. 첫해에 문학 공부에 전념하고 나머지 3년을 고전 문학에 집중한 그는, 최우등으로 졸업하게 된다.

그 후 본격적으로 신학을 공부하기 시작한 카이퍼는, 이내 깊고도 진지한 다음과 같은 질문을 던진다. "신학 공부는 무엇 때문에 하는가?", "이 시대에 교회는 무엇을 해야 하는가?" 그는 순전히 도덕적인 원리로만 가득한 채 예언자적 열정을 상실한 교회에 대해 열정을 가지고 있지 않았다. 이와 같은 교회는 구식이었고 시대착오적이었다.

1859년에 카이퍼는 교회사 교수였던 끼스트N. C. Kist에게 논문을 제출했는데 그 논문의 주제는 '니콜라스 1세 아래서의 교황 권력의 성장'에 관한 것이었다. 카이퍼는 교회사의 광맥을 깊이 파는 진지한 열심을 가지고 있었으며, 그는 이러한 작업을 평생에 걸쳐서 멈추지 않고 계속했다.

그런데 이 논문에서 흥미 있는 점은 카이퍼가 내린 **결론**이었다. 교회사를 포함한 모든 역사는 거대한 과정의 연속인데, 이 모든 과정의 순간은 또 다른 내적 필요에 따라 움직인다는 것이었다. 이러한 과정의 시작점에서 교회는 외적인 형식을 필요로 하지만, 결국에는 모든 외적인 형식들을 필요로 하지 않는다는 것이다.

카이퍼는 마지막 단계의 여명이 속히 밝아 오기를 기대했다. 그는 교회를 운명적으로 그 시대의 사람들과 함께 갈 수밖에 없는 "종교의 일시적인 기관"이라 불렀다. 여기서 사람들은 그 시대의 모든 자유 시민들을 일컫는 말이었다. 그 자유 시민들이 그들의 마음속에 있는 종교를 잘 깨닫고 도덕적인 원리에 따른 공적인 삶을 살아야 한다는 것이었다.[7]

이러한 글들은 1859년에 쓰여진 것이다. 그런데 1860년에 중요한 일이 발생했다. 카이퍼와 그의 동료 학생들이 부임한 지 얼마 안되는 라우언호프Rauwenhofff 교수의 강의를 듣게 된 것이다.[8] 이 교수는 그리스도의 부활에 대해 설명했다. 그는 성경이 이러한 부활을 증언하고 있음을 인정했지만, 성경 본문이 종종 깊은 의미를 지닌 상징적 언어를 사용하고 있음을 설명했다. 근대주의의 영향하에 어떤 사람도 그리스도의 육체가 실제로 부활했다는 사실을 믿을 수 없었다는 것은 분명했다. 그들에게 그리스도의 실제적인 부활 사건은 자연의 법칙에 반대되는 것이었고, 자연의 법칙은 결코 깨질 수 없는 것이었다.

그 교수가 이러한 결론에 이르게 되자 학생들은 모두 자리에서 일어나 박수갈채를 보냈다. 스물세 살이었던 젊은 카이퍼도 함께 박수갈채를 보냈다. 다른 사람들이 단지 속삭이면서 말할 수밖에 없었던 사실에 대해 주저하지 않고 말할 수 있었던 그 교수는 학생들의 마음을 사로잡을 수밖에 없었다.

카이퍼는 이러한 그 당시의 저항할 수 없는 학문적 경향성에 빠져들 수밖에 없었다. 그는 결국 목사가 되기로 결심하고 유명한 J. H. 스콜턴의 강의를 들었다. 스콜턴의 강의는 카이퍼를 매혹시키기에 충분했다. 회심 후에 그는 이렇게 술회했다. "그의 학생이라면 누구라도, 그와 같은 한 인물이 어떻게 학생들을 매료시키는지 이해하게 될 것이다."[9]

느리지만 그러나 분명하게 카이퍼는 어린 시절의 신앙을 버리게 된 것이다. 카이퍼가 수년 후에 이 당시를 회고한 바에 의하면, "나는 회심하지 않은 내 마음속에 뿌리내리지 않았던 전통적인 신앙을 잃어버렸다"고 한다.[10]

방향 전환

카이퍼는 그 시대의 교회에 대해서도 만족할 수 없었지만, 자기 자신에게도 만족할 수 없었다. 이 시점에 카이퍼는 매우 주목할 만한 방식으로 흐로닝헌 신학과 조우하게 되었다.

흐로닝헌 대학 신학부에서, 존 칼빈과 존 아 라스코의 교회론을 가장 잘 비교 분석한 논문을 선정하여 시상하겠다는 발표를 했다. 우리는 이미 흐로닝헌 신학자들이 존 칼빈에게 별로 관심이 없었다는 사실을 살펴본 바 있다. 그들에게 칼빈주의는 원래의 네덜란드 개혁 사상을 자기 것이라고 속여서 팔아먹는 타국의 이름 모를 한 사람의 사상에 불과했다. 그들은 본래 종교개혁의 선봉장을 라스코라고 보았다. 폴란드 출신인 라스코는 런던에 있던 네덜란드 피난민 교회의 감독으로서 1550년에서 1553년까지 난민들을 이끌었던 지도자였다. 라스코의 사상은 제네바의 종교개혁자들보다 온건했지만 보다 실천적이었다.

이것이 흐로닝헌 대학이 현상공모한 논문 대회의 배경이다. 젊은 카이퍼는 그가 존경하고 따랐으며 매우 친밀한 관계에 있었던 네덜란드 문학 교수 드 프리스M. De Vries 교수가 아니었다면 별 관심을 보이지 않았을 것이다. 드 프리스는 카이퍼에게 다음과 같이 말했다. "이것은 너를 위해서 준비된 것이니 한번 시도해 보거라."

카이퍼는 논문을 쓰려고 시도했지만, 이내 거의 불가능한 작업을 떠맡았다는 것을 깨달았다. 칼빈과 그에 관한 작품들은 풍부했지만, 라스코의 작품들은 사라진 것처럼 보였기 때문이다. 카이퍼는 라스코의 저작이 열여섯 권이라는 사실을 알고 있었지만 유럽 전체의 도서관을 통틀어서도 서너 권밖에 찾을 수 없었다.

결국 카이퍼는 논문 쓰는 계획을 포기해야겠다는 결론에 이르렀다. 카이퍼가 드 프리스 교수에게 논문을 포기하겠다는 말을 꺼내자, 이 신실한 후원자는 카이퍼에게 조금 더 노력해 볼 것을 권했다. 그러면서 역사적으로 매우 특별한 작품들을 소장하고 있는 하알렘의 노목사인 자신의 부친을 카이퍼에게 소개해 주었다.

결국 카이퍼는 하알렘으로의 여행길에 오르게 되고, 그 여행은 라스코에 관한 어떤 작품도 찾지 못한 채 허사로 끝나는 듯했다. 그러나 노년의 드 프리스 목사는, 자기의 소장 도서라 하더라도 정확한 소장 여부를 알지 못한다면서 한 주 후에 다시 방문하라고 말했다. 카이퍼는 그렇게 하기로 했지만 별다른 희망을 갖지는 않았다. 한 주 후 그가 다시 방문했을 때, 카이퍼는 라스코의 전집을 쌓아 둔 채 기다리고 있던 드 프리스 목사 앞에서 어안이 벙벙할 정도로 놀라고 만다. 후에 그는 이 당시의 경험을 술회하며 다음과 같이 말했다.

> 하나님의 기적으로 말미암아 나는 거기서 라스코 전집을 보았는데, 그것은 유럽의 어떤 도서관에서 본 적이 없는 최고의 상태로 보존된 것이었다. 나는 논문을 쓰는 데 "사느냐 죽느냐"의 문제였던 보물을 거기서 발견했는데, 자료를 구할 수 있도록 부탁한 신실한 후원자의 집에서 그것도 숨겨진 보물이 있는지 정확히 알지도 못한 상태에서 발견한 것이었다. 그렇다! 한 주 전까지만 해도 이 보물의 주인은 라스코의 이름만 어렴풋이 알고 있을 뿐 그 작품이 있는지 말해 줄 수 없었지만, 이 폴란드 개혁자의 책이 그 진귀한 보물들 속에서 한 주 후에 빛을 보게 된 것이다. 한 사람이 아주 진지하게 무엇인가를 추구하는 과정 속에서 하나님의 기적을 직면한다는 것이 무엇인지를 열렬히 알고자 한다면, 반드시 이러한 놀라움을 만나게 되는 것이다. 나는 지금 이 당연한 진리를 마음 깊은 곳에서 우러나오는 깊은 감사와 경배의 심정으로 말한다. 그 순간 하나님께서는 놀라운 방식으로 내 마음을 감동시키셨는데, 내가 그렇게 오랫동안 무시했던 감사의 기도를

새롭게 하게 되었다는 것이다. 나는 그것이 우리 시대의 사람들이 아이들을 위한 동화 같은 데서나 등장하는 것이라고 말하는 '하나님의 손길'이라는 사실을 결코 부인할 수 없었다.[11]

이것은 카이퍼에게 있어서 감동적인 경험이었다. 카이퍼는 이후의 삶에서 자주 '살아 계신 하나님'에 대해서 말한다. 이 순간에 카이퍼는 하나님의 임재를 느꼈으며, 다시 기도하게 되었다. 카이퍼는 아직 그리스도에게로 완전히 회심하지는 않았지만, 그 순간에 그는 마침내 발견할 약속을 이미 소유한 '구도자'로서의 삶을 시작하고 있었던 것이다.

카이퍼는 이제 칼빈과 라스코의 작품을 매일 밤낮으로 연구하게 되었다.[12] 그는 거의 흠잡을 데 없는 완벽한 라틴어로 논문을 완성하고, 1860년 말에 흐로닝헌 대학에 제출한다. 그리고 카이퍼는 최고상의 영예를 안게 되어 금메달을 받게 된다.[13]

2년 후 카이퍼는 약간의 수정과 보완을 거쳐 이 논문을 출간하기에 이른다.[14] 오늘날의 관점에서 이 논문을 보더라도 카이퍼가 얼마나 훌륭한 신학자였는지 알 수 있는데, 그 당시야 말할 것도 없었을 것이다. 그리고 또한 우리가 발견할 수 있는 것은, 그 당시 레이던 학파가 자랑하던 역사적 객관성에도 불구하고 카이퍼는 결코 선입견을 배제하지 않았다는 것이다. 그는 칼빈을 엄격히 훈련된 사람으로, 그리고 라스코를 훨씬 '복음적인' 사람으로 묘사했다. (흐로닝헌 학파의 계승자들은 자신들을 '복음적'이라 여겼다.) 또한 칼빈을 엄격한 교조주의자로, 라스코를 그리스도인의 삶의 실천을 강조했던 훨씬 더 융통성 있는 사람으로 그려 냈다.

이것이 흐로닝헌 신학자들에게 유리한 조건으로 작용할 수도 있겠으나 사실은 그렇지 않았다.[15] 누구도 카이퍼가 사실을 왜곡했다고 말할 수 없었다. 카이퍼는 그의 마음에서 우러나는 깊은 감동을 따라 확실한 사실을 바탕으로 논문을 작성했다.

그는 마음속으로, 주지주의적이고 차갑고 부정적인 근대 신학에 대해 분노하기 시작했다. 그 시대의 흐름은 흐로닝헌 신학과 급진적인 레이던 사이의 중도에 머무는 것이었다. 카이퍼는 이와 다르게 반대 방향으로 갔다. 그는 근대주의에서 복음주의적 흐로닝헌 신학으로 나아갔던 것이다. 카이퍼는 곧 흐로닝헌 신학이 그의 마음 깊은 곳에서의 필요들을 만족시킬 수 없다는 것을 발견하고, 결국 예리한 눈으로 존 칼빈을 읽으면서 배웠던 바로 그 신학의 제자가 될 수 있었다.

여기서 잠깐 멈추어 서서 하나님의 놀라운 방법을 묵상해 보도록 하자. 비록 하나님의 손길이 역사의 어느 곳에서든 존재하고 하나님께서는 모든 사건들을 지배하고 계시지만, 그 하나님의 손길이 정확하게 어느 곳을 가리키고 있는지 꼭 집어 말하기란 쉬운 일이 아니다. 우리는 믿음으로 걸어가고 있지, 보는 것으로 걸어가고 있는 것은 아니다. 그러나 우리가 네덜란드의 19세기 교회사를 공부해 보면, 카이퍼가 하나님께서 부르신 사람으로 우뚝 서 있는 것을 발견하게 된다. 그가 교회의 개혁자로서, 하나님의 영광을 위한 모든 삶의 영역에서의 전투를 위해 당당하게 서 있는 것을 보게 된다. 하나님께서 카이퍼에게 이러한 중차대한 일을 맡기시기 위해 그를 어떻게 준비시키셨는지 보는 것은 우리의 감탄을 자아내기에 충분하다. 카이퍼는 이후에 그가 싸우게 될 다양한 신학적 체계들을 자신의 살과 피 속에서 경험을 통해 알고 있었던 것이다. 사도바울은 바리새인이었고 정확히 그 이유로 인해 그는 하나님의 은혜의 수호자로 모든 유대교의 율법주의에 대항하여 싸울 수 있었다. 카이퍼는 근대주의의 영향을 받았고, 중도 호로닝헌 신학의 영향을 받았으며, 이후 윤리 신학에 의해 영향을 받게 된다. 이 모든 과정 속에 하나님의 손이 그와 함께했고, 이로 인해 그는 그 시대를 살아가는 그 시대의 사람으로서 하나님의 백성들을 말씀의 길로, 오직 말씀 그 자체로 이끌 수 있었던 것이다.

그 사이에 카이퍼는 탈진하여 쓰러져 앓아눕게 되었다. 10개월 동안 자리에 앉아 책을 읽지도 못할 정도로 아무것도 하지 못하면서 지냈다. 차차 건강에서 회복되기 시작하면서 카이퍼는, 그에게 강한 인상을 주었던 한 책을 읽게 된다. 그 책은 샤를롯 용어 Charlotte M. Yonge가 쓴 매우 유명한 작품인 「레드클리프의 상속자 *The Heir of Redclyffe*」라는 제목의 소설이었다.[16]

이 책에는 두 명의 주인공이 등장하는데, 한 명은 겸손하고 자기를 부인하는 사람이며, 다른 한 사람은 거만하고 자기 자랑을 좋아하는 사람이었다. 첫 번째 등장하는 사람이 패자처럼 보이고 두 번째 등장하는 사람이 승자로 보이지만, 이러한 생각들이 뒤집어지는 순간이 오게 된다. "거만한 자를 비웃으시며 겸손한 자에게 은혜를 베푸신다"고 하는 성경적 진리가 이 소설 속에서 새로운 의미를 취하게 된다. 이 소설의 최고조에 이르는 드라마틱한 묘사를 읽었을 때, 카이퍼는 자기 자신의 모습을 발견하게 된다. 후에 그는, "내가 지금까지 살아온 것을 완전히 이해하게 된 것은 나중의 일이었지만, 그 순간 이후로 내 영혼 안에서 그때까지 대단히 중요하게 생각하던 것들을 경멸하게 되었고, 건방지게 무시하던 것들을 이제는 추구하게 되었다"고 기록했다.[17]

이 책에서 카이퍼는 자신에게 잊을 수 없는 인상을 남겨 준 또 다른 요소를 발견한다. 아름다운 언어로 기록된 기도서와 성례의 장엄함을 통해, 자녀들을 돌보는 **어머니**처럼 아름다운 교회의 모습을 발견한 것이다. "그때 이후로, 형식으로 제정된 것들에 대한 선호, 성례에 대한 칭송, 기도서에 대한 존중하는 마음이 내 속에 깊이 뿌리내리게 되었다. 그리고 그것들은 언제나 나에게 내 영혼 깊은 곳으로부터의 목마름으로 다가왔다. 내 마음속 깊은 곳의 이러한 거룩한 교회에서……평화를 발견할 수 있다."[18]

그가 열망하던 평화를 발견했는가? 그는 질병으로부터 완쾌되어 부르심에 응답할 자격을 갖추게 되었다. 요한나 헨드리카 Johanna Hendrika와 결혼한 후, 베튀어에 있는 베이스트 마을에서 목회를 시작하게 된 것이다.

5 목사관에서의 회심

목회자 카이퍼

베이스트의 회중들은 높은 기대감 속에서 그들의 새로운 목회자를 맞아들였다. 카이퍼는 이미 1863년 성금요일에 요한복음 19:30의 "머리를 숙이니 영혼이 떠나가시니라"는 말씀을 가지고 설교를 했다. 그날 카이퍼의 설교는 앞으로의 그의 설교가 계속 그러하듯이 충분히 감동적이었다. 카이퍼의 깊고 검은 눈은 열정으로 불타올랐다. 회중들은 그의 설교에 깊이 빠져 들어갔다.

나중에 이르러 카이퍼는 성금요일의 설교에 대해 그 내용이 너무 빈약했기에 부끄럽다고 고백했다. 그리고 카이퍼는 1863년 8월 9일에 요한일서 1:7의 "그가 빛 가운데 계신 것같이 우리도 빛 가운데 행하면 우리가 서로 사귐이 있고"라는 말씀을 가지고 한 취임설교의 내용에 대해서도 만족하지 못했다. 1913년에 출간한 자신의 설교 선집 서문에서 취임설교를 포함시키지 않은 이유에 대해 다음과 같이 말했다. "다시 그 설교를 읽었을 때 나는, 그 당시에 체험하기 시작한 나의 신앙의 위기를 보았다."[1]

카이퍼는 매주 설교를 전할 때마다 빛을 찾아 헤매이는 중이었다. 카이퍼가 4년간의 베이스트에서의 사역을 마치고 떠나면서 한 고별설교의 본문으로 주기도문에 나오는 다음 말씀을 선택한 것은 우연이 아니었다. "우리가 우리에게 죄 지은 자를 사하여 준 것같이 우리 죄를 사하여 주시옵고." 이 설교에서 그는 이렇게 외쳤다. "제가 마음을 다해 복음으로 회심한 적이 없었음에도 감히 주의 사역 가운데로 뛰어든 것에 대해 제 양심이 저를 고소하는 것을 느낍니다. 제 마음속에 부끄러움과 동요가 있지만 저는 이것을 솔직히 인정하고 고백해야겠다고 느낍니다." 카이퍼는 또한 다음과 같이 요청했다. "저를 사랑하는 여러분, 저와 함께 지금 무릎 꿇고 저를 위해 기도해 주시기 바랍니다. 주님께서 저의 죄를 용서해 주시도록……."[2]

카이퍼는 "저를 사랑하는 여러분"이라고 말했다. 카이퍼가 사랑받는 목회자였다고 하는 것은 부인할 수 없는 사실이다. 1장에서 묘사했듯이 베이스트 교회의 대부분의 회중은 보수적인 부류의 사람들이었다. 카이퍼가 예수 그리스도와 그의 십자가의 죽으심을 강력한 방식으로 설교하기 시작했을 때, 회중의 일부가 돌아서서 그에게 적대감을 표현하기도 했지만, 다른 회중들은 그를 더 깊이 사랑했다.[3]

카이퍼는 좋을 때나 나쁠 때나 그들의 목회자였다. 우리는 이것을 카이퍼가 사랑했던 드 프리스 교수의 편지를 통해 알 수 있다. "사랑하는 친구여, 축하하네. 자네와 자네의 가족들이 모두 끔찍한 전염병을 피할 수 있었던 것도 감사하고, 이러한 위험 속에서도 회중들의 목회자로서 확신을 가지고 그 사명을 잘 감당할 수 있었던 것도 감사한 일이라네."[4] 카이퍼가 신실하게 목양에 전념하고 있을 당시, 베이스트에는 유행성 천연두가 창궐했다.

학문적 성취

한편, 카이퍼는 역사에 관한 연구를 계속해 나갔다. 그는 자기 자신을 위한 계획을 세웠다. 폴란드 출신의 종교개혁자 존 아 라스코의 전집을 개정하고, 전기를 쓰고, 다른 전문가들과 연계해서 네덜란드의 종교개혁 역사를 집필하고자 했던 것이다.

카이퍼는 그의 강인한 의지를 발휘하여, 아내의 만류에도 불구하고 자주 새벽 4시까지 밤을 지새워 작업을 계속하곤 했다. 모든 힘과 노력을 동원하여, 카이퍼는 폴란드 종교개혁자의 수집 가능한 모든 저작과 서신들을 모을 수 있었다. 프로이센의 수상이었던 비스마르크의 도움을 얻기도 했으며, 네덜란드 기록보관인 흐룬 판 프린스떠러의 도움을 받기도 했다.

1866년, 카이퍼가 편집한 「존 아 라스코 전집」이 출간되었다. 이 전집은 단숨에 카이퍼에게 유럽 전역에 걸친 명성을 가져다주었다. 라틴어 서문이 실린 이 판본은 역사 연구의 모델로 평가받았다. 카이퍼는 네덜란드 역사학자였던 로버트 프라인과 「칼빈

전집」의 공동 편집자였던 에두아르트 로이스Eduard Reusz에 의해 따뜻한 축하를 받았다.[5]

만약 카이퍼가 그가 세운 계획에 따라 계속해서 진행했더라면, 그는 그 시대에 네덜란드 최고의 역사학자가 되었을 것이다. 그러나 카이퍼를 향한 또 다른 계획이 그를 위해 준비되어 있었다. 그의 운명은 지난 시대의 개혁에 대해 집필하는 것이 아닌, 그 시대의 개혁을 자신의 삶을 통해 기록해 나가는 것이었다.

보통 사람과의 접촉

카이퍼는 자신의 고별설교에서 평범한 일반 성도들에게 유독 마음이 가는 것을 느낀다고 밝힌 바 있다.[6] 이후에 그는 개혁 시대의 '작은 친구들little fellows'에 대해 자주 언급했는데, 이들은 그 시대의 많은 위대한 사람들이 변절한 것과 달리 끝까지 자기의 신앙을 지켰던 사람들을 가리켰다. 이러한 '작은 친구들'이야말로 하나님 나라의 알려지지 않은 군사들이었다.

카이퍼는 베이스트에 부임한 이후, '불평분자'로 알려진 몇몇 비주류파 회중들에게 경고를 보냈다. 카이퍼에 의하면, 그들은 언제나 비판적이고 방문한다고 해도 별 소용이 없는 사람들이었다. 그러나 그 젊은 목자는 우리에 들어 있는 모든 양들을 알기 원했다. 그래서 그는 이러한 비판적인 부류들도 정기적으로 심방했는데, 그러한 가운데 결국 그들이 완고하면서도 오래된 칼빈주의자들임이 드러났다.

그들은 카이퍼를 열린 마음으로 환영하지 않았다. 카이퍼가 근대적인 레이던 학파 출신이라는 이유로 그를 신뢰하지 않았던 것이다. 그들은 카이퍼의 모든 설교에서 근대주의의 흔적을 찾아냈다. 그들은 그들의 이러한 불신을 숨기지 않았다. 카이퍼가 방문할 때면, 그들은 그에게 자신들의 생각을 밝혔다.

그들 중의 한 명은 서른 살 된 방앗간집의 결혼하지 않은 딸이었던 삐쳐 발투스Pietje Baltus였다. 처음에 카이퍼가 그녀를 방문했을 때, 그녀는 그와 더불어 악수조차 하기를 거부했고, 계속해서 청하자 그제야 손을 내밀 정도였다. 발투스가 카이퍼와 악수를 한 것은 그녀의 목회자로서가 아니라 단지 인간 동료로서 손을 내민 것이었다. 카이퍼는 이러한 불친절한 태도가 단순한 무례함이나 순전한 부정적 태도로부터 비롯된 것이 아닌, 깊이 뿌리박고 있는 신념으로부터 온 것임을 발견할 수 있었다. 그녀의 확신은 원래의 칼빈주의로부터 온 것이었다. 카이퍼는 돌아가서 그녀를 다시 방문했는데, 그들의 생각을 좀 더 듣고 싶었고 좀 더 알기 원했기 때문이었다.

그렇다면, 카이퍼가 그 '불평분자들'과 접촉한 결과는 어떻게 드러났을까? 그의 말을 들어 보자.

나는 그들에 대해 적대감을 가지고 다가가지 않았다. 그리고 나는 그때 내린 결정에 대해 지금까지 하나님께 감사한다. 그들의 포기할 줄 모르는 고집스러운 생각은 내 마음의 복이자, 내 삶에 떠오르는 새벽별이 되었다. 그들과의 대화를 통해, 나는 내 영혼이 진정으로 안식을 누릴 수 있는 절대적인 확신 속으로 인도될 수 있었다. 그 확신은 나로 하여금 모든 일과 뜻 가운데 역사하시고, 그의 기쁘신 뜻대로 이루시는 하나님을 향한 예배와 찬양의 마음을 갖게 하기에 충분했다.[7]

카이퍼는 1867년에 출간된 소책자 「우리가 무엇을 해야 하는가 *Wat moeten we doen?*」를 통해 교회의 '일반 성도들'에게 지지를 보냈다. 그는 그 해의 네덜란드 개혁교회의 주요 문제에 대해 다음과 같이 질문을 던졌다. "우리는 교회에서 기독교 민주주의와 같은 것을 해야 하는가? 하지 말아야 하는가?"

1816년 이래, 네덜란드 교회는 상류 계층에 의해 움직여 왔다. 총회의 구성원들은 왕에 의해서 임명되었다. 노회와 노회 산하 조직의 구성원들도 역시 임명되었다. 심지어 당회원들도 회중들에 의해 선출된 것이 아니었다. 결원이 발생하면 당회 내에서 자체적으로 결원을 보충했다.

그러나 새로운 변화의 바람이 불기 시작했다. 1848년에 혁명이 유럽 전체를 휩쓸었던 것이다. 네덜란드도 예외가 아니었다. **민주주의적이기를 원하는** 함성이 점점 더 높아만 갔다. 1852년에 네덜란드 정부는 지역교회들에게 장로와 집사 그리고 목사를 청빙할 수 있는 권한을 주는 칙령을 발표했다. 이 결정은 결국 개혁교회 총회에 의해 1867년에 시행되었다. 총회는 '유권자들'이나 '선거 위원회'가 사역자와 목사들을 청빙할 수 있도록 결정했다.

교회에 민주주의가 도입된 것이다! 그러나 교회는 머리 되신 그리스도에 의해 다스려지는 것이지 민주주의에 의해 다스려진다고 생각하지 않았던 수많은 교회의 구성원들은 무엇을 해야 할지 알지 못했다. 물론 그들은 도르트 회의에서 결정된 교회 규범에서 회중과의 협력을 허용한 것을 알고 있었지만, 그것 또한 당회의 지도 아래서만 가능했다.[8] 회중들이 총회가 결정한 사항에 대해서 선한 양심으로 받아들일 수 있었을까?

카이퍼가 발행한 소책자에서 그는 이 질문에 대해 그럴 수 있다고 대답했다. 그는 1816년의 재편성이 예외적인 교회의 상황을 만들어 냈음을 지적했다. 그리고 이제는 이러한 상황을 고칠 수 있는 기회가 왔음을 주장했다. 또한 거짓 민주주의와 제대로 된 민주주의를 구별해야 한다고 그는 주장했다. 그리고 교회의 여성도들에게도 선거권을 부여해야 한다는 카이퍼의 주장은 그가 얼마나 진보적인 생각을 가지고 있는지를 보여주었다.

그 소책자는 매우 긍정적인 반응을 받았고, 호의적으로 검토되었다. 그리고 네덜란드 교회에서 일반 성도들에게 선거권을 허용한 것은 매우 놀라운 결과를 가져왔다. 자유주의 성향을 가진 많은 당회들이 정통으로 돌아오게 되었다. 수년 동안 근대주의의 보루로 여겨 왔던 대도시 암스테르담이 조금씩 교회 개혁의 진원지가 되어 갔다. 이 도시는 나중에 카이퍼가 활동하는 중심지가 된다.

아버지 얀 프레드릭 카이퍼

"국가 개혁교회의 목사였던 그는, 극단주의를 경계하고
주어진 상황을 받아들이던 보수주의자 중의 한 사람이었다."

어머니 헨리에테 후버

카이퍼가 아버지에게 유아세례를 받은 마아스슬롸이스 교회

레이던 대학 시절의 카이퍼(1860년)

범에 의해 진행하되, 어린아이들을 포함한 어떤 회원들도 참여할 수 있어야 하며, 하나님의 말씀이 낭독되어지고, 감사 기도와 간구, 노래와 경축이 있고, 짧은 권고로 마무리되어야 한다."

그리고 카이퍼는 **사랑**을 실천하는 삶의 예배를 위해 새로운 조직을 구성하기를 원했다. 교회는 실제로 어머니의 품과 같아야 한다는 것이다. 사역자들은 교회 회원들의 모든 영적이고 물질적인 필요를 채워 줄 수 있도록 준비해야 한다. 개인 상담은 노년층, 교회 방문자, 환자, 재소자, 시각 장애인, 청각 장애인, 언어 장애인, 그리고 불구자를 돌보는 것까지 포함해야 한다.

이것이 카이퍼가 장로들의 협의회를 시작할 때 가졌던 이상이었다. 그것은 확실한 계획이었고, 결국 1886년에 펼쳐지게 된다. 하지만 한동안은 카이퍼가 가졌던 교회 개혁 계획이 잠시 방해받는 것처럼 보였다.

7

작은 단상

비전

아직 카이퍼가 우트레흐트에서 사역하고 있던 1869년에 일어난 일이다. 카이퍼가 서재에 앉아 생각에 잠겨 있었다. 그는 불현듯 떠오른 단상들을 적어 내려가기 시작했다.

> 내밀히 출간되어질 책의 개요에 관하여.
>
> 교육에 관하여.
>
> 사회 문제에 관하여. 나는 제안한다. 우리 사회에서 언론이 차지하는 역할은 지대하다.…… 사회 문제에 관한 모든 사실들은 반드시 지적되어야 한다. '더 데일리 *The Daily*'지(신문)는 이 문제의 끔찍한 결과와 위험한 부분, 엄청난 중요성을 숨기지 말고 제대로 보도해야 하며, 이 문제와 혁명적인 외교술과의 밀접한 연결고리를 확실하게 보여주어야 한다. 뿐만 아니라, 언론은 국민들의 눈을 열어 정부가 한편으로 어떻게 혁명을 불러일으키고

있는지, 그리고 그것이 결국에는 피를 불러 올 것임을 보게 해야 하며, 또 다른 한편으로 이것이 불러일으킬 사회 현상들이 얼마나 부자연스러울 것인지, 이런 방식이 상당수의 사람들에게 거의 살기 어려울 정도의 삶을 살도록 강요할 것임을 알려 주어야 한다.

마지막으로, 언론은 반드시 오직 자연의 법칙과 하나님의 말씀 위에 세워진 제도만이 삶의 사실들을 보증하고 삶의 필요들을 만족시키며 기독교의 믿음과 사랑 안에서 그 자신을 드러내 보일 수 있음을 밝혀야 한다.

이 글은 마르크스와 엥겔스가 「공산당선언」을 출간한 지 20년이 지난 후인 1869년 5월 14일에 카이퍼가 비망록 형태로 기록한 것이다. 같은 해 10월 29일부터 카이퍼는 '드 헤르아우트De Heraut'라는 주간지에 정치적 이슈에 대한 글을 쓰기 시작했다.

카이퍼는 동료 그리스도인들에게 교육, 사회, 정치 문제와 관련하여 영향을 미쳐야 할 필요성에 대해 숙고했던 것이 분명하다. 카이퍼는 위에서 인용한 메모들을 자신이 바라보는 미래상과 관련해 적어 놓은 것이 분명해 보인다. 그것은 기독교 신문을 통한 언론의 비전이었다. 또한 많은 목자 없는 양과 같은 이스라엘 백성들의 눈이 되어 주고 가야 할 방향을 제시하기 위해 사용할 수 있는 유용한 도구에 대한 비전이었다. 그것은 교회만을 위한 비전이 아니라 하나님과 함께하는 나라, 곧 그리스도가 왕이 되는 나라를 향한 비전이었다.

국회의 일원

1871년에 카이퍼는 주간지 '드 헤르아우트'지의 편집장이 되고 1872년에는 일간지인 '드 스탄다르트De Standaard'지의 편집장이 된다. 언론을 손에 쥐게 된 것이다.

    카이퍼는 이제 단지 분주한 목사와 교사와 큰 교회 지도자로서뿐 아니라, 매주 묵상록을 작성하고 매일 기사를 작성해야 하는 언론인으로서의 사명을 감당하게 되었다. 카이퍼는 자신만의 독특한 문체가 있었다. 묵상록은 부드러웠지만, 반면 기사 작성에 있어서는 단도직입적이고 핵심을 찔렀으며 실제적이었다. 질문에 답변함에 있어서 카이퍼는 기지가 뛰어났으며, 종종 익살맞은 표현을 사용하기도 했다. 카이퍼는 밤낮으로 열심히 일했는데, 심지어 그가 잠도 안 자면서 일을 한다는 루머가 돌 정도였다.

    카이퍼의 글은 많은 독자층을 형성하게 되었다. 신문이 발간되자마자 상당수의 독자들이 카이퍼의 기사를 보고 싶어 했다. 25년이 지난 후에, 네덜란드의 잘 알려진 목사이자 교회 역사가였던 바허나르 박사Dr. Wagenaar가 다음과 같이 회고했다. "내 기억에 그것은 바로 엊그제 일어난 일 같은데, 프리슬란트의 칼빈주의 전통을 따르는 우리 가족에게 그 신문이 얼마나 환영받았는지 모를 것이다. 나 자신만 해도 그때 열일곱 살의 나이였지만 신문의 모든 내용을 열렬하게 읽고 배웠으며, 카이퍼의 사설은 거의 암기할 정도로 읽고 또 읽었다. 오, '드 스탄다르트'지의 굉장함을 우리는 얼마나 기뻐했는지!"

카이퍼의 목소리는 네덜란드 전역을 강타했다. 각 지역에 흩어져 있던 개혁주의 그리스도인들은 카이퍼의 소리가 곧 자신들의 소리라는 것을 알았다. 왜냐하면 카이퍼가 그들의 마음속 생각들을 대변했기 때문이다. 기독교 정당(공식적으로는 반혁명당으로 알려진)의 지도자였던 카이퍼의 친구 흐룬 판 프린스떠러는 카이퍼가 국회의원으로 공직에 출마해야 한다는 논리적 결론에 이르게 되었고, 카이퍼를 추천했다.[1] 흐룬은 카이퍼가 자신의 정당의 후계자가 되기를 소망했다.

1874년에 카이퍼는 국회의원에 당선되었고, 그는 어려운 결정을 내려야만 했다. 네덜란드 정부는 목사로 사역하면서 국회의원으로 일할 수 있도록 허용하지 않았기 때문이다. 카이퍼가 중차대하고 복된 목사로서의 사역을 정치에 전적으로 헌신하기 위해 버릴 수 있었을까?

암스테르담 교회 회원들의 기도 모임이 소집되었다. 회중들이 얼마나 간절히 카이퍼를 위해 기도해 주기를 원했는지, 카이퍼가 흐룬에게 보낸 편지에 명백하게 드러난다.

> 저는 아직 결정하지 못했습니다. 저는 이러한 종류의 중요한 일을 주님으로부터의 분명한 사인 없이 결정한 적이 없습니다. 영

혼의 기다림이라고 하는 것을 이해하시지요? 하나님의 뜻에 반하여 행동하는 것, 곧 하나님의 인도와 길을 떠나 다른 길로 갈 것에 대한 두려움을 이해하시리라 믿습니다.

우리는 카이퍼가 하나님의 분명한 사인을 받았는지 못 받았는지, 그리고 그것이 무엇이었는지 알지 못한다. 그러나 아마도 그가 기다렸던 가장 큰 사인은 바로 열렬한 기도 이후의 내적 경험, 곧 가슴으로 느껴지는 확신이었을 것이다. 어쨌든 간에 카이퍼는, 온 나라 전체에 걸쳐 하나님의 통치가 이루어지도록 국회에서 그의 왕을 섬겨야 한다는 확신에 이르게 되었다. 1874년 3월 20일, 카이퍼는 국회의원직을 얻게 되었다.

"이 애송이가 무엇을 말하는 것인가?"

카이퍼가 환영받으면서 국회에 입성한 것은 아니었다. 보수적인 목사가 세상 물정에 밝은 정치인들 사이에서 무엇을 할 수 있다는 말인가? 이것은 꼭 비둘기가 고양이 사이에서 모험을 하는 것과 같은 것이 아닌가? 국회의원 중 일부는 카이퍼를 "목사 선생"이라고 조롱하듯이 불렀다. 자유주의자들 중에 일부는 누가 더 카이퍼에게 모욕적인 용어를 사용해 반대할지 서로 경쟁하기까지 했다.

그러나 카이퍼는 늘 그러했듯이 자신의 임무에 충실했다. 카이퍼는 사안에 관한 놀랄 정도로 박식한 지식과 탁월한 능변을 동원하여 그 시대의 문제, 곧 사회 문제, 식민지 정책, 기독교 자유 교육 문제 등에 대한 기독교적 통찰을 분명히 제시하면서 그의 정치 여정을 시작해 나갔다. 카이퍼는 자유주의자들이 문을 연 '자유방임체제'의 남용에 대해 날카롭게 인식하고 있었다. 예를 들어, 카이퍼는 어린이 노동 착취에 대해 다음과 같이 지적했다. "시골 지역에서, 일곱 살의 어린이가 6일 동안 85시간에서 87시간씩 일하고 있다. 어린이들의 노동력을 착취하는 악행이 어느 정도로 극에 이르렀냐 하면, 대여섯 살 정도 되는 어린아이들마저 새벽마다 물을 끼얹으면서까지 강제로 깨워 공장에 보낼 정도이다."

카이퍼는 사회적 정의를 보장하는 특별 노동법 제정을 위해 탄원을 했다. 반대 의견에 대항하여 이 제안을 방어하기 위해 그는, 이스라엘의 서민들에게 자비를 베푸신 예수 그리스도에 대해 언급했다. 국회의사당에서 연설을 하면서 카이퍼는 주머니에서 작은 성경책을 꺼내 야고보서 5장을 펴서 읽어 나가기 시작했다. "들으라 부한 자들아, 너희에게 임할 고생으로 말미암아 울고 통곡하라"(약 5:1). 그는 연설을 계속했다. "만약 내가 이런 말을 했다면 여러분의 귀에는 급진적이고 혁명적으로 들렸을 것이고, 여러분은 당연히 반대했을 것입니다. 그러나 이 말은 우리 주님의 사도에 의해 기록된 것입니다. 그렇다면, 누가 감히 그리스도가 노동자들의 편을 들지 않았다고 말할 수 있겠습니까?"

식민지 문제에 관한 한, 카이퍼는 네덜란드는 식민지 국가들에 대해서 도덕적 의무를 가지고 있다고 강조했다. 카이퍼는 아편

무역과 같은 경제적 착취를 강력하게 반대했다. 카이퍼는 인도네시아인들에게 교육의 기회를 제공하여, 그들이 스스로 궁극적인 독립을 성취할 수 있게 되기를 원했다. 카이퍼의 개혁 지향의 기독교 사상은 교육 분야에서 두드러지게 나타났다. 카이퍼는 국가와 교회의 방해로부터 자유로운 **자유학교**를 원했고, 부모의 심정으로 운영하기를 원했다.

물론 신중하게 준비되었다고 하더라도, 이 모든 연설은 기본적으로는 즉흥적으로 이루어진 것이었다. 카이퍼는 자신이 지지하는 기독교 정치사상들을 체계적으로 설명하지는 못했다. 카이퍼는 결국 스스로 그 사이의 틈을 1877년에서 1878년 사이의 '드 스탄다르트'지의 기사 모음집을 통해서 메울 수 있었다. 이러한 글들은 1879년에 「우리의 계획 Ons Program」이라는 제목으로 출간되었다. 카이퍼는 이 책이 단편적이고 불충분한 묘사라고 했지만, 사실 이 책은 네덜란드의 동시대를 살아가는 사람들에게 기독교 정치의 원리가 무엇인지에 대해 잘 요약해서 설명하고 있으며, 시의적절한 적용을 담고 있었다.

물론 카이퍼의 의견이 항상 옳았던 것은 아니다. 때때로 그는 배를 잘못 타기도 했다. 한 가지 예를 들자면 다음과 같다. 「우리의 계획」에서 카이퍼는, 기독교 국가에서 국가가 한편으로는 하나님의 이름을 영화롭게 하고 다른 한편으로는 종교와 양심의 자유를 허용해야 한다고 주장했다. 그는 이러한 시각이 본질적으로 개혁주의 전통의 견해임을 확신했고, 그것을 지지하는 연설을

1874년에 '칼빈주의, 우리의 헌법적 자유의 기원과 안전장치'라는 제목으로 발표했다.

카이퍼는 이 연설을 할 때에 역사가로서, 개혁교회의 성도로서, 그 시대정신에 항거하는 증언자로서의 본령에 충실했다. 카이퍼가 입증하고자 했던 것은, 진정한 자유란 프랑스 혁명의 원리에서 발견되거나 혁명의 원리들을 실천하는 데서 비롯되는 것이 아닌, 예수 그리스도에 의해 주어지는 선물이며, 칼빈주의에 의해 가장 일관적으로 적용된다는 것이었다. 그 자유는 미합중국에서 가장 풍성하게 발견된다. 카이퍼는 미국 역사학자 뱅크로프트의 다음 글을 인용했다. "칼빈주의를 열망하는 것은 자유를 위한 열망이다." 자유의 가치는 또한 크롬웰 시대에 영국의 독립파들에 의해 수호되었다. 카이퍼는 이러한 영국 독립파들을 순수한 칼빈주의자들로 보았다. 자유라고 하는 가치는 위그노들과 스페인을 대항한 네덜란드 저항 세력들의 영감의 원천이었다. 또한 이 자유는 제네바 개혁자의 원리를 기반으로 제정된 것이었다.

카이퍼는 아름다운 연설을 했고, 그가 주장한 많은 부분은 합당한 것들이었다. 그러나 카이퍼가 주장한 핵심은 비판을 비껴갈 수 없었다. 1944년에 네덜란드 역사가 판 스켈픈A. A. Van Schelven은 이러한 카이퍼의 연설에 대해 수정을 요구하는 책을 출간했다. 판 스켈픈도 역시 칼빈주의자였다. 그러나 그는 카이퍼가 주장한 주요 논제가 틀렸음을 피해 갈 수 없게 입증했다. 판 스켈픈은 다음과 같이 주장했다. "일반적으로 말해서 역사적인 칼빈주의는 정교 분리의 원칙을 주장하거나 종교의 자유를 추구하지 않았다."[2]

궤도 이탈

1875년경, 카이퍼의 인생에 색다른 시기가 시작된다. 카이퍼가 국회에 들어간 지 두 해째 되는 해에, 그 기간 동안 카이퍼는 감리교인들의 부흥 집회에 참석하게 되고 감리교인들의 사상을 보급하게 되었다.

그 당시, 칼빈주의적 침례교인이 존재하듯 칼빈주의적 감리교인이 있었다고 하더라도, 대부분의 감리교인들은 존 웨슬리와 같이 알미니안주의자들이었고 그들은 칼빈주의적 사상을 전혀 받아들이려 하지 않았던 사람들이었다. 그들의 전통에서는 언약의 교리들이 무시되었다. 물론 감리교인들은 영혼을 위한 열정은 있었지만, 삶의 모든 영역에서 주되심을 인정하는 것에 대해서는 관심이 없었다. 그들의 주요 관심은 다음과 같았다. "당신은 구원받았는가?" 이 한 가지 질문을 가지고 그들은 부흥 집회를 이어 나갔다.

그렇다면 잠시 동안이라 하더라도 카이퍼가 어떻게 이러한 부흥 운동에 매혹을 느끼게 되었을까? 그 배경을 살펴보도록 하자.

1873년에 19세기의 빌리 그레이엄으로 불리는 드와이트 무디Dwight Moody가 생키와 더불어 잉글랜드와 스코틀랜드를 방문했다. 무디는 그의 설득력 있는 설교와 분명한 확신과 신실함을 통해 수많은 사람들의 마음에 깊은 인상을 남겼다. 무디에 매료된 사람들 중 한 명은, 퀘이커교 출신으로 장로교인이 된 미국인 사업가 로버트 페어쉘 스미스였다. 스미스는 무디를 만나기 전까지 어느 교회에도 속하지 않았다. 이후에 스미스는 1874년부터 거룩한 삶을 강조하는 운동을 옥스퍼드에서 시작했다.

카이퍼는 이러한 소식들을 영국에서 온 친구로부터 접할 수 있었다. 1875년 4월 4일 카이퍼는, '드 스탄다르트'지에 이처럼 물질주의가 창궐한 19세기에 무디와 생키의 사역에 감사한다고 적었다. 카이퍼의 견해에 따르면, 페어쉘 스미스는 특별한 공헌을 했다.

무디와 생키가 수많은 믿지 않는 사람들을 회개에 이르도록 하는 동안, 페어쉘 스미스는 이미 회심한 신자들을 데리고 사역하고 있었다. 교회 안에 있는 신자들이 너무나 자주 침체되어 있고 영적 생명력을 상실했으며 무능력하다는 사실이 늘 그를 괴롭혔다. 스미스는, 신자들이 거룩한 삶 역시 그들이 그리스도 안에서 가진 보물의 필수적인 부분이라는 것을 깨닫게 되면 그들이 변화될 수 있을 것이라 믿었다.

카이퍼는 스미스의 의견에 동의했다. 네덜란드 전역에서 온 여러 다른 사람들과 함께, 스미스가 준비한 열흘 동안의 영국 브라이턴 부흥 집회에 참석했다. 카이퍼에게 이 기간은 성도들과 함께 놀라운 경험을 한 의미 있는 시간이 되었다. 카이퍼 자신이 그 집회의 한 순서를 맡아 주의 만찬을 집례했는데, 그는 다음과 같이 선언했다. "내 잔이 넘치나이다."

네덜란드로 돌아온 카이퍼는, 이 운동을 계속해서 추진했다. 카이퍼는 네덜란드어로 번역된 페어쉘 스미스 여사의 책을 추천했다. 이 책에서 우리는 다음의 특징적인 점을 볼 수 있다.

> 삶의 방식에서 우리는, 진정한 그리스도인이라면 세상적인 즐거움을 언젠가 포기할 것이라고 본다. 더 이상 세속적인 소설을 읽지 않고, 휘황찬란한 장신구들을 걸치지 않으며, 단정하게 옷을 입고, 화려한 치장을 필요로 하지 않게 된다. 내가 관찰한 바로는, 대부분의 경우 금연하게 되고, 건강을 위한 경우를 제외하고는 와인과 맥주를 마시지 않게 된다.

이 인용 속에서 우리는 감리교인들의 영을 감지하게 되는데, 그것은 세상과 은혜의 잘못된 분리를 주장하고 일반적으로 어떤 종류의 율법주의를 따르는 것이다. 그러나 카이퍼는 스미스 여사의 책을 추천했고, 직접 개혁주의 금식에 대한 글을 연재하기도 했다. 그러나 예기치 않게 그것이 곧 중단되었다.

두 가지 일들이 카이퍼로 하여금 멈추어 서도록 했다. 첫째는 페어쉘 스미스의 행동이었는데, 그가 자신이 제시한 것처럼 거룩한 삶을 살지 못했다는 것이 드러난 것이다. 스미스가 죄에 빠졌다는 루머가 돌기 시작했다. 심지어 그는 솔로몬의 아가서를 자의적으로 해석하여, 이를 기반으로 몇 가지 이상한 의견들을 주장하기 시작했다. 둘째로, 카이퍼 자신이 갑작스럽게 이 시기에 건강을 해치게 되었다. 또다시 무리하게 과로한 것이 원인이었다. 오랜 기간 동안 카이퍼는 한 문장도 쓸 수 없게 되었다.

이제 카이퍼가 그의 인생의 특정한 시기 동안 왜 그렇게 감리교에 쉽게 매료되었는지 어느 정도 이해할 수 있을 것이다. 부분적인 답변으로, 카이퍼의 그 시기의 개인적인 연약함을 들 수 있다. 카이퍼는 몸과 영혼에 있어서 연약했다. 우리는 반드시, 카이퍼가 그의 영혼에 약간의 낭만주의적이며 감성주의적 경향을 가지고 있다는 것을 염두에 두어야 한다.

건강을 회복하기 위해 카이퍼는 프랑스 남부의 니스 지방으로 갔다. 그곳에서 그는 투쟁하는 영혼 속에 안식을 발견하게 된다. 이제 카이퍼는 인간의 전적 부패와 전적인 하나님의 은혜, 전적인 하나님의 말씀의 진리를 고백하게 된다. 이 기반 위에, 카이퍼는 자기 자신을 완전히 그의 주인에게 헌신하게 되었다.

1885년에 카이퍼는 그의 반대자이자 친구였던 휘닝에게 이렇게 편지를 보냈다.

> 니스에서 경험한 고통 중의 고요한 고독 속에서 내 영혼은 우리 선조들의 가장 견고하고 강력한 종교로 이식되었다. 전에도 내 마음은 진정 그것을 갈망했다. 그러나 니스에서 나는 보다 굳은

결심을 내릴 수 있었다.

건강이 회복된 후 네덜란드로 돌아온 카이퍼는, 완전주의에 대한 아름다운 글들을 '드 헤르아우트'지에 연재했다. 개혁주의 신앙고백을 자주 인용하면서, 카이퍼는 완전주의가 건전한 개혁주의 교리와 일치할 수 없음을 역설했다. 그리고 완전주의가 펠라기우스에 의해 처음 주창되었고, 이후에 로마 가톨릭(특히 예수회)과 소치니파에 의해, 그 후에는 라바디스트와 퀘이커교도들에 의해 주창되었음을 가르쳤다. 이 부분의 연구에 있어서 카이퍼는, 원자료들의 세계에 접근하여 그 원리들을 뽑아내고, 그러고 나서 그 결과들에 대해 상세히 설명함으로 다시 한 번 자신이 얼마나 탁월한 역사학자인지 보여주었다.

얼마 후에 카이퍼는 문제의 핵심에 도달하게 된다. 그것은 바로 하나님의 거룩하심과, 죄의 결과로 말미암는 본성의 타락에 대한 오해에서 비롯된 것이다. 그는 친숙한 다음의 본문을 신중하게 살펴 나갔다. "하나님께로부터 난 자마다 죄를 짓지 아니하나니 이는 하나님의 씨가 그의 속에 거함이요 그도 범죄하지 못하는 것은 하나님께로부터 났음이라"(요일 3:9).

이 본문은 완전주의를 뒷받침해 주는 주요 본문 중 하나이다. 카이퍼는 이 본문의 본래 의미에 대해서는 완전주의자들 스스로도 혼란스러워하고 있음을 지적했다. 우리는 **특정한** 그리스도인이나 성숙한 그리스도인, 아니면 성자와 같은 그리스도인만이 죄를 짓지 않는다고 이해하지 않는다. 우리는 어린아이와 같은 그리스도인부터 가장 성숙한 그리스도인에 이르기까지 모든 그리스도인들이 죄로부터 자유롭다고 이해한다. 만약 우리가 완전주의자들이 주장하는 것처럼 죄를 짓는 것이 그 사람이 거듭나지 않은 것임을 입증하는 것이라면, 이 세상에 진정한 그리스도인은 존재하지 않을 것이 분명하다.

카이퍼는 이 본문의 의미를 다음과 같이 바꾸려고 하지 않았다. "약간의 예외를 제외하고 신자는 죄를 짓지 않는다", "일반적으로 그리스도인은 죄를 짓지 않는다." 카이퍼는 본문 자체에 의미가 머물도록 주장하고 나서, 돌 감람나무에 참 감람나무의 가지가 접붙여진 성경 말씀을 인용하며 신자를 나무에 비유한다. 우리는 이러한 나무의 비유에서 우리가 살아가는 삶의 이중적인 모습을 보게 된다. 돌 감람나무의 가지와 열매 그리고 참 감람나무의 가지와 열매를 동시에 보게 되는 것이다. 로마서 7장에서 바울은 이렇게 고백한다. "만일 내가 원하지 아니하는 그것을 하면 이를 행하는 자는 내가 아니요 내 속에 거하는 죄니라"(롬 7:20).

카이퍼가 내린 결론은, 거듭난 그리스도인은 자기 자신에 대해 두 부분으로 말할 수 있다는 것이다. 옛 본성에 대해 말할 때 우리는 이렇게 선언한다. "만일 우리가 범죄하지 아니하였다 하면 하나님을 거짓말하는 이로 만드는 것이니 또한 그의 말씀이 우리 속에 있지 아니하니라"(요일 1:10). 또한 거듭난 신자가 된 **지금** 옛 본성에 대해 말할 때 우리는 이렇게 선언한다. "만일 우리가 죄가 없다고 말하면 스스로 속이고 또 진리가 우리 속에 있지 아니할 것이요"(요일 1:8). 그러나 우리가 우리 마음속에서 역사하시는 하나님의 영의 역사를 말할 때, 예수님께서 언급하신 다음의 말은 언제나 옳다. "좋은 나무가 나쁜 열매를 맺을 수 없고"(마 7:18).

카이퍼는 결론을 내린다. "거듭나지 않은 사람과 거듭난 사람은 모두 그들의 삶에서 죄를 목격한다. 그러나 차이점은 있다. 거듭나지 않은 사람은 자기의 의지와 지식으로 죄를 **범하는** 반면, 거듭난 사람은 죄를 **경험하고**, 그것에 대항하여 기도하는데, 그것은 그가 죄로 말미암은 고통을 느끼기 때문이고 그것에서 해방되기를 원하기 때문이다(참조. 롬 7:20). 카이퍼는 자신의 경험을 통해서 배운 바대로 개혁교회 성도들에게 교훈을 줄 수 있었다. 그를 통해 수많은 사람들이 다시 한 번 개혁주의의 기본 원칙들을 조목조목 배워 나갈 수 있게 되었다.

카이퍼가 사역했던 우트레흐트 돔 교회
카이퍼는 이곳에서 본격적으로 교회 개혁의 지도자로 나서게 된다.

암스테르담 시절의 카이퍼(1873년)

"암스테르담에서는 여러 활동들의 주역을 감당해 줄 카이퍼를 기다리고 있었다.
카이퍼는 사랑받는 설교자이자 목회자요, 교육자이자 지도자였으며, 저술가였다."

카이퍼의 사상적 스승이자 칼빈주의 운동의 지도자 흐룬 판 프린스떠러

"그의 첫인상과 첫마디가 즉시 나에게 강렬한 인상과 진한 감동으로 다가왔다. 그 순간부터 나는 그의 동역자가 되었다. 아니 그의 영적 아들이 되었다."

De Heraut

Vrijdag 7 December 1877. No. 1.

카이퍼는 1871년에 '드 헤르아우트'지의 편집장이 되었는데, 특히 매 판마다
그는 성경 묵상록을 기고했다. 주간지 '드 헤르아우트'지(1877년 12월 7일자)

그는 아무리 바쁜 일이 있어도 신문 편집 일과 글 쓰는 일을 포기하지 않았는데,
이것은 개혁 신학과 사회 개혁을 위한 그의 사상을 전달하는 중요한 매개체가 되었다.

스위스의 알프스를 등반한 카이퍼. 그는 매년 여름 건강을 위해 해외로 나가 등산을 하곤 했다(1876년)

8 위대한 모험

점증하는 세속화

19세기가 시작될 때에 네덜란드는 스스로를 기독교 국가로 간주했다. 좀 더 구체적으로 말하면 개혁주의 국가라고 생각했다. 공무원들은 국가교회의 회원이어야 했고, 교사들도 개혁주의 신앙고백에 동의해야 했다. 기독교 사립학교에서는 교리문답 교육이 실시되고 있었다. 대학들은 국가의 통제를 받고 있었지만, 교수들은 주로 그 시기의 개혁주의 신앙을 대표했다.

그러나 시간이 지나면서, 이 모든 것들이 바뀌기 시작했다. '그리스도인'이라고 하는 용어는 여전히 유지되었지만, 순수하고 진정한 의미에서의 기독교는 공적인 행사에서 그리고 공적인 성명서에서 사라지고 말았다. 중립을 지키는 것이 새로운 목표가 되었다.

1850년에는 상당수의 공립학교 교사들이 수업시간에 예수님의 이름으로 기도하거나 성경을 읽었다는 이유로 해고되었다. 그 결과, 자유로운 기독교 학교 설립을 위한 운동이 한 세기 전체에 걸쳐서 진행되었다. 우리는 카이퍼가 얼마나 이러한 기독교 학교에 관심을 가지고 있었는지 그리고 어떻게 그것을 변호했는지 이미 살펴보았다.

1878년에 자유주의 수상이었던 까페이너 판 더 꼬뺄로 Kappeyne van de Coppelo가 공교육을 위해 인상된 예산안을 상정했는데, 이것은 사실상 높은 비용으로 인해 자유 기독교 학교를 설립하고 유지하기가 불가능하게 되었음을 의미했다. 위기가 찾아온 것이다. 카이퍼는 이 문제에 대해 '드 스탄다르트'지에 기고했다. "법은 더없이 자유롭다. 당신이 비용만 지불한다면, 당연히 하나님의 말씀에 기반한 학교를 다니는 것이 가능하게 되었다. 그러나 중요한 것은 당신 이웃 학교들(공립학교)을 위한 재정을 충당하고 난 이후에 이것이 가능하다는 것이다."[1]

카이퍼는 국민투표 운동을 벌였다. 그 결과 4백만 명 중 305,102명과 421개의 교회가 왕이 그 예산안에 동의하지 않도록 탄원했다. 그러나 입헌군주국의 왕은 그 예산안을 승인했고, 그 법은 효력을 발휘하게 되었다. 그러자 자유 기독교 학교를 위한 운동이 시작되었다. 이 운동은 자유 기독교 학교가 공립학교와 똑같은 권리를 가지기 전까지는 멈추지 않을 것이었다.

공적인 삶의 세속화는 고등한 공교육에도 영향을 미쳤다. 1848년 제정된 법안은 고등교육에 대한 완전한 자유를 가져다주었다. 이것은 국가나 교회나 사회나 대학 당국이나 어떤 기관도

8   위대한 모험

점증하는 세속화

19세기가 시작될 때에 네덜란드는 스스로를 기독교 국가로 간주했다. 좀 더 구체적으로 말하면 개혁주의 국가라고 생각했다. 공무원들은 국가교회의 회원이어야 했고, 교사들도 개혁주의 신앙고백에 동의해야 했다. 기독교 사립학교에서는 교리문답 교육이 실시되고 있었다. 대학들은 국가의 통제를 받고 있었지만, 교수들은 주로 그 시기의 개혁주의 신앙을 대표했다.

    그러나 시간이 지나면서, 이 모든 것들이 바뀌기 시작했다. '그리스도인'이라고 하는 용어는 여전히 유지되었지만, 순수하고 진정한 의미에서의 기독교는 공적인 행사에서 그리고 공적인 성명서에서 사라지고 말았다. 중립을 지키는 것이 새로운 목표가 되었다.

    1850년에는 상당수의 공립학교 교사들이 수업시간에 예수님의 이름으로 기도하거나 성경을 읽었다는 이유로 해고되었다. 그 결과, 자유로운 기독교 학교 설립을 위한 운동이 한 세기 전체에 걸쳐서 진행되었다. 우리는 카이퍼가 얼마나 이러한 기독교 학교에 관심을 가지고 있었는지 그리고 어떻게 그것을 변호했는지 이미 살펴보았다.

1878년에 자유주의 수상이었던 까페이너 판 더 꼬뺄로 Kappeyne van de Coppelo가 공교육을 위해 인상된 예산안을 상정했는데, 이것은 사실상 높은 비용으로 인해 자유 기독교 학교를 설립하고 유지하기가 불가능하게 되었음을 의미했다. 위기가 찾아온 것이다. 카이퍼는 이 문제에 대해 '드 스탄다르트'지에 기고했다. "법은 더없이 자유롭다. 당신이 비용만 지불한다면, 당연히 하나님의 말씀에 기반한 학교를 다니는 것이 가능하게 되었다. 그러나 중요한 것은 당신 이웃 학교들(공립학교)을 위한 재정을 충당하고 난 이후에 이것이 가능하다는 것이다."[1]

카이퍼는 국민투표 운동을 벌였다. 그 결과 4백만 명 중 305,102명과 421개의 교회가 왕이 그 예산안에 동의하지 않도록 탄원했다. 그러나 입헌군주국의 왕은 그 예산안을 승인했고, 그 법은 효력을 발휘하게 되었다. 그러자 자유 기독교 학교를 위한 운동이 시작되었다. 이 운동은 자유 기독교 학교가 공립학교와 똑같은 권리를 가지기 전까지는 멈추지 않을 것이었다.

공적인 삶의 세속화는 고등한 공교육에도 영향을 미쳤다. 1848년 제정된 법안은 고등교육에 대한 완전한 자유를 가져다주었다. 이것은 국가나 교회나 사회나 대학 당국이나 어떤 기관도

대학 교수들의 사상과 표현의 자유를 제한할 수 없음을 의미하는 것이었다.

그 결과, 세속화된 그 시대의 정신이 대학의 원리로 자리 잡게 되었고, 강단은 그 시대정신을 잘 가르치는 유능한 교수들에 의해 점령당하게 되었다. 이것은 레이던의 강의실에서 신앙을 잃어버린 젊은 카이퍼의 삶을 통해, 명백하고 치명적인 방식으로 그 실례를 보여준다. 이러한 일들은 수많은 다른 학생들에게도 일어났다. 네덜란드 목사인 브론스펠트Bronsveld는 '엄마의 불평'이라는 시에서 이에 대한 느낌을 표현한다.

> 그들은 내 아들을 앗아가 버렸다.
> 의심과 회의로, 차가운 지성으로.
> 내가 너무나도 사랑했던 내 아들을
> 내 품 안에 있던 내 아들을.

근대 신학은 자기 스스로를 그리스도인이라고 부를 수 있는가? 이 질문에 대한 답변은 1876년에 고등교육에 대한 새로운 법안이 통과되었을 때 주어졌다. 이 법안은 그때부터 대학의 신학부에서 조직 신학과 실천 신학을 가르칠 수 없고, 대신 '종교학'을 주요 과목으로 가르쳐야 한다는 사실을 천명했다. 이 법안은 이 세계에 현존하는 수많은 종교 가운데 기독교가 가장 고상한 종교라고 하는 것까지는 인정하는 듯했다. 그래서 이 법안은 신학을 공부하는 학생들이 종교의 현상과 종교의 역사에 관해서 공부하는 것을 자랑스러워하기를 기대했던 것이다. 또한 신학을 공부하는 학생들이 목사가 되기를 원하기 때문에 국가교회의 총회에서 3개 대학에서 두 명의 교수를 지명할 수 있었다. 이렇게 지명된 교수들은 신학생들의 장래 사역을 준비시키는 역할을 하게 되었다.[2]

이 법안이 초안으로 작성되어 국회의원들에게 제시되었을 때, 수많은 정통 개혁주의에 속한 의원들은 경악을 금치 못했다. 진심 어린 경건으로 인해 카이퍼에게 크게 존경받던 윤리주의 운동 지도자 휜닝 박사는, 1875년에 기독교 학교가 설립되어야 한다는 제안을 했다. 카이퍼는 이 제안에 동의했고 위험을 무릅쓰고라도 협력하겠다고 약속했다. 카이퍼는 기독교학교협회를 광범위한 기반 위에 조직하려고 노력했지만 성공하지 못했는데, 이는 카이퍼의 급진주의를 마음 내키지 않아 하는 기독교인들의 반대가 있었기 때문이었다.

이 시점에 카이퍼는 단호한 결정을 내렸다. 진정한 칼빈주의자만이 그리스도를 위해 삶의 모든 영역에서 굳세게 서기 위해 기꺼이 희생을 각오할 것이라는 것을 염두에 두면서, 1878년에 카이퍼와 그 친구들은 개혁주의 원리를 기반으로 하는 고등교육협회를 설립했다.

개인적 경험을 통해 국가의 기독교적 성격을 보존하고 회복하기 위해 투쟁하는 가운데, 카이퍼는 오직 확고한 개혁주의 원칙만이 끝까지 견딜 수 있다는 것을 발견했다. 이것이 암스테르담 자유대학의 출발점이었다.

신념의 행동

자유대학은 종종 카이퍼의 **신념이 담긴 행동**으로 불린다. 사실 기독교 대학을 설립한다는 것은 그 당시 사람들이 보기에 엉뚱한 모험으로 인식되었고 비현실적으로 보였다. 카이퍼가 세우고자 했던 학교는 신학교나 성경학교가 아니었다. 카이퍼는 성경이나 문학뿐 아니라 과학이나 의학도 가르치는 일반대학을 원했다. 카이퍼의 꿈은 진보된 인간 지식의 제 분야를 모두 포함하는 제대로 자격을 갖춘 대학을 세우는 것이었다.

그렇다면 어디서 이 대학에 동참할 사람들을 구할 것인가? 의심할 여지 없이 과학자이면서 동시에 그리스도인인 교수들이 있었지만, 과연 그들이 주류로부터 한참 멀리 떨어져 있는 이제 갓 시작하는 학교에서 좁은 길을 가려고 할 것인가? 그리고 어디서 재정을 충당할 것인가? 물론 카이퍼의 친구들 중에 부유한 사람들도 있었지만 후원자의 다수는 '작은 서민들'로부터 와야 했다. 그들이 경제적으로 돕고자 하는 마음이 있지만, 이것이 가능할 것인가?

자유대학이 문을 열 때 카이퍼가 개교연설에서 마지막으로 한 말은 그 당시 상황에 대한 멋진 표현을 담고 있다.

야곱의 하나님 전능자의 도우심이 없었더라면 이 계획이 어떻게 이렇게 성취될 수 있었겠습니까? 우리가 과감하게 여기서 시도하고자 하는 것은, 이 시대를 휩쓸고 있는 거대주의에 대항하고 거대주의를 극복하는 것입니다. 우리는 거대함이 지배하는 이 시대를 거슬러 올라갈 것입니다. 그러므로 혹시 여러분이 우리의 사람들, 우리의 힘, 그리고 우리의 과학적인 중요성을 무시해야겠다고 느끼신다면 그렇게 하십시오.

문제의 본질 1

1880년에 행한 카이퍼의 취임연설을 인용하고자 한다. 카이퍼의 취임연설의 제목은 '인간의 모든 삶에 미치는 하나님의 주권'이었다.[3] 카이퍼가 주장했던 논제는, 우선 전능하신 하나님만이 홀로 그의 모든 피조물들을 통치하신다는 것이고, 둘째로 하나님께서 하늘과 땅의 모든 권세를 그의 아들 예수 그리스도에게 주셨다는 것이며, 마지막으로 예수 그리스도의 주권은 반드시 인간 삶의 모든 영역에서 나타나야 한다는 것이다.

정부가 교회, 교육, 가정생활과 사회생활을 지배하려 할 때, 그것은 곧 우상이 되고 만다. 교회가 왕과 왕자들을 다스리거나 경제 활동을 장악하고, 군사력을 통제할 수 있는 권한이 있다고 주장한다면, 그것 또한 우상이 될 것이다. 하나님께서는 그분의 지혜로 삶의 고유한 각 영역들을 창조하셨다. 하나님께서는 그 영역들이 죄로 오염되고 난 후에도 은혜로 말미암아 그것들을 보존하셨고 회복시키셨다. 이 영역들은 만왕의 왕이신 예수 그리스도의 주권을 인정할 때에만 올바르게 기능할 수 있다.

그리스도가 왕이 되게 하라! 이것이 정치가와 사업가, 그리고 과학자들의 모토가 되어야 한다. 이런 이유로 자유대학은 세속적인 정부의 권위와 세속 학문의 오만함으로부터 자유해야 한다. 자유대학은 모든 지혜와 지식이 숨겨진 보고인 하나님 한 분께만 복종해야 한다.

여기서 말하는 자유는 어떠한 원리도 전혀 인정하지 않는다는 것이 아니다. 어떠한 학문이라도 원리 위에 세워져 있기 때문에 그 자체로 가치를 인정받아야 함이 마땅하다. 자유대학은 모든 원리가 아니라 **잘못된** 원리로부터 자유로워야 하며, '하나님의 말씀' 곧 거룩한 성경에서 발견한 말씀과 우리 마음속의 성령께서 증거하심으로 말미암아 인치신 말씀 위에 세워져야 한다.

이것이 카이퍼가 취임연설에서 주장했던 주요 논지였다. 1년 후에 또 다른 중요한 연설이 뒤따른다.

문제의 본질 2

1880년에 카이퍼는 성경에서 발견되는 하나님의 말씀에 대해서 말했다. 성경과 하나님의 말씀은 어떤 관계인가? 하나님의 말씀은 성경과 동의어가 될 수 있는가? 아니면 성경은 단지 시대적 제약이 있는, 결함 있는 말씀의 전달자에 불과한 것인가? 이 질문은,

유능한 윤리주의 진영의 젊은 신학자인 드 피서르J. T. De Visser 박사가 1880년에 '구약의 귀신론 연구'란 제목의 논문을 출간하면서 중요한 논의로 부각되기 시작했다.

윤리주의 신학자들은 항상 예수 그리스도를 통한 따뜻한 개인적 관계에 우호적이었지만, 성경 그 자체를 높이는 것에 대해서는 우상이라고 간주하고 그것을 반대했다. 그래서 그들은 종종 흐룬 판 프린스떠러와 갈등을 빚었으며, 때때로 카이퍼의 활동에도 반대했다.

'드 헤르아우트'지의 기사에서 카이퍼는 드 피서르의 견해에 대해 다음과 같이 비판했다.

드 피서르는 창세기 3장이 모세의 저작임을 부인한다. 그 본문이 모세 시대에 기록된 것이 아니라 훨씬 후대인 열왕기 시대에 기록된 것으로 주장한다. 그는 그러한 가정된 연대에 기록된 이 성경의 부분들이, 실제로 일어난 사실들을 바탕으로 기록된 것이 아니라 저자의 공상에 의한 상상의 산물이라고 주장한다. 피서르의 관점에서 보면, 계시는 하나님께서 진리의 요소들을 경건한 사람들의 양심에 불러일으킬 때 이루어지는 것이 된다.

이제 우리는, 가능한 모든 확신과 결의로 이러한 사고가 근대주의에서 온 것이라고 주장한다. 이것은 성경의 기원을 교회의 신앙으로부터 벗어나서 찾는 것이다. 이러한 의견을 주장하는 학자들(물론 우리가 판단할 수 없는 그들의 내적 개인적 견해를 말하는 것이 아니다)은 청중들에게 정직하게 말해야 할 것이다. 그들의 성경에 대한 과학적인 견해는 모든 세대의 교회의 견해와 다르며 근대 시대의 것과 정확히 같은 것이라고 말이다.[4]

이러한 담대한 연설로 인해 카이퍼는 공격을 받게 되었다. 카이퍼는 자신의 입장을 방어하면서, 자신의 분명한 관점을 1881년에 행한 '살아 계신 하나님의 회중에 대한 오늘날 성경 비평의 위험성'이라 불리는 연설에서 명확하게 설명했다.[5]

오늘날에도 여전히 적실성 있는 이 연설문 속에서,[6] 카이퍼는 신학이 무엇인지를 우선적으로 설명했다. 신학은 그리스도인의 내적 삶을 위한 지식도(윤리 신학), 진화하는 종교에 대한 학문도(근대주의) 아니다. 신학을 설명함에 있어서 우선적으로 와야 하는 것은 스스로를 계시하시는 하나님의 지식이다. 신학은 **하나님 중심적**이다. 여기서 카이퍼는 토마스 아퀴나스Thomas Aquinas의 모토를 인용한다. "신학은 하나님이 가르치고, 하나님에 관해 가르치며, 하나님께로 이끌어 간다." 학생들이 '신구약 성경 개론'과 같은 과목들을 배우기 위해 헌신하고, 살아 계신 하나님의 방법 대신에 모든 종류의 문학과 역사적 작품들을 통해 신학을 하려고 할 때, 참된 신학은 사라지고 만다.

카이퍼는 성경이 모두를 위한 하나님의 말씀이라고 하는 사실을 강조하면서 다음과 같이 개인적 고백을 한다.

거룩한 성경을 개인적으로 혹은 가정의 제단에서 읽을 때, 나는 모세와 요한이 하는 말이 아니라 우리 주님께서 하신 말씀을 듣는다. 모든 만물들의 기원에 대해, 인간의 타락과 그 결과의 비참함에 대해 내게 말씀하시는 분은 하나님이시다. 하나님께서 조용한 위엄 속에서 어떻게 우리 타락한 인류를 구원하시기 위한 약속을 하셨는지 나에게 말씀하신다. 우리의 구원을 위해 말씀하시는 하나님의 놀라운 계획을 나는 놀라움 가운데 경청한다. 어떻게 그리고 언제 그분의 백성들이 하나님을 대항했는지, 진노 가운데 그들이 어떻게 고통과 벌을 받게 하셨는지, 또한 은혜 속에서 하나님께서 어떻게 다시 그들을 회복시키셨는지, 어떻게 그들이 하나님의 사랑의 아들이 오시는 것을 대망하게 하셨는지를 듣는다. 나는 영혼의 깊이를 표현하는 시편을 읽을 때에 성령이 나의 영적인 귀에 대고 노래하는 것을 듣는다…….

마침내 신약 성경을 통해, 하나님께서는 약속된 그분께로 나를 이끌어 가셨다. 그분이 태어난 베들레헴 말구유 앞으로, 그분의 발자국을 보여주셨고, 골고다 언덕에서 하나님의 특별한 사랑이셨던 그분을 보여주셨다. 가난하도록 운명지어졌던 분, 십자가에서 죽음을 이루셨던 분…….

할 수 있으면 해보시오. 당신의 더 큰 지혜로 어린아이와 같은 신앙을 자라나게 할 수 있는지. 그러나 나는 결코 **성경이 내게 주는 것** 이상으로 자라날 수 없다. '살아 계신 하나님의 교회에 속한 성경'은 오래되었지만 여전히 존재한다.[7]

성경의 **영감**에 대해서 말하면서 카이퍼는 **축자적**이고 **유기적**인 측면을 둘 다 강조했다. 축자적인 면에서 "전체에서나 부분에서나, 성경은 하나님의 말씀이다." 유기적인 면에서 "저자의 의식으로부터 이끌어 내시고, 저자의 영적 의식에 있는 모든 말들을 사용하신다"

다음의 원리들은 이 입장에 있어서 필요불가결한 것들이다.

첫째, 성령은 거짓도 실수도 할 수 없으시다. "예를 들어, 성령께서 미리 주신 예언이 성취되었다고 보는 것이 아니라 이미 성취되고 난 다음에 예언을 주시는 것으로 보고 그것이 잘못된 형태로 예언되어 있다고 가정하게 되면, 그것은 성령이 부조리하다고 하는 것일 뿐만 아니라 그분의 성품에도 어긋나는 것이다."

둘째, 우리는 성경이 **그 자신에 대해서** 어떻게 말씀하시는지 겸손하게 청종해야 한다. "만일 그리스도와 그분의 사도들이 구약 성경이 영감되었고 심지어 각각의 단어들까지도 그러하다고 한다면……그런데 내가 이와 다른 결론에 이르러야 한다면(윤리 학파들의 주장과 같이), 나는 그것에 의해 내 신학자로서의 권리를 상실하는 것이다.

셋째, 우리는 성경의 영감에 반하는 철학적 원리들을 도입하지 말아야 한다. 예를 들면, 진화론, 신인합력설, 인본주의, 종교 다원주의 등과 같은 것들 말이다.[8]

결국 이 연설에서 카이퍼는, 그가 반대하는 성경 비평이 궁극적으로 성직자로서의 자격을 박탈할 것이라고 지적했다. "성경의 원문을 구성하는 원어에 대한 기초적인 지식도 없는 젊은 설교자들은 그들의 사상을 성경의 언어로 번역하는 것으로 대신한다. 그들은 원문이 심하게 손상되었기 때문에 성경에 등장하는 이야기들은 신화에 불과하고 다니엘은 경건해 보이는 사기꾼일 뿐이라고 말한다."[9] 카이퍼는 다음과 같은 탄원으로 연설을 마무리했다. "깊이 상처받은 자들을 불쌍히 여기시고 그들에게 긍휼을 베푸소서. 그들은 살아 계신 하나님의 교회이지 않습니까?"

이 연설문이 출간되었을 때, 윤리주의 신학자들 중 일부는 카이퍼가 시대에 뒤떨어진 기계론적 영감론을 주장한다고 비난했다. 이 비판에 답변하면서 카이퍼는 몇 편의 글을 '드 헤르아우트'지에 기고했는데, 카이퍼가 보여주고자 했던 것은 이러한 담론들이 너무나 간편한 해결책을 제시하고 있다는 것이었다. 정통 개혁주의 신학자들이 성경의 무오성을 주장할 때마다 그들은 로봇이나 기계 같은 사람이라고 비판받아 왔다는 것이다.[10] 카이퍼는 개혁주의 신학은 기계적인 영감 교리를 주장한 적이 없으며, 항상 거룩한 말씀의 저술에 있어서 인간적인 요소들을 포함시켰음을 강조했다. 카이퍼는 도르트 시대 이후의 개혁주의 학문의 교과서였던 「순수신학개관 *Synopsis*」에서 인용했다.

때때로 주님께서 영감하시고 지시하시는 방식으로 성경 저자들이 주님이 하시는 말씀을 그대로 받아 적었다. 때로는 주님께서 단지 그들을 도와 그들의 영에 지시하셔서 그들 스스로 저자로서 기록할 수 있게 하셨다. 그들은 확실히 언제나 수동적인 것만이 아니었다. 오히려 그들은 그들의 영혼에 활기가 넘치는 능동적인 사람으로, 자기만의 생각을 가진 사람으로, 그들의 영혼의 활동으로 그들 자신의 생각의 예상과 기억과 배열을 통해 그들 자신들만의 작품을 썼던 것이다.[11]

이와 같은 성경 전체에 대한 헌신에 근거하여 자유대학이 설립되었으며, 총체적인 삶의 영역에서 그리스도의 왕권을 인정할 수 있게 만들었다.

부록 1: 자유대학에 대한 현대적 평가

1963년에 캘리포니아 침례 대학의 버나드 램 교수가 20세기의 기독교 대학에 대한 일련의 강의를 했다. 이 강의에서 램 교수는 아브라함 카이퍼와 자유대학에 대해 단연 두드러진 평가를 내렸다. 그는 카이퍼를 "거룩한 세속인sacred secular"이라고 불렀다.[12] 램 교수는 또한, 카이퍼는 모든 영역과 모든 영역에서의 활동을 예수 그리스도를 통해 하나님께 영광 돌릴 수 있는 하나님이 주신 기회로 받아들였다고 소개했다.

램 교수는 두 가지 원리들을 제시했다. 첫 번째는, 기독교 대학은 창조 교리로 인해 정당화된다는 것이다. 사람이 하나님에 의해 창조된 것은, 자연적 질서의 주인으로 사회를 창설하고 사회 내에서 문화를 창조하며 창조 세계를 연구하기 위해서이다. 이러한 임무는 한 개인에게 주어진 것이 아니라 유기적이고 사회적이며 문화를 공유하는 인류 전체에게 주어진 것이다. 그러나 죄가 들어와 이러한 임무를 감당할 수 있는 마음과 능력을 빼앗아 버리고 말았다. 하나님께서는 구세주를 보내셔서 사람의 마음과 삶을 새롭게 하셨다. 일반 은총 가운데 하나님께서는 전 세계를 붙드시고 창조의 법칙을 보존하신다.

램 교수는 카이퍼가 얼마나 일반 은총의 교리를 강조했는지 보여주었다. "일반 은총은, 죄를 억제하고 하나님께서 인간을 창조하셨을 때 의도하셨던 목적을 어느 정도까지 성공적으로 수행할 수 있도록 인간의 힘을 강화시켜 주는 역할을 한다." 일반 은총 때문에 그리스도인들은 죄의 영향과 상관없이 예술과 문화와 교육의 가치를 인정할 수 있는 것이다. 일반 은총 교리는 그리스도인들로 하여금 죄의 지배와 그리스도의 지배가 공존하는 이 세상에서 혼란 없이 하나님이 지으신 만물이 여전히 선하다고 선포할 수 있도록 해준다.

램 교수는 다음과 같이 결론을 내린다.

> 대학은 인간의 문화적 삶과 과학적인 삶, 그리고 신학적인 삶을 계속할 수 있도록 인간이 개발한 최고의 도구이다. 대학은 창조

와 일반 은총 교리를 기초로 하여 서 있다. 창조 교리는 인간이 문화를 창조하고 문화를 유지시키며 과학을 통해 우주를 통치하고 인식하기 때문에 중요하고, 일반 은총 교리는 인류의 유익을 위해 창조되고 유지되는 것을 설명해 주기 때문에 중요하다. 그러므로 오직 그리스도인만이 대학의 존재를 정당화해 준다.[13]

램 교수는 첨가하기를, 카이퍼는 신학교만으로는 충분하지 않다고 주장했다고 한다. 오직 제 분야의 학문 분과를 다 갖춘 대학만이 교회와 국가의 필요를 채울 수 있기 때문이다. 카이퍼는 신학, 철학, 법학, 자연과학 그리고 의학의 각 분야 교수 요원들이 포함되어야 함을 주장했다. 이 다섯 분야의 교수진들이 인간 자신, 그 문화, 우주 사이의 근본적인 관계에 해당하는 분야들을 다루어야 하는 것이다.

부록 2: 개혁주의 원리들은 무엇인가?

자유대학을 위한 기본적인 원칙으로, 오직 일반적인 개혁주의의 창조 교리와 일반 은총 교리만이 언급되었지만, 사역을 위해 훈련받아야 하는 신학 분과의 교수들은 개혁교회의 신앙고백의 기준들을 받아들여야 했다. 개혁주의와 칼빈주의 전통의 동일한 생각과 입장을 받아들이고 그것에 의해 고무된 교수들에게 있어서는, "개혁주의 원리들"이라는 표현만으로도 충분히 분명했고 더 이상의 설명이 필요하지 않는 것처럼 보였다. 그러나 교수진들 중 한 명이 칼빈주의를 어떤 면에서 거부하고 몇몇 교리에 대해 동의하지 않게 되자, 이 표현은 구멍이 듬성듬성 난 그물과 같아 보이기 시작했다.

1895년에 법학을 가르쳤던 드 사보린 로만A. F. de Savornin Lohman 교수가 개혁주의 원리들에서 벗어난 것으로 인해 자유대학협회 모임에서 고소당하게 됨으로 처음으로 문제가 발생했다. 진실을 규명하기 위한 위원회가 곧 발족되었다. 결과가 발표되었는데, 그 결과로 인해 로만 교수는 1896년에 사임해야만 했다.

여러 가지 이유로 이 이야기는 비극적이 되었다. 카이퍼와 로만은 모두 다 하나님의 신실한 일꾼이었다. 그러나 그들은 상대방의 마음을 제대로 이해하지 못했다. 오랜 시간이 지난 후 죽기 직전에야 그들은 화해할 수 있게 되었다.[14] 카이퍼와 로만 사이에는 정치적인 견해에서 마찰과 차이가 있었다(카이퍼는 선거권의 확대를 원했고, 로만은 반대했다). 그러나 이 문제가 결정적인 영향을 미친 것은 아니었다. 가장 문제가 되었던 것은, 일반적으로 개혁주의를 지지하는 사람들이 로만을 완전히 신뢰하지 않았다는 점이었다. 비록 그는 공정하게 취급받았지만, 과연 그가 실제로 일반적으로 공식화되었던 '개혁주의 원리들'에서 벗어났기 때문에 사직할 수밖에 없게 되었는지에 대해서는 여전히 의문점이 제기된다.

카이퍼와 로만 사이에 차이점이 존재했다는 것은 부인할 수 없는 사실이다. 카이퍼는 오랜 기간 동안의 고된 투쟁을 통해 온전한 의미에서의 칼빈주의자가 되었다. 그러나 로만은 여전히 헤베이 운동의 아들로 남아 있었다. 카이퍼는 민주주의를 지지했지만, 로만은 귀족정을 지지했다. 카이퍼는 서민들의 사람이었지만, 로만은 개인주의자였다. 카이퍼 자신이 그들의 입장의 상반된 점을 감리교파와 칼빈주의 사이의 차이점을 지적하며 설명한 적이 있었다. 헤베이 운동의 입장을 가진 로만은 감리교파의 노선을 지지했는데, 기독교 종교는 정치와 학문에 영향을 미치지 않고 단지 도덕적 질과 정직성만을 증진시켜야 한다는 입장이었다. 칼빈주의자들의 입장은 하나님의 말씀 안에서 우리 정치가 가야 할 방향을 제시받아야 한다는 것이었는데, 이는 하나님의 주권이 모든 영역에 미치기 때문이다.[15] 로만은 비네를 자신의 영적 인도자로 여겼고 칼빈주의자로 불리기를 원치 않았다. 카이퍼와 달리 그는, 성경의 무오성을 주장하지 않았고 하나님의 말씀 안에서 정치의 원리를 찾으려 하지 않았다. 그러나 그렇다고 해서 로만이 신실한 그리스도인이 아니라고 말할 수 있는 사람은 아무도 없었다.

이 문제를 분명하게 하기 위해, 자유대학의 교수들은 18개의 논제를 만들어 '개혁주의 원리'가 무엇인지 분명히 설명하고자 했다.

> 개혁주의 원리는 종교개혁의 산물로 주어진 가장 일관성 있는 세계관인 칼빈주의에 관한 원리이다(논제 1). 이 원리는 단지 무

언가를 부정하는 방식으로 규정되어서는 안되며, 모든 사람들을 위한 통치 원리 사상을 긍정적으로 밝혀야 한다(논제 3). 칼빈의 사상들은 방어되어야 할 뿐 아니라, 우리는 이 원리로부터 우리 시대를 위한 논리적 결론을 이끌어 내야 한다(논제 5). 우리는 칼빈주의는 성경으로부터 설명되는 것이며, 개혁교회의 신앙고백으로부터 설명되는 것임을 받아들인다(논제 11). 또한 칼빈주의가 옛것, 교회 질서, 교리적 일치로부터(논제 12), 그리고 로마 가톨릭과 재세례파, 소치누스파, 루터파, 알미니안주의자와 대항하여 논쟁한 것으로부터 온 것임을 받아들인다(논제 13). 지식의 세 번째 원천은 개혁교회의 역사이다(논제 14). 또 다른 지식의 원천은 칼빈주의 학문과 예술적 문학이다(논제 15). 신학적이지 않은 분야의 연구는, 칼빈주의적 창조에 대한 신앙고백, 온 우주 만물을 다스리시는 하나님의 주권, 인간과 우주의 실체, 죄로 인해 원래의 창조가 안팎으로 완전히 왜곡되었다는 것, 그리고 하나님이 특별 은총과 일반 은총으로 지금도 여전히 통치하고 계심에 대한 신앙고백에 의해 지배되도록 해야 한다(논제 17).

이러한 논제들에 대하여 로만은 역사적 칼빈주의를 너무 과대평가했다는 이유로 거부했다. 누구라도 이 논제들이 칼빈주의자로 훈련시키는 데 어느 정도 도움이 됨을 부인하기 어렵겠지만, 그러나 이 논제들은 실제로 논쟁적인 문제들에 도움을 줄 수 있을 정도의 명쾌하고 간명한 설명을 담아내지는 못했다.

이 논제의 초안을 작성한 책임자로서, 카이퍼는 이러한 어려움을 인식하고 있었다. 1879년에 교수들이 이 논제들에 서명 동의한 것에 대해 그렇게 우호적으로 생각하지 않는다고 카이퍼는 말했는데, 이는 그가 경험한 것처럼 이러한 과정들이 종종 단순한 형식에 그칠 수 있음을 알게 되었기 때문이다.[16] 물론 분명히 이러한 논제들이 문제가 발생했을 때 논의의 길잡이가 되는 데 사용될 수 있는 것은 분명했다. 그때의 결정은 실존적인 상황 속에서 내려져야 했을 것이다.

9   교회의 개혁자

70년간의 망명

1866년에 카이퍼는 연속해서 '갈등이 발생했다'라는 동일한 제목을 가진 세 편의 소책자를 저술했다. 두 번째 글에서 카이퍼는, 자신이 장로로 재직하고 있던 암스테르담의 네덜란드 개혁교회가 1816년부터 1886년까지 70년 동안 경험한 망명에 대해서 진술했다.[1]

여기서 망명exile이라는 용어가 무엇을 의미하는가? 우선적으로 그가 언급하고자 했던 사실은, 바로 이 교회가 1816년에 정부에 의해 합병되고 나서 기독교적 자유를 잃어버렸다는 것이다. 그 해에 시행된 칙령을 통해 빌럼 1세는 교회의 법을 좌지우지하게 되었다. 그 다음으로 카이퍼가 의미했던 것은, 1816년 이후로 근대주의가 교회에 들어와 강단을 장악하고 가정과 사람들의 생각을 지배하게 되었다는 것이다. 이방 나라의 왕이 실제 왕을 쫓아내고 그 자리를 차지한 것이다.

이보다 몇 해 전에, 카이퍼는 자기 자신도 영향을 받은 바 있는 근대주의를 이단, 곧 자기 시대의 교리적 오류라고 묘사했다. 카이퍼는 근대주의자들의 전형적인 신앙고백을 다음과 같이 약술했다.

> 나는 모든 사람의 아버지이신 하나님과 그리스도가 아니라 나사렛의 랍비인 예수를 믿습니다. 나는 천성적으로 인간이 선하다는 것과 완벽해지기 위해 스스로 노력해야 함을 믿습니다. 나는 죄가 단지 상대적인 문제이며, 죄의 용서라고 하는 것은 인간이 고안해 낸 것이라 믿습니다. 나는 더 좋은 삶을 위한 희망을 믿으며, 심판이 없는 모든 영혼들의 구원을 믿습니다.[2]

우리가 이미 살펴본 바와 같이, 카이퍼는 이 근대주의를 극복하기 위해 우트레흐트와 암스테르담에서 필사적으로 싸웠다. 그는 국회의원으로 당선된 이후에 헤이그로 이사했지만, 1879년에 자유대학의 총장이 되고 나서는 암스테르담으로 돌아와 암스테르담 교회의 장로로 섬기게 되었다. 거기서 카이퍼는 자신이 그 시대의 가장 중요한 영적 전투라고 여겼던 전투를 재개한다. 카이퍼는 그 전투를 "그리스도인이라는 이름이 **사느냐 죽느냐**가 달린, 유럽과 아메리카 대륙의 모든 나라들이 싸워야 하는 투쟁"이라고 불렀다.[3]

가장 중요한 이슈는 예수 그리스도와 그분의 십자가에 못 박히심에 대한 신앙고백이었다. 선은 분명히 그어졌는데, 이것은 1880년과 1883년의 총회의 결정 때문이었다. 1880년의 결정은 교회의 회원권과 관련이 있었고, 1883년의 결정은 사역과 연관된 것이었다. 두 결정 모두 다음의 결론으로 귀착된다. 근대주의 영향 아래서 신자들이 교회의 회원이 되려고 하면 지역교회의 간섭 없이도 받아들여져야 하고, 성직을 지원하는 후보자들도 하나님의 왕국 건설을 위해 헌신하겠다는 약속만 있으면 아무런 제한 없이 받아들여져야 한다는 것이었다. 교회는 한 지붕 아래에서 수많은 사람들의 목소리를 들어야 하는 위험에 처해지게 되었다. 그리스도의 신앙고백의 반석 위에 지어진 것이 아닌, 끊임없는 대화가 공존하는 모든 종류의 의견들 위에 지어지게 되었다.

개혁의 의제

모든 중요한 모임은 의제를 가지고 있다. 의제agenda라는 단어의 문자적인 의미는 "되어져야 하는 것"이다. 카이퍼는 그의 책 「교회 개혁론Tractaat van de reformatie der kerken」(1883)에서 네덜란드 개혁교회를 위한 의제를 설명했다. 이 책은 루터 출생 400주년을 기념해서 출간된 것이고, 카이퍼 자신이 1882년 교회의 상황에 대해 의견을 나누고 싶어 했던 당회원들의 모임에서 연설한 것이다.

루터가 로마 가톨릭교회를 개혁했듯이, 카이퍼는 그 시대의 네덜란드 개혁교회를 개혁하고 싶어 했다. 교회의 본질에 대한 통찰력 있는 연구를 통해 카이퍼는 교회의 사역자와 더불어 청중들의 수위성에 대해서 강조했는데, 특히 교회의 모든 특별한 사역의 원천으로서 모든 신자들의 직임에 대해 강조했다. 그는 어떻게 교회가 변형에 의해 타락할 수 있는지를 보여주었다. 그는 17세기 초에 알미니안주의가 만연하게 되면서 네덜란드 개혁교회 상황이 어떻게 변해 갔는지 그때의 상황을 예로 들었다. 그 당시에 잘못된 교사들의 가르침을 매주 들어야 했던 그 시대의 네덜란드 개혁교회 회원들은 무엇을 했단 말인가?

그들은 그러한 타락한 교회로부터 떠나거나 분리되지도 않았고 "애통하는*dolerende*" 교회라 불렀던 그들만의 모임을 조직했다. 이러한 비탄에 빠진 교회들은 교회 안에 침입해 들어온 잘못된 교리와 잘못된 교리를 가르치는 교사들을 제거하는 일을 했지만, 여전히 원래 교회와의 연속성을 유지했다.[4]

카이퍼는 그 시대를 살아가는 신자들이 당회의 지도를 받아, 근대주의를 용인한 교회의 조직을 깨뜨리기를 원했다. 그런 다음에야 그들 자신을 자유교회라고 선언할 수 있기 때문이었다. 카이퍼는 이러한 과정을 돌레안치*Doleantie*라고 불렀다. 이 용어는 카이퍼가 단순히 분리를 옹호한 것이 아니라 새롭게 하기를 원했음을 의미한다. 다른 말로 하면, 카이퍼는 네덜란드 국가교회를 거짓 교회라고 낙인찍기보다 국가에 의해 제한되어지는 자유롭지 않은 교회라고 주장했던 것이다.

카이퍼는 참된 교회, 약간 변형된 교회, 완전히 변형된 교회, 거짓된 교회를 구분했다. 카이퍼의 관점에 의하면 완전히 거짓된 교회는 절대적인 의미에서 존재할 수 없다고 보았는데, 심지어 로마 가톨릭교회도 완전히 거짓 교회는 아니라고 본 것은, 완전히 거짓된 교회는 미래의 사탄의 교회가 될 것이기 때문이었다.[5]

네덜란드 국가교회를 설명함에 있어서 카이퍼는 신중한 평가를 내렸다. 카이퍼는 세 가지 형태의 교회들을 구분했다. 첫째, 네덜란드 국가교회 중 500-600개에 달하는 꽤 많은 수의 교회는 여전히 순수한 말씀의 선포와 성례를 거행하는 순수한 교회다. 둘째, 다른 교회들 중 이제 더 이상 순수한 말씀의 선포와 성례가 거행되지 않지만 여전히 그것을 위해 기도하는 사역자가 남아 있는 교회로, 이러한 이유로 여전히 회복의 소망이 남아 있는 교회가 있다. 셋째, 그 외에 신성 모독적인 말씀과 성례만이 남아 있는 교회들이 있다. 이러한 교회와 관련해서는 성경이 말한 다음 말씀을 반복해서 말할 수밖에 없을 것이다. "촛대를 그 자리에서 옮기리라"(계 2:5).

카이퍼는 교회 개혁을 진행함에 있어서 각 지역의 상황을 염두에 두어야 함을 강조했다. '애통' 교회들이 각처에서 일어나야 한다는 것이다. 궁극적인 목표는 1834년에 분리된 교회들과 더불어 '애통' 교회들이 재결합하는 것이었다.

애통

1887년 1월 11일, 암스테르담의 프라스카티에서 열린 기도 모임에서 설교하던 카이퍼는 실제로 애통하게 된다. 카이퍼는 감동적인 말씀이 있는 시편 42편을 읽게 되었다. "하나님이여 사슴이 시냇물을 찾기에 갈급함 같이 내 영혼이 주를 찾기에 갈급하니이다"(시 42:1). 이 본문을 다루면서 카이퍼는 특히 다음 구절에 주목했다. "내 영혼아 네가 어찌하여 낙심하는고?"

카이퍼는 마음속에 우러나오는 깊은 정서를 가지고 설교하면서 다음의 두 가지를 강조했다. 첫 번째는 '개혁'이라는 단어였는데, 이는 하나님께서 이 이름을 소유하는 교회들에게 주신 가장 귀한 보석과도 같은 것이었다. 여기서 하나님이 주신 보석이라고 하는 것은 영혼의 구원과 같은 일부에 국한된 영광이 아니라, 영원에서 영원에 이르는 모든 것을 위한 영광이었다. 두 번째는, 네덜란드에서 개혁주의를 가장 뛰어나게 주장하는 사람들이 엄청난 죄를 지었다는 것이었다. 그들이 자신들의 강단에서 오류가 선포되도록 허락했고, 하나님의 이름을 욕되게 했다는 것이다. 카이퍼는 시편 130편 구절을 인용하면서 설교를 마무리했다. "여호와여 내가 깊은 곳에서 주께 부르짖었나이다"(시 130:1).

무슨 일이 일어났는가? 카이퍼가 개혁의 의제를 쓰고 난 이후로 많은 일들이 일어났다. 무엇보다도, 이미 언급했듯이, 총회가 모든 가능한 교리를 다 받아들이도록 교회 문을 넓게 열어 두기로 결정했다. 그 이후 같은 해에 암스테르담 교회 당회가 모든 다른 교회에 공문을 보내어, 각 교회 대표들을 불러 암스테르담에서 회집하기로 했다. 이 회집에서, 어떤 목사라 하더라도 만약 그 자신이 전심으로 하나님의 말씀에 복종하기로 하고서 신앙고백서에 서약하지 않으면 말씀 사역에 받아들여질 수 없음을 결정했다.

이 모임은 사실 돌레안치 운동의 서곡이었다. 네덜란드 개혁교회의 상황을 개탄하던 교회들은 국가교회로부터 분리되려고 하지는 않았지만, 총회의 지시와 가르침에 더 이상 복종하려고 하지도 않았다. 이 교회들의 운동의 중심은 암스테르담 교회의 당회였다. 그 지도자는 카이퍼였고, 그의 친구였던 루터허스Rutgers, 로만Lohman, 판 덴 베르흐van den Bergh, 그리고 다른 사람들이 카이퍼를 도왔다. 이 운동은, 근대주의 설교자들에 의해 교리교육을 받고 나서 예수 그리스도의 보혈을 통해 하나님과 화목된다고 고백하기를 거부했던 몇몇의 교리교육 입문자들에게 암스테르담 당회가 주의 만찬에 참여하는 것을 제지했을 때 시작되었다.

그 이야기를 계속하자면, 젊은 교리교육 입문자들은 교회 정문에서 출입 제지를 받자 교회 후문을 통해 들어가려고 시도했다. 그리고 그들은 이웃 교회에서 임시적으로 주의 만찬에 참여할 수 있도록 증서를 줄 것을 요구했다. 그러나 당회는 다음의 선언에 동의하면 이러한 증서를 발급할 수 있다고 결정했다.

아래에 서명한 사람은 마음으로 구약과 신약에 있는 교리와 이

> 교회에서 가르치는 교리가 구원에 있어서 완벽하고 참되다는 사실을 믿기에 증서를 요청합니다.

쟁점은 이제 명백해졌다. 교회의 문을 사도 바울이 언급한 대로 '모든 교훈의 풍조'에 개방할 것인지 아니면 닫아야 할 것인지에 대한 문제였다.

국가교회 조직의 지도자들이 그제야 행동을 취하기 시작했다는 것은 놀랄 만한 일이 아니었다. 대부분 이러한 경우에 있어서 양쪽 모두에게 교묘한 책략이 있었다. 1886년 초기에 암스테르담 교회 당회의 다수(5명의 목사, 42명의 장로, 33명의 집사)가 암스테르담 시찰회에 의해 제명당했다. 제명된 직분자들은 교회를 탈퇴하지 않고 총회에 호소했다. 이 시점에 카이퍼가 '갈등이 발생했다'라는 주제로 세 편의 논설을 작성했다.

세 번째 논설에서 주목할 만한 개인적인 논평이 있다. 카이퍼는 그 자신의 개인적 명예를 걸고 자신이 교회 개혁의 지도자라고 주장하지만, 실제로는 반란군의 수장에 대항하여 글을 썼다.

> 개인적으로, 사람들이 자주 하는 질문 곧 '정말 카이퍼가 마음에 두고 있는 것은 무엇인가?'에 대해 대답하고자 한다. 내 속에 가득 찬 교회와 관련된 쓰라린 투쟁을 위한 갈망과 열망이라고 하는 것이 영혼에 얼마나 해로운지를 모든 사람이 알아야 할 것이다. 나를 반대하는 사람들이 내게 이 조용한 기도를 들을 수 있는

시간을 허락해 준다면 얼마나 복될 것인가?

    나는 그것에 시간을 낼 수가 없다. 신학 공부를 하면 할수록 내 모든 관심사가 더 깊이 있는 학문에 천착하기를 요구하고 있다. 그래서 만일 주님께서 내 인생 가운데 10년을 더 주신다면, 나는 내 마음과 영혼을 다하여 '신학 백과사전'을 출간하는 일이 허락되어지기를 바라고, 그 다음에는 '교의학'을, 그리고 마지막으로 내 인생의 결론으로 성경의 한 책에 대한 해설서를 남기고 싶다. 나는 이보다 더 높은 이상의 열망들을 가지고 있지 않다.[6]

카이퍼는 교회의 혼란을 즐기지도 않았고 원하지도 않았다. 그럼에도 불구하고 카이퍼는, 1887년에 프라스카티에서 교회의 혼란을 불러일으킬 수 있는 연설을 했다. 카이퍼는 애통했고, 기도했으며, 사람들이 행동으로 옮기도록 촉구했다.

총회에 호소한 것은 소용없었다. 75명의 당회원들은 총회의 속박으로부터 벗어나기로 결정했다. 카이퍼는 독립교회를 지향하지 않았으며, 총회의 **영적** 권위를 인정할 준비가 되어 있었다. 그러나 카이퍼와 그의 동료들은 더 이상 총회의 실제 권위를 인정하지 않았고, 그것을 일종의 위계질서제로 여겼다.

교회 개혁을 위한 암스테르담 회집에서, 여러 교회에서 온 당회원들이 어떻게 행동할지 결의했다. 그러나 많은 교회 대표들은 그들의 교회로 돌아가자마자 그들이 가야 할 길이 어디인지 정해져 있음을 발견했다. 그들이 교회로 돌아오자, 지역 장로회 감독회에서 그들이 단지 그 모임에 참석했다는 이유만으로 면직 처분을 내린 것이다. 그들은 그 지역에서 '애통' 교회를 시작했고, 그래서 돌레안치 모임은 네덜란드 전역으로 퍼져 나가게 되었다.

1887년에는 로마 가톨릭이 우세했던 지역인 림뷔르흐 지역을 제외하고는 네덜란드 모든 지방에 돌레안치 교회가 세워졌다. 이 시기는 확신에 가득 찬 시기이기도 했지만 또한 많은 눈물의 시기이기도 했다. 교회의 분리는 많은 사람들의 마음을 아프게 했고, 가족들에게도 영향을 미쳤다.

기쁨

1891년에 카이퍼는 임시 총회의 사회를 맡게 되었다. 총회는 헤이그에서 열렸으며, 새롭게 형성된 돌레안치 교회들로부터의 대표자들로 구성되어 있었다. 9월 15일에 카이퍼는 의장으로서 다음과 같은 말씀을 결론으로 삼은 연설을 했다. "네덜란드의 시온의 하나님, 오늘은 우리의 분리를 위한 슬픔의 옷을 벗고, 혼인 예복을 걸치는 날입니다. 여호와의 모든 종들아! 여호와를 송축하라!"(참조, 시 134:1)[7]

감격의 날이었다. 무슨 일이 일어났는가? 분리교회(1834년에 국가교회로부터 분리되기 시작한 교회들)의 대표들이 참석했다. 분리교회들과 돌레안치 교회들이 손을 잡고, 네덜란드 개혁교회로 알려진 하나의 개혁교회가 되기 위한 만장일치의 결정을 내린 것

이다.[8]

이 일은 실로 하나님의 위대한 선물이었다. 이 죄악 많은 세상에서는 연합보다 분리가 더 쉽지 않은가? 교회 역사 가운데 분열, 파열, 분리라는 단어들이 얼마나 편만하게 나타나는가? 두 교회는 각자의 역사를 가지고 연합하게 되었는데, 연합이 자동적으로 이루어진 것은 아니었다. 두 교회는 그동안 정박할 곳을 찾지 못하고 시대와 투쟁을 전개해야 했던 동일한 역사를 가지고 있었고, 이 연합을 위해 상당한 시간 동안의 중재의 노력이 필요했으며, 자기 부정이 요구되었다. 그러나 무엇보다도 이 두 교회 공동체가 공히 하나님의 말씀의 권위와 전통적인 개혁주의 신앙고백에 굳게 헌신한 것이 그들을 하나되게 했다. 그것은 하나님이 베푸신 기적이었다.

몇 가지 작은 문제들이 때로 넘을 수 없는 산처럼 다가오기도 했다. 다양한 의견들이 충돌하게 되면 서로를 신뢰하기 어렵게 된다. 사공이 여럿이면 배가 산으로 간다는 것은 잘 알려진 속담이다. 이러한 종류의 어려움이 아브라함 카이퍼에게 찾아오기도 했다.

카이퍼는 분쟁하기 좋아하는 사람은 아니었지만 그렇다고 쉬운 사람도 아니었다. 카이퍼는 낮은 곳에 처한 사람들과도 어울릴 수 있었고, 높은 곳에 있는 사람들과도 어울릴 수 있었다. 카이퍼는 확실히 마음이 좁은 사람은 아니었다. 그렇지만 카이퍼는 대부분의 경우 자신이 확신했던 길을 걸어가면서 그를 반대하는 사람들을 설득해 나가는 경우가 많았다. 그래서 때로 카이퍼는 독단적이고 그의 반대자들에게 항상 공정하지는 않다는 인상을 주기도 했다. 깜뻔의 유명한 교의학자인 헤르만 바빙크가 1888년에 그의 친구인 스누크 후르흐로녀Snouk Hurgronje 박사에게 써 보낸 편지에서 "우리들 가운데 상당수가 카이퍼 박사의 주도성에 대해 약간 두려워하고 있다"고 표현한 것을 보아, 이것이 전혀 근거 없는 평가는 아니라는 것을 알 수 있다.[9]

뿐만 아니라, 분리파 교회의 지도자들 중에는 카이퍼를 논리적 결론을 너무 멀리 가져가고, 충분히 성경에 근거하지 않은 발언을 하는 초칼빈주자라고 비난하는 이도 있었다. 그들은 특히 카이퍼의 예정과 중생에 대한 교리에 대해 문제를 제기했다.

카이퍼가 자신의 시대의 합리적이고 감정적인 체계들을 모두 시험해 본 후에, 예수 그리스도의 사역과 성령의 능력으로 말미암아 죄인 안에서 새로운 마음을 창조하심을 통해 정한 때에 성취되어진 인간 구원에 관한 하나님의 영원한 경륜 속에서 자신의 마음과 영혼의 안식을 발견하게 되었다고 한 점은 부인할 수 없다. 그러나 카이퍼는 '타락 전 예정설'이라 불리는 절대적 예정과, 죄인의 회심 이전에 절대적인 중생의 역사가(심지어 어린아이의 마음에도) 있음을 믿었다고 하여 공격받았다.

카이퍼는 사람의 반응에 대해서는 너무 작은 공간을 남겨 두고 구원의 모든 역사가 영원 전에 일어난 것으로 전환시켜 버렸다는 비판을 받았다. 또한 카이퍼의 견해에 따르면, 언약 백성인 아이들에게 그들이 이미 거듭났고 회심할 필요가 없다고 말할 수 있게 된다는 공격도 받았다.

이러한 비판들은 문제점을 가지고 있다. 무엇보다, 베자T. Beza와 푸치우스, 호마루스F. Gomarus와 같은 많은 위대한 개혁주의 지도자들과 도르트 총회가 이 입장을 비난하지 않고 허용했기 때문이다. 1871년 마지막 날 카이퍼가 행한 '회개하라, 천국이 가까웠느니라'는 설교를 보면, 그가 사람들로 회심하도록 요청하고 행동을 하도록 박차를 가하는 데 실패했다고 보기가 어려운 것을 발견할 수 있다.

두 번째 고소에 대해 카이퍼는, 언약의 원리는 우리의 어린 자녀들을 언약의 자녀들로 받아들이지만 그렇다고 해서 이것이 우리의 모든 자녀들이 이미 성령에 의해 거듭났다는 것을 의미하는 것은 아니라고 가르쳤다. 카이퍼의 말을 들어 보자.

당신의 자녀가 회심의 의무에 대해서 생각하지 않고 자라나도록 내버려 두어서는 안된다. 회심이라고 하는 것이 나이가 들면서 저절로 일어날 것이라고 생각하게 두어서는 안된다. 만약 그렇게 한다면 당신은 당신의 자녀들이 회심에 대한 의무에 대해 한 번도 생각하지 못한 채 신앙을 공적으로 고백하게 하는 죄를 범한 것이 된다. 모든 기독교 가정의 자녀들은 반드시 회개하고 하나님께 돌아와야 한다는 확신 아래 양육되어야 한다. 하이델베르크 요리문답 88문에서 묻고 대답하면서 요약해서 설명해 주는

것처럼, 이러한 확신 속에서 적절하게 교육시켜야 한다.[10]

1886년과 1892년 사이에 무슨 일이 발생한 것일까? 가슴에서 우러나오는 간절함으로 카이퍼는, 분리파에서 온 자신의 형제들에게 사소한 것들로 큰 문제를 삼지 말고 신앙의 하나됨을 지켜 주기를 요청했다. 연대 모임이 1888년에 열렸고, 카이퍼는 다음과 같이 외쳤다.

> 형제들이여, 만일 주 예수 그리스도께서 우리 가운데 계시다면, 우리는 감히 지금 이대로 머물러 있지 못할 것입니다. 이날 이 모임에 우리 주 예수님께서 실제로 계시다고 생각합시다. 형제들이여, 원근 각처에서 여기까지 와 주셔서 감사합니다. 여러분들이 여기 오셨다는 것은 '돌레안치' 교회가 자기들 마음대로 하도록 내버려 두지 않고 관심을 가져 주신 것이라 생각합니다.[11]

푸칭거 박사가 최근에 밝힌 것처럼, 카이퍼는 이처럼 화해의 방식으로 글을 적었고 연설을 이어 나갔다. 결국 카이퍼는 자신의 저작들을 통해 많은 분리파 교회 사람들의 마음을 얻을 수 있었다.[12] 카이퍼는 그들의 많은 다양한 의견 가운데서도 확고하게 사랑받는 하나님의 종으로 남았다.

네덜란드 개혁교회는 설교와 교육, 선교와 전도, 그리고 구제 활동에서 매우 활발하게 활동했다. 이전의 네덜란드 개혁교회는 늘 그러했던 것처럼 분열된 상태로 남아 있었다. 그러나 그 교단의 소속 회원들 중에서도 예수 그리스도를 주와 구세주로 고백하는 사람들이 있었고, 그들 중 얼마는 의회 선거에서 아브라함 카이퍼를 지지했다.

비논리적인 해결책

카이퍼는 교회 연합이라고 하는 이 고통스러운 문제를 해결했는가? 아니면 그 문제는 가시적인 교회 내에서 늘 존재할 수밖에 없는 문제였는가? 우리가 이미 살펴보았듯이, 카이퍼는 '거짓'이라고 하는 용어를 교회에 적용할 때 상당히 신중했다. 카이퍼는 좀 더 순결하거나 좀 더 순결하지 않는다는 용어를 사용하거나, "부분적으로 거짓된"이란 용어를 선호했다. 그리고 카이퍼는 종종 "다양한 형태의 교회pluriformity of churches"라는 말을 즐겨 사용했다.

이미 카이퍼의 전 생애에 걸쳐 엄청나게 논쟁의 불씨를 지폈고 심지어 그의 사후에도 논의된 바 있는 이러한 표현들을 통해 카이퍼가 진정 의미하고자 했던 것은 무엇이었을까? 카이퍼는 어린아이가 무지개의 다양한 색깔을 찬탄하듯이 교회의 다양성을 인정한 것일까? 신앙고백과 예전liturgy에 있어서의 차이점에 만족할 수 있었는가? 기독교 진리에 있어서의 충돌되는 진술을 받아들였는가? 결과적으로 카이퍼는 **진리가 다양한 형태로 표현될**

수 있다는 것을 인정했다는 말일까?

1901년, 카이퍼를 "절망적인 개인주의자"로 비난했던 로마 가톨릭 사제인 벤스도르프Bensdorp에 의해, 진리가 다양한 형태로 표현될 수 있는가에 대한 질문이 단도직입적으로 제기되었다. 벤스도르프의 이해에 따르면, 카이퍼는 각 개인이 자유롭게 자신만의 진리의 개념과 입장을 가질 수 있다고 인정하는데 이것은 논쟁을 이끌 뿐이라는 것이었다. 그러나 벤스도르프의 견해에 대해 카이퍼는, 그러한 갈등하는 개념들은 한 진리에 의해 채용되어진 다양한 형태들로 간주할 수 있다고 생각했다.[13]

벤스도르프의 질문은 급소를 찔렀다. 그의 질문은 「개신교회들의 변화의 역사」(1688)에서 개신교는 오직 끝없는 불일치로 이끌 뿐임을 논증하려고 시도했던 프랑스 모 지방의 주교인 위대한 쟈크 베니느 보쉬에의 주장을 다시금 상기하게 만들었다.

불행하게도 카이퍼에게 이 주제와 관련해 저술할 수 있는 시간이 허락되지 않았다. 그렇지만, 진리의 다형성多形性이라고 할 때 카이퍼의 개념은, 진리가 아닌 개념들이 가능하다거나 진리와 다른 것들을 받아들여져야 함을 의미하는 것이 아니라 '교회의 형식의 다양성'이 필요함을 언급할 따름이었다. 1882년에 카이퍼는 "쓸 만한 목재가 떡갈나무와 느릅나무, 라임나무와 밤나무와 같은 것으로 만들어지지 이름을 알 수 없는 풀숲의 덤불로 만들어지지 않듯이, 영적인 샤론의 백향목도 수풀림으로 바뀔 수 없다"고 기록했다.[14]

만일 국가들(인종적인 차이)마다 성격이 다르고 각 사람들의 외양(정신적인 차이)이 다르다면, 교회생활의 차이가 발견되는 것을 피할 수 없는 것은 당연하다. 카이퍼는 인간 종족들이 보편적으로 소유하고 있는 '특별한 종교적 성향'에 대해서 언급한다. 셈족은 절대적인 신을 섬기는 경향이 농후하고, 반면에 야벳족은 범신론에 이르는 경향이 있다. 또한 일반적으로 말해서 로마인에게는 가톨릭이, 슬라브족에게는 그리스 정교회가, 게르만족에게는 개신교회가 편안하게 느껴지는 것도 같은 이치이다.[15]

다양성이 존재하기에 교회의 형태도 다양하게 존재할 수 있는 것이다. 그렇다고 모든 것을 다 정당화할 수는 없다. 왜냐하면 "사탄은 이 세상의 그리스도의 몸된 교회를 깨뜨리는 데 있어서 너무 끔찍하게도 성공했기 때문이다."[16] 또한 다른 측면에서의 다형성도 충분히 존재할 수 있기 때문이다. 모든 새로운 교회가 세상을 비추는 태양 광선이 될 수는 없다. 이스라엘 백성으로 하여금 범죄하게 했던 여로보암에 의해서도 충분히 새로운 교회가 세워질 수 있다.

카이퍼는 로마 교회의 강제 연합을 반대했으며 많은 개신교회들에서 자유가 제한되는 것을 원치 않았다. 카이퍼가 정말 원했던 것은, 살아 계신 하나님의 아들이신 그리스도의 이름만을 고백하는 교회, 신앙고백적인 교회였다. 카이퍼는 성경의 그리스도를 원했고 그리스도의 성경을 원했다. 그리고 이러한 이유로 인해 카이퍼는 19세기 중반에 네덜란드 개혁교회의 개혁자가 되었다. 카이퍼는 네덜란드 개혁교회가 진리를 다양한 방식으로 표현하려 한다고 하지 않았다. 또한 카이퍼는 돌레안치 이후에 애통 교회와 국가교회가 단순히 유유상종하게 되었다고 말하지도 않았다. 카이퍼는 그의 친구였던 F. L. 루트허스 교수가 도르트 교회법 제85조를 설명하면서 말한 것과 완벽히 동일한 견해를 가지고 있었다.

> 신앙고백이 없는 제도교회와 신앙고백을 버린 교회는, 하나님의 뜻보다는 인간의 의지로 모인 사회 조직 중의 하나인 인간들의 모임이다. 우리는 이러한 교회를 교회라고 인정할 수 없다. 심지어 이러한 교회와 교제하는 것은 참된 교회의 위치를 약화시킨다.[17]

카이퍼는 개혁교회만이 존재하는 유일한 교회라고 인정하지 않았다. 동시에 카이퍼는 어떠한 교회라고 해도 분명한 진리의 고백과 엄격한 신앙고백을 지지해야 함을 주장했다. 한편 카이퍼는 그의 다형성의 개념을 이상화하기도 했다. 그러나 카이퍼가 모든 실천적인 활동 중에서 교회들이 하나님의 말씀의 원리에 따라 끊임없이 개혁되어야 할 필요성에 대해 강조했다는 사실을 간과해서는 안될 것이다.[18]

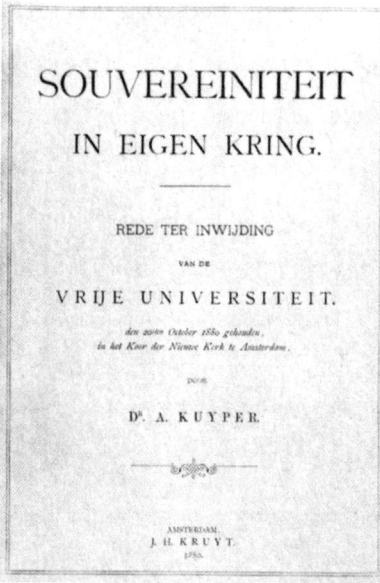

1880년 10월 20일 암스테르담 자유대학 개교 기념 강연문

이 강연의 주제는 '영역주권론'이었는데, "인간 존재의 전 영역 중에 만물의 주권자이신 그리스도께서 '내 것이라'고 주장하지 않으시는 곳은 단 한 치도 없다"라는 구절이 유명하다.

자유대학 교수 시절의 카이퍼(1880년)

"그리스도가 왕이 되게 하라! 이것이 정치가와 사업가, 그리고 과학자들의 모토가 되어야 한다. 이런 이유로 자유대학은 세속적인 정부의 권위와 세속 학문의 오만함으로부터 자유해야 한다. 자유대학은 모든 지혜와 지식이 숨겨진 보고인 하나님 한분께만 복종해야 한다."

카이퍼는 주간지 '드 헤르아우트'지에 연재한 기사를 주제별로 모아 출간했다. 이 책들의 제목은 「성령의 사역」, 「도르트 총회의 소원에 따라」, 「하나님의 천사들」, 「일반 은총」, 「우리의 예배」, 「왕을 위하여」, 「완성에 관하여」 등이다.

서재에서 집필중인 카이퍼

그는 보통 밤 9시부터 12시 30분까지 편한 복장을 한 채 연구에 몰두하곤 했다.

둘째 아들 프레드릭이 미국으로 유학가기 전 기념으로 찍은 사진.
아내와 5남 3녀의 가족과 함께(1886년)

10. 세상의 소금: 카이퍼와 사회 문제

시대의 필요

지금까지 카이퍼가 교회 지도자, 정치인, 언론인 그리고 교수로서 얼마나 굉장한 활동을 해왔는지 살펴보았다. 그가 다방면에서 얼마나 열정적으로 일했는지 살펴보면서 우리는 놀라지 않을 수 없다. 사실 카이퍼가 진정으로 원했던 것은, 이러한 굉장한 활동이 아니라 단지 신학을 공부하고 공부한 결과물을 널리 알리는 것이었다. 그러나 우리는 카이퍼가 주로 자신의 노력을 통해 1891년 암스테르담에서 열린 '제1차 기독교 사회적 회의First Christian Social Congress'에서 창립연설을 하는 것을 보게 된다.[1]

그날 행했던 연설문을 오늘날 읽어 보더라도 카이퍼가 얼마나 광범위하게 공부했는지 우리는 그 박식함에 놀라지 않을 수 없다. 카이퍼는 신학뿐 아니라 사회학에 대한 조예도 깊었다. 카이퍼는 로마 가톨릭 저자 가운데 사회 문제를 다루었던 최고의 학자들에게도 자문을 구했을 뿐 아니라 이 분야를 전공한 영미권의 작가들, 심지어 마르크스와 엥겔스까지 두루 섭렵했다. 누구보다도 분주했던 카이퍼였지만, 사회 문제에 대한 그의 관심을 제한할 수는 없었다.

카이퍼는 이것이야말로 시대적 필요라고 확신했다. 우리는 이미, 국회에서 행한 첫 연설에서 사회적 약자들을 위해 강력히 변호했던 카이퍼를 살펴보았다. 카이퍼는 노동자와 여성 그리고 어린이들을 위해서 목청을 높였다. 그는 또한 자신의 자녀들을 하나님의 언약의 자녀로 교육시키기 원하지만 이를 위한 비용을 감당할 수 없는 부모들의 편에 서 있었다.

상황이 특별히 나아진 것은 없었다. 자유주의 수상이었던 판 하우턴이 1874년에 어린이 노동을 금하는 법을 제정했지만, 1886년에 실시된 공공 조사에서 많은 기업들이 이 법을 교묘히 피해 가고 있음이 밝혀졌다. 문제는 이것이 통제되고 있지 못하다는 사실이었다. 카이퍼는 1889년에 수공일에 대한 책자를 출간하여 이러한 조사 결과에 대해서 대응했다.[2] 이 책자에서 카이퍼는, 비록 정부의 통제가 요구되지만 그것만으로 충분하지 않음을 밝혔다. 노동자들 스스로 어떠한 방식으로든 조직을 구성하여 자신들의 권익을 위한 목소리를 내야 한다는 것이었다.

사회주의의 바람이 동시에 저개발국에서부터 발흥하기 시작했다. 네덜란드 사회주의-무정부주의자의 지도자였던 도멜라 니우언하의스Domela Nieuwenhuis는, 암스테르담에서 카이퍼가 사회적인 회의를 개최하던 해였던 1891년에 브뤼셀에서 열린 국제 사회주의 회합 모임에 참여했다. 니우언하으스는 서부유럽 모든 지역의 청년들에게 군 복무를 거부하도록 요청했다.

카이퍼는 그 당시의 이러한 분위기를 잘 알고 있었다. 카이퍼는 노동 문제에 대한 해답은 오직 그리스도에게 순종함으로 얻어질 수 있다는 사실을 확신했다. 그래서 그가 암스테르담에서 회의를 개최했던 것이다.

상황

카이퍼의 견해에 따르면, 그 시대의 가장 고통스러운 사회적 실재들은 프랑스 혁명을 일으켰던 사상들의 결과였다. '사회적 문제와 기독교'라는 제목으로 열린 회의의 기조연설에서, 카이퍼는 어떻게 이러한 사상들이 널리 퍼지게 되었는지 설명했다.

프랑스 혁명은 세속 권력들의 절대주의의 타락과 교회 권력의 부패에 대한 반작용이었다. 프랑스 혁명은 제3계급들이 자유할 수 있도록 시도했다. 그러나 그들이 추구했던 자유는 전적으로 인본주의적이고 개인주의적인 것으로 귀결되고 말았다. 인간 이성의 권위가 하나님과 하나님의 말씀의 권위를 대체했다. 하나님의 언약을 기반으로 하나님에 의해 창조된 유기적인 연합과 사회적 유대는, 자율이라고 하는 가치와 개인들의 이기심으로 대체되고 말았다.

결과적으로 세 가지 양상으로 드러나게 되었는데, 깊은 사회적 필요, 사회 민주화 운동의 확산, 그리고 매우 성가신 사회적 문제였다. 이러한 필요들이 발생하게 된 것은, 사람들이 영적인 만족을 누리지 못하게 되자 물질적인 것들에 대해 갈구하게 되었기 때문이다. 삶을 위한 투쟁은 돈을 위한 투쟁이 되었다. 부유한 중산층은, 모두를 위한 자유라는 슬로건 아래 프롤레타리아 계층을 향한 인간의 마음이 얼마나 단단하게 굳어 있는지를 여실히 보여주었다.

이에 반응하여, 사회 민주주의자들은 프랑스 혁명이 약속한 평등이 결코 실현되지 않았음을 지적했다. 그들이 예견하기를, 억압받는 계층이 그들이 빼앗긴 것들을 무력을 통해 갈취하게 될 것이며, 혁명을 통해 약속의 땅으로 인도될 것이라고 보았다.

본질적인 문제에서 사회 민주주의자들은 자유주의자들과 크게 다른 입장을 취하지 않았다. 자유주의자들처럼 그들은 하나님의 주권을 인간의 주권으로 바꾸었다. 더욱이 그들은 본질적인 삶의 통일성을 부인했다. 그들은 그들의 시대 상황이 불공평하다는 사실을 잘 인식하고 있었기에 급진적인 입장을 취하고 계급투쟁의 복음을 설교했다. 그들은 사회 문제가 무엇인지 파악하는 데는 옳았지만, 그들이 제시한 해결책은 옳지 않았다.

그 시대 대부분의 그리스도인들은 무언가를 말하는 것에 대해서 두려워했다. 그들은 하나님의 섭리 가운데 그들이 현재 살아가는 삶에 만족해야만 한다고 확신했다. 또한 그들은 하위 계층에 의한 혁명을 원하지 않았다. 그들은 정부가 노동 문제에 적극적으로 개입해서는 안된다는 입장을 견지했다. 사회적 회의social congress가 시작되기 두 달 전에, 한 보수적인 그리스도인이 카이퍼에게 다음과 같은 편지를 썼다.

> 저는 정부가 현재의 노동시장에서 규제를 강화해야 한다고 생각하지 않습니다. 주 정부의 법에 따라 사람과 관련해서는 최대한 작게 규제되어야 합니다. 종교, 노동 의무, 인간애라고 하는 이 세 가지 요소들이 고용주와 노동자의 관계를 규정하게 해야 합니다. 법은 항상 자유를 제한합니다. 특별히 산업과 상업의 영역에서 더 위험한데, 규제는 노동자 자신들에게도 위험하기 때문입니다.[3]

이것이 옛날이나 지금이나 개인의 자유와 각 기업들의 권한을 옹호하는 마음이 넓은 그리스도인들이 일반적으로 어떠한 정부의 규제라도 극구 반대하는 이유이다. 카이퍼는 이 편지를 보낸 사람의 의견에 동의하지는 않았지만, 그렇다고 권세 있는 정부가 법과 규제로 이 문제를 해결하는 것이 이상적이라고 생각하지도 않았다. 그렇다면 카이퍼는 어떻게 했을까?

제1차 기독교 사회적 회의

암스테르담에서 1891년 11월 9-12일에 발족된 제1차 기독교 사회적 회의는 한 가지 이유 이상으로 그 중요성을 인정받게 되었다. 이것이 중요한 이유는, 무엇보다 고용자와 노동자를 포함한 많은 사람들이 참석했다는 점이다(참석자는 500명 이상이었다). 중요하게 언급해야 할 또 다른 한 가지는, 다양한 종류의 모임을 통해 수많은 논의들이 토의되었다는 것이다. 종교, 사회, 정치적 견해에 따른 다양한 종류의 질문들이 제기되었고 밀도 있게 다루어졌다. 또 중요한 것은, 여기에 참석한 사람들에 의해 그 시대에는 급진적이었던 결론들을 도출했다는 것이다. 예를 들어, '파업할 수 있는 권리는 부인되지 않아야 한다', '노사 관계가 결코 정치적 도구로 이용되어서는 안된다', '계약 위반의 부당함에 대해서'와 같은 논제들이 다루어졌다.[4]

그 모임의 하이라이트는 카이퍼의 연설이었다. 굉장히 설득력 있는 논리와 능변으로 카이퍼는 사회 문제를 조직화된 기독교의 중요한 의제로 부상시켰다. "그리스도인들은, 그리스도인으로서 사회적 상황에 대한 책임을 느끼고 문제들을 해결하기 위해 그들이 할 수 있는 모든 일을 해야 한다. 하나님의 말씀을 손에 들고, 우리는 우리의 건강하지 않은 사회를 강력하게 비판해야 한다. 우리는 정부의 도움을 떠나 우리 사회가 하나님의 말씀에 따라 개혁되기 이전에는 결코 쉬지 않을 것이다."[5]

카이퍼가 제시한 해결책은 무엇이었는가? 그는 7가지 근본적인 원리를 제시했다.

첫째, 우리는 보편적 기독교 신앙의 첫 번째 조항—'전능하사 천지를 만드신 하나님 아버지를 내가 믿사오니'—을 주지해야 한다. 카이퍼에 따르면 이 조항은 모든 사회 문제를 지배하는 원리이다.[6] 하나님께서 전 세계를 만드셨고 노동 영역에서 우리가 따라야 할 법을 제시해 주셨다. "우리는 전적으로 하나님께서 그분의 계시를 전하기 위해 자연과 도덕법을 통해 제시하신 이러한 법들에 전적으로 의존한다."

둘째, 우리는 국가의 권위와 사회의 자유를 분명히 구분해야 한다. 국가는 다른 어떤 것보다 높은 권위를 가지고 있는 것이 아니다. 또한 사회도 우상화되어서는 안된다. 국가와 사회는 각자 자기의 고유한 영역의 주권만을 가지고 있다.

셋째, 우리는 인간 사회가 단순히 개인의 집합이 아닌 한 몸임을 인식한다. 하나님께서 한 피로부터 한 언약을 맺으셨다. 인간 타락은 개인적인 것이 아니라 모든 후손들이 함께 타락한 것이다. 이후 하나님께서는 새로운 언약을 맺으셨다. 이러한 모든 요인들이 사회 연합의 응집을 가져오는 것이다.

넷째, 하나님께서는 역사 가운데 하나님께서 일하신다는 이유만으로 우리를 단순히 이 세상에 있는 것들을 그냥 내버려 두어도 괜찮은 무책임한 존재로 만드신 것이 아니다. 불의한 상황 속에서 그리스도인들이 최선을 다해 그 상황을 변화시키도록 하나님께서 부르셨다.

다섯째, 그리스도인들은 이상향을 보장하는 어떤 혁명적인 행동에 가담하지 않아야 한다. 그 대신에 그리스도인들은 사회를 점진적으로 변화시키고 세워 나가야 한다.

여섯째, 우리는 하나님이 모든 만물의 절대적 주인이시기에 가장 부한 사람도 단지 청지기로 부름받았음을 기억해야 한다. 하나님의 말씀은 소유물을 함께 나누는 공산주의를 옹호하지 않을 뿐 아니라 소유권이 신성하다고 선언하지도 않는다. 정말 필요한 것은, 소유물을 얼마나 책임 있게 사용하느냐 하는 것이다. 이런 관점에서 소유물을 관리하고 사용해야 한다.

일곱째, 토지 소유권은 소수의 사람들에게만 국한되어서는 안된다. 왜냐하면 우리는 하나님께서 이스라엘 땅을 모든 지파와 가문들에게 분배했음을 기억해야 하기 때문이다. 카이퍼는 스코틀랜드의 75퍼센트의 땅을 14명의 지주들이 소유하고 있다는 사실을 언급했다. 그 중에 한 명의 지주가 카이퍼 당시에 300명이 거주하고 있는 땅을 구입하면서 그 지역을 자기 자신만을 위한 사냥터로 삼기 위해 거주민들을 내쫓은 사실을 거론했다. 카이퍼가 외쳤다. "당신의 행위를 가슴에 손을 얹고 진지하게 생각한다면, 당신의 이러한 행동이 하나님의 법칙에 반하는 것임을 인정할 수밖에 없을 것이다!"

이 연설에서 카이퍼는 가정생활과 결혼, 그리고 출산에 대한 하나님의 원리들을 또한 언급했다. 카이퍼는 말씀에 따라 "노동자는 그에 합당한 삯을 받아야 하며, 일한 이후에 반드시 쉴 수 있어야 함"을 주장했다. 더 나아가 카이퍼는, 노령에 이르러 더 이상 일할 수 없을 때에도 임금을 계속해서 받을 수 있어야 한다고 언급했다.

결국에, 카이퍼는 사회가 정부에 기대하는 것 이상으로 정부가 사회에 개입해서는 안된다는 사실을 강조했다. 그러나 정부의 가장 본질적인 사명은 공의로운 사회가 되게 하는 것이기에 어떤 특정한 삶의 영역이 다른 영역의 권리를 침해한다면 개입할 수 있어야 함을 주장했다. 이 경우에만 정부가 개입해야 하는 것이다. 일반적으로 노동 문제에서 정부가 직접 개입해야 함을 주장한 것은 아니었다. 그래서 카이퍼는 실제로 이 문제를 해결하기 위해 자발적으로 고용주와 고용자들을 포함하는 노사 조직을 만드는 것이 최선이라고 보았다. 그 후에 정부는 노동법을 발효시킴으로 이러한 조직을 보호하고 조직할 수 있어야 하는 것이다.

시험

"군대 없는 장군"이었던 흐룬 판 프린스떠러가 죽은 지 25년이 지난 후인 1901년, 카이퍼는 네덜란드의 수상에 취임했다. 수상직을 수행하기 위해 자유대학 총장직은 내려놓았으나, 주간지였던 '더 헤르아우트'지에 기고하는 일은 계속했다. 자신의 인생의 절정기에 선 카이퍼의 나이는 64세였다.

카이퍼는 이제 테스트를 받아야 할 때가 되었다. 그가 가진 정치적·사회적 이상들이 성취될 것인지, 아니면 그의 꿈이 단지 공중에 있는 성들에 불과한 것인지에 대한 테스트였다. 다른 말로 하면, 말씀에 수종 드는 사역자였던 카이퍼가 여왕을 수종 드는 수상으로서 제대로 섬길 수 있는지에 대한 시험이었다.

카이퍼가 수상으로서 수행한 것이 실망스러웠다고 평가하는 경우가 종종 있다. 사실 사회 문제의 입법 활동이라는 측면에서 보면, 추수할 것이 별로 없었다고 보는 것이 틀리지 않은 평가이다. 그러나 앞으로 살펴보겠지만, 카이퍼가 그렇게 활동할 수밖에 없었던 요인들이 존재하는 것 또한 사실이다. 비록 카이퍼는 그가 계획했던 모든 것을 이루지는 못했지만, 그는 여전히 강력하고 유능한 기독교 정치가로 기억되고 있다.

카이퍼가 수상직을 수행하는 동안 가장 중요한 한 가지 정치 사회적 문제가 발생했는데, 그것은 카이퍼가 입법한 법안에 반대하는 1903년의 총파업이었다. 이 사건의 중요성을 이해하기 위해서는 배경적인 이해가 선행되어야 한다.

카이퍼가 수상직을 수행할 때는 한참 사회 민주주의가 발흥하던 시기였다. 급진적이고 심지어 무정부적인 요소들이 이러한 새로운 운동에 포함되어 있었다. 1893년에 초기 사회주의자들이 국가노동사무국을 발족했다. 사무국은 계급투쟁의 분위기를 조성하기 위해 파업을 조장했다. 또한 해안 지역이 파업을 위한 전략적 요충지로 부각되면서, 항만지역의 하역 노동자들의 노동조합을 1900년에 결성했다. 이러한 가운데, 조직 산하에 있는 어떤 기구라도 파업이 시작되면 연쇄적으로 파업에 동참했다. 그들의 궁극적 목표는 사회주의 국가 토대 마련을 위한 총파업이었다.

1903년이 그 시발점이었다. 암스테르담 조선 회사의 파업이 시작되자마자, 즉시 철도 노동자들이 동참했다. 사회주의자들의 지도자였던 트룰스트라Peter Jelles Troelstra가 내건 슬로건은, "모든 기계를 멈추게 하라! 당신의 의지와 충동을 따르라!"는 것이었다. 1903년 2월 3일에 선언문이 발표되었다. 이 선언문은 전국의 모든 철도 노동자들이 신호가 주어지면 즉시 파업한다는 내용을 포함하고 있었다. 이것은 총파업과 더불어 '프롤레타리아 독재' 정권을 창출하는 길목이 될 수 있었다.[7]

심상치 않은 상황이 전개되었다. 정부가 이 상황에서 무엇을 했을까? 2월 24일에 카이퍼 수상은 네덜란드 국회에 3개의 법안을 제출했다. 첫 번째는 공공 근로자들의 파업을 금한다는 것이었고, 두 번째는 필수적인 공무를 방해받지 않기 위해 철도 여단을 파견한다는 것이었으며, 세 번째는 철도 노동자들의 법적 지위와 직업 보장을 조사하기 위한 조사단을 구성하는 것이었다.

카이퍼는 이러한 과감한 조처들에 대해 그의 언론이었던 '드 스탄다르트'지에서 변호한 바가 있었다. 카이퍼는 암스테르담에서 일어난 원래의 파업은 상황을 볼 때 합법적이었음을 인정했다. 그러나 카이퍼는, 철도 노동자들이 파업에 동참하기 시작하면서 원래의 파업은 사회주의자들의 손에 들려진 정치적 무기가 되었음을 지적했다. 카이퍼에게 있어서 이것은 쿠데타의 시작이었던 것이다. 여기서 통제되지 않으면 이러한 파업들은 언제라도 사회주의자들에 의해 일어날 수 있는 것이었다. 이것은 카이퍼가 용납할 수 없는 것이었다.[8] 국회에서 의견을 제출하면서 카이퍼는 이러한 자신의 의견을 피력했다.

> 이 정부의 누구도 반동적인 조처들을 원하지 않습니다. 정부나 의회 모두 우리의 사회 상황을 개혁하는 것을 중지하는 것을 원하지 않습니다. 그러나 결코 이 나라가 타고 있는 배가 우리의 묵인으로 인해 넘어가지는 않아야 할 것입니다. 모든 정당들의 의견들을 조화롭게 반영하여 법의 권위를 강력하게 유지할 것입니다.[9]

카이퍼의 요점은 분명했다. 열악한 노동 환경에 대한 개혁은 필요하지만, 파업이라는 날카로운 무기를 남용할 여지가 있는 계급투쟁은 없어야 한다는 것이었다.

카이퍼의 법안은 절대적인 다수에 의해 환영받았다. 그러나 이 상황이 카이퍼 내각의 입법 활동을 어렵게 만드는 요인으로 작용했다는 것은 분명한 사실이다. 카이퍼의 관심을 끌었던 또 다른 중요한 문제들도 있었는데, 여황의 병환과 이로 말미암은 왕위 승계 문제, 보어 전쟁, 러일 전쟁 같은 것들이었다.

이런 상황 속에서도 카이퍼는 주목할 만한 일들을 성취해 냈다. 카이퍼는 확실히 자신이 "열개의 머리와 백 개의 손"(주요 자유주의 매체인 '알허메인 한델스블라트*Algemeen Handelsblad*'지가

1897년 4월 22일자 신문에서 카이퍼를 묘사한 것이다)을 가진 사람임을 입증해 냈다. 카이퍼가 성취한 업적들 중 몇 가지를 소개하자면, 먼저 초등교육법안(기독교 학교들이 더 많은 정부 보조금을 할당받게 된), 기술고등교육법안(델프트의 유명한 학교가 4년제 종합대학으로 승격된), 자유대학이 다른 대학과 같이 국립대학 지위를 허가받은 것 등이다.

카이퍼의 임기 동안 그가 이룬 작지만 매우 중요한 활동은 미망인과 고아들에게 보여준 관심이었다. 교육을 담당하는 기구들의 대표자 모임에서 교육자들을 위한 연금을 요청하기 위해 카이퍼 수상을 초청했는데, 카이퍼는 그 모임에서 그들에게 이렇게 말했다. "당신들이 요구한 것을 미망인들에도 똑같이 주는 것이 어떻겠소?" 결국 그들이 요구한 바를 받게 되었는데, 여기에는 그들에게 속한 고아원도 포함되었다. 이러한 카이퍼의 정신은 카이퍼가 발의한 노동자들을 위한 보험 법안에도 그대로 드러나는데, 이 법안은 노동자들의 병과 장애, 고령자 미망인을 포함하는 것이었다. 카이퍼는 여성과 청소년들이 산업 현장에서 보호받을 수 있는 법안을 상정했는데, 이 법안은 노동자들의 보상법을 확대한 것이었다.

카이퍼는 확실히 그가 오랫동안 설교했던 것을 실천에 옮기려고 노력했다. 그러나 카이퍼가 수상으로 일할 수 있는 날들은 제한되어 있었다. 사회주의자들이 카이퍼를 미워했고, 자유주의자들은 카이퍼를 공공연한 적으로 간주했다. 그래서 카이퍼가 그의 계획을 완성하기도 전에 그는 1905년의 선거에서 패했다. 카이퍼는 내각에서 물러났고, 자유주의 내각이 세워졌다.

로마 가톨릭 전기 작가인 P. 까스떼일에 따르면, 카이퍼가 패배한 이유는 카이퍼가 정치 문제의 기저에서 반정립antithesis을 만들었다는 사실 때문이라고 지적한다(예를 들면, 기독교 세계관과 인본주의적 세계관의 대립).[10] 카이퍼가 나라를 두 적대적인 진영으로 나누었다고 본 것이다. 이에 대해 카이퍼는, 그가 반정립을 만들어 낸 것이 아니라 단순히 그것을 찾아냈을 뿐이라고 주장했다. 그리스도를 삶의 모든 영역에서 왕으로 모시는 사람들이 있고 한편에는 그렇지 않은 사람들이 있다는 것이다. 그렇지 않은 사람들도 물론 그들의 마음 한편에 그리스도를 향한 마음과 감정을 가질 수도 있지만, 그들은 모든 권세가 그리스도로부터 온 것이라고 고백하지 않는 사람들이다. 다음의 말씀은 여전히 진리이다. "나와 함께 아니하는 자는 나를 반대하는 자요"(마 12:30).

마지막 외침

카이퍼는 수상직을 떠난 지 15년이 되는 1920년에 임종했다. 죽기 2년 전에, 카이퍼는 81세의 나이로 지역 선거 관리회의 대표자들 모임에 참석했다.[11] 이 모임의 대표자들은 그들의 정치적 책임을 잘 알고 있었던 그리스도인들이었으며, 그들은 카이퍼가 속한 정당의 중추적 역할을 담당하는 사람들이었다.

카이퍼는 이 모임에서 늘 해왔던 것처럼 같은 톤으로 그의 유명한 '대표연설'을 했다. 카이퍼는 1918년 모임을 위한 연설을 준비했지만, 81세의 고령으로 그 연설을 할 만한 건강이 허락지 않았다. 그래서 그의 연설문은 인도네시아 전 총독이자 카이퍼의 절친한 친구였던 이덴뷔르흐Idenburg에 의해 대독되었다.

이 연설은 카이퍼의 마지막 외침이었다. 이 연설은, 여전히 뛰어나지만 노령으로 인해 약해진 노인 카이퍼의 연설이었다. 그러나 여전히 한 가지만큼은 분명히 드러났다. 그것은 바로 **사회** 문제를 해결하는 것의 중요성에 대한 강조였다.

그 연설의 제목은 '그렇다면 지금은?'이었다.[12] 이 질문을 던진 데는 적어도 세 가지 이유가 있었다. 우선, 제1차 세계대전의 종전이 가까웠다는 것이다. 전쟁을 통해 특별히 경제적인 문제에서의 주된 문제가 가시화되었다.

두 번째 이유는, 볼셰비키주의가 러시아를 점령하기 시작했다는 것이다. 카이퍼는 소련의 공산주의가 프랑스 혁명의 자코뱅주의보다 더 나쁘다고 선언했다. 공산주의가 1789년에 내건 슬로건은 '하나님도 없고 주인도 없다'였다. 1917년에 하나 더 추가되었는데, '하나님이 세운 질서로부터의 자유, 법과 질서로부터의 자유'였다. 그들은 국가에 대한 지배력을 오직 전제주의적인 엘리트주의에 의해서만 유지할 수 있었다.[13] 이것이 이 시대의 표적이었다.

세 번째 이유는 학교 문제가 해결되었다는 것이다. 카이퍼가 전 생애에 걸쳐 투쟁했던 주요한 문제가 완벽한 승리로 끝나게 되었다. 자유로운 기독교 학교가 정부에 의해 지원받게 되었을 뿐아니라, 공립학교와 완벽하게 같은 지위를 가지게 되었다. 이것은 정말로 위대한 승리였다. 그러나 고령의 카이퍼는 이제 이렇게 물었다. 그렇다면 지금은? 우리 정당이 겨우 기독교 학교들의 법적인 평등을 위해 존재한다는 말인가? 우리는 이 세계에 일어나는 격렬한 문제들을 전문가들에게 맡기고 떠날 수 있는가? 우리에게 여전히 해야할 일이 남았는가?

카이퍼는 자신이 던진 질문에 대해, 그리스도인들이 계속해서 사회 문제에 대한 해결책을 제시해야 함을 자신이 강조할 수 있는 최고의 어조로 강조했다. 카이퍼는 노동자들이 지난 50년 전보다 더 나은 환경에서 일할 수 있게 되었다는 사실을 지적했다. 노동자들의 교육 여건은 훨씬 나아졌다. 기독교 노동조합들은 그리스도인 노동자들 가운데서 분명한 통찰력과 위대한 능력들이 발견될 수 있음을 입증해 보여주었다.

이러한 기독교 조합들은 그들 계층의 이익만을 위해 일해서는 안된다. 그들은 단지 사회적인 의미에서뿐 아니라 삶의 모든 분야를 세워 나가기 위해서 모든 동료 그리스도인들과 협력해야 한다. "수원지에서 흘러나오는 물은, 가족, 사회, 그리고 정치 등 모든 분야를 풍성하게 해야 한다."[14] 그리고 이 모든 일은 하나님의 영광을 위해 이루어져야 한다. "이것이 우리 힘의 시작점이며, 우리 모두의 신성한 영감과 노력으로 끝까지 유지되어야 한다."

11 교수로서의 카이퍼

"내 사랑하는 아이"

위의 제목은 카이퍼가 그의 학생들을 지칭할 때 주로 쓰는 표현이었다. 카이퍼 밑에서 공부했으며 독일인에 의해 1944년 9월 12일에 죽은 페르베르다Taeke Ferwerda 목사가, 후대를 위해 이에 관한 자세한 이야기를 기록했다. 그 학생들은 카이퍼 교수를 존경했으며 흠숭했다. 사실 그들은 카이퍼를 매우 특별한 애정을 가지고 사랑했다.

카이퍼는 히브리어 기초를 그들에게 가르쳤다. 또한 그는 미학 이론의 원리를 가르쳤다. 카이퍼 스스로 언어의 예술가였다. 카이퍼는 칼빈주의와 예술 사이의 관계를 지적하는 데 신중한 모습을 보였다(이 주제에 대해서는 그의 책 「칼빈주의 강연」 5장을 참조하라). 카이퍼는 교리를 가르칠 때면, 하나님의 영원한 경륜과 하나님의 영광을 언급하며 시작했다. 그는 구원의 모든 부분들 사이의 연결성을 보여주고자 했다.

카이퍼는 또한 어떻게 설교할 것인지에 대한 가르침을 주는 설교학을 교수했다. 이 수업을 통해 학생들은 카이퍼와 개인적인 접촉을 가질 수 있었다. 학생들은 한 사람씩 카이퍼로부터 성경 본문을 받은 다음, 한 주 후에 그 본문을 기초로 한 설교 원고를 가지고 카이퍼의 집에 나타나야 했다.

학생들이 카이퍼의 집을 방문하면, 카이퍼는 십 분 동안 집중해서 학생이 준비해 온 설교 원고를 읽고서, 아버지가 자녀를 훈계하듯이 그 학생에게 말하곤 했다. 그의 학생 중 한 명이었던 페르베르다의 이야기를 들어 보자.

내 사랑하는 아이야, 설교 구조를 너무나 잘 짰구나. 전체적으로 잘 조직되었고, 논리적으로도 자연스럽게 연결되고, 그 자체만 놓고 보면 조금의 부족함도 찾아볼 수 없구나. 하지만 애야, 너는 이렇게 설교해서는 안 된단다! 너는 내가 설교문을 작성하거나 묵상문을 기록할 때 어떻게 하는지 알고 있지 않니? 처음에 나는, 본문이 말하고 있는 바를 염두에 두면서 생각을 확장시켜 나간단다. 그러고 나서 그 생각들을 예리하게 직면해 보면, 내 마음속에서 나 자신에 대해 항의하는 음성을 들을 수 있단다. 그때 나는 하나님의 말씀 앞에서 그 음성이 잠잠하게 될 때까지 씨름하게 된단다. 이런 설교가 항상 완벽하게 논리적이지는 않아. 때로는 여기저기서 일관적이지 않은 것을 발견하게 되기도 하지. 그래도 사랑하는 아이야, 그제야 너는 설교를 시작할 수 있는 거란다.[1]

카이퍼 교수는 교회의 신앙고백의 충실한 수호자였다. 그리고 카이퍼 당시 교회의 상황은 카이퍼가 강력한 신앙고백적 관점을 견지했어야 함을 잘 설명해 준다. 카이퍼는 하나님의 생각에 대한 반영으로서의 교회 교리의 아름다움을 보여주려고 시도했다. 그러나 그는 교조주의자가 아니었으며 주지주의자도 아니었다. 설교자로서 카이퍼는 가슴으로부터 오는 음성을 듣고 싶었다. 설교를 통해 드러나야 하는 것은, 그 설교자가 하나님과 함께 씨름한 흔적이어야 한다. 이것이 그의 학생들이 그를 사랑했던 이유 중 하나였다. 페어베르다의 말에 다시 귀를 기울여 보자.

카이퍼가 강의할 때, 학생들은 그가 강의하는 내용뿐 아니라 강의하는 모습을 통해서 자극받기 일쑤였다. 카이퍼는 살아 있는 에너지의 원천인 것처럼 보였다. 카이퍼가 학생들에게 교리를 가르칠 때, 그는 단순히 지식의 한 단편을 늘어놓거나 하지 않았다. 그것은 분명히 **살아 있었다**. 우리 마음속에 떠올랐던 문제는, 어떻게 그 문제를 피하느냐가 아니라 정사각형의 빠져나갈 수 없는 실체와 대면하는 것이었다. 그것은 매우 흥미진진한 과정이었다. 최종 결론은 항상, 단순히 문제가 해결되는 것을 추측하거나 하는 것이 아닌 하나님의 방법으로 귀결되었다. 위대한 사상가였던 카이퍼는 언제라도 하나님의 말씀 앞에 겸손히 엎드리는 어린아이로 남아 있었던 것이다.

카이퍼가 어떻게 강의했는지 보여주는 좋은 예는 예정 교리를 어떻게 다루고 있는지 살펴보는 것이다. 앞에서 말한 바와 같이 카이퍼는 타락 전 예정설자인데, 이로 인해 비판을 받았다.[2] 타락 전 예정설은 이와 반대의 입장을 가진 타락 후 예정설과 더불어 개혁주의 신학자들에 의해 도르트 신조 시기(1618-1619년) 이전에 격렬하게 논의되어진 바 있다. 이 두 견해의 차이는 무엇인가? 양쪽 모두 성경이 하나님의 무조건적인 예정을 가르치고 있다는 사실을 인정했지만, 그들은 예정의 대상에 대해 다른 견해를 가지고 있었다. 예정의 **대상**이 인간인가 아니면 **타락한** 인간인가? 다른 말로 하면, 하나님께서 택자를 타락 **전**(세상을 창조하실 때)에 선택하셨는가? 아니면 타락한 **이후**에 선택하셨는가? 도르트 신조는 타락 후 선택의 입장을 취했다.[3] 그러나 그렇다고 해서 타락 전 선택설을 택한 자들을 정죄하지는 않았다(이 두 가지 견해의 차이를 구분하고자 하는 사람은 누구라도 이것이 단지 사소한 견해의 차이임을 인정해야 하며, 조직 신학과 관련된 문제가 아니라 요한계시록 13:8과 에베소서 1:4의 해석과 관련된 문제라는 사실을 이해해야 한다).

카이퍼의 견해를 그의 전체적인 신학적 입장에서 판단할 때, 우리는 그를 타락 전 선택설자라고 불러야 한다. 카이퍼는 항상 하나님의 절대 주권을 강조했다. 그러나 그의 스승이었던 스콜턴과 달리 카이퍼는 결정론자는 아니었다. 카이퍼는 이러한 문제들에 있어서 우리 지식의 부적합성을 강조했다. 그래서 카이퍼는 타락 전 선택설과 타락 후 선택설 양자 모두, 죄에 빠지게 된 것에 대한 책임은 전적으로 인간에게 있지만, 다른 한편으로 타락이 하나님의 영원한 경륜을 성취하는 것이라고 하는 신비를 완전히 설명할 수 없다고 주장했다.

> 핵심은 우리가 두 가지를 분명히 구분해야만 한다는 것인데, 이 둘은 우리에게 계시된 것이기에 우리가 설명할 수 있는 것이고 우리의 이해력을 뛰어넘는 것이기에 우리가 설명할 수 없는 것입니다. 그리고 나서 모든 신자들은, 하나님의 영원하신 선한 경륜과 인간의 타락과의 연관성은 인간이 이해할 수 없는 것이라는 확신 가운데서 굳게 서야 합니다. 만약 우리가 하나님의 예정으로부터 인간의 타락으로 논리적으로 이동하게 되면 인간에게서 더 이상 **죄의 책임**은 사라지게 됩니다. 그러나 만약 우리가 인간의 타락으로부터 하나님의 예정으로 논리적으로 이동하게 되면 우리는 우리의 하나님을 잃어버리게 됩니다. 이 문제를 해결하기 위한 모든 방식들은, 우리의 죄책감을 약하게 하거나 아니면 하나님의 완전성과 자존성이라는 우리의 신앙고백을 약하게 만드는 것으로 귀결되고 말았습니다.[4]

학생들은 카이퍼의 강의를 들으며 자주 감동을 받곤 했다. 카이퍼의 학생 중 한 명은 후대에 깜뻰 신학교의 교수가 된 호너흐 A. G. Honig였다. 그의 박사 학위 논문에서 호너흐는 카이퍼의 강의에 나오는 루터와 칼빈의 성경 영감론을 비교했다. 호너흐는 하나님께 감사하지 않을 수 없었다. "……하나님께서 그분의 은혜로, 참으로 인간적인 모든 것을 존중하고, 미학, 문학, 과학, 교회, 그리고 사회 분야에 있어서 개혁자가 된 당신 같은 사람을 칼빈주의 네덜란드에 주셨기 때문에 [감사드립니다]."[5] 또 다른 카이퍼에 대한 찬사는 아브라함 카이퍼 2세Abraham Kuyper Jr.로부터 온 것이다. 그는 논문을 소개하면서 다음과 같이 말하고 있다.

> 당신의 교리문답 교육을 통해 칼빈주의가 내 마음속의 사랑으로 자리 잡은 지가 오래되었습니다. 그리고 당신의 학문적인 가르침으로 인해 그 사랑이 절정에 이르렀습니다. 하나님께서는 당신을 우리 시대에 칼빈주의 재생자로 삼는 은혜와 영광을 허락하셨습니다. '오직 하나님께 영광'은 언제나 당신의 모토였습니다. '삶의 모든 영역에서의 하나님의 영광'은 당신이 언제나 제자들에게 강조하셨던 것이었습니다.[6]

학생 만들기

학문의 성격과 방법이 어떠해야 하는지 특별히 강연한 두 연설을 소개하고자 한다. 첫 번째 연설은 1889년에 '스콜라주의 혹은 참된 학문의 비밀'이라는 수업을 시작하면서 행한 것이다. 이 연설에서 카이퍼는, 진정한 학문은 그것이 하나님과 인간에게 연관되어 있다는 사실로 인해 특징지어진다고 선언했다. 진정한 학생은 하나님의 창조의 광산에서 금을 캐는 광부와 같다는 점에서 하나님과 관계된다고 설명했다. 그리고 인간과 관계된다는 것은, 학문의 결과물들이 반드시 인류를 섬겨야 하기 때문이라고 했다.

진정한 학생이 되기 위해서는 오직 한 가지 방법밖에 없다. 특별히 신학생을 위해 개설된 '학문의 방법'[7]이라는 수업에서, 카이퍼는 그가 마음에 두고 있는 청사진을 제시했다. 카이퍼는 세 가지 조건을 설명했다.

첫째, **영적** 조건은 중생과 거듭남이다. 중생의 여부는 매일의 삶에서 마음과 삶이 하나님께 얼마나 향하여 기울어지는지를 통해 명백하게 드러난다.

둘째, **윤리적** 조건은 복종과 인내와 절제의 삶이다. 요약해서 말하면, 그리스도께 대한 무조건적인 복종이다. 카이퍼는 어떤 어려움 속에서든지 꾸준한 인내와 더불어 기도 가운데 자신을 부인하며, "내 뜻이 아니라 주님의 뜻이 이루어지기를" 바라는 마음이 있어야 함을 요청했다.

셋째, **지성적인** 필요조건이 있다. 우선적으로 독일에서 김나지움으로 불리는 라틴어 학교를 졸업해야 하며, 고대 언어, 역사, 그리고 철학에 대한 2년간의 준비 과정을 거쳐야 한다. 카이퍼는 그 이후 4년 동안 신학 연구를 집중적으로 광범위하게 해야 함을 요청했다.

카이퍼는 1900년에 대학에서 또 다른 과목을 개설하면서 '스콜라주의'라는 연설을 했다. 이 연설의 부제는 '추구 혹은 발견하기 위하여'였다. 카이퍼는 독일의 철학자 레싱G. E. Lessing(1729-1781년)이 근대주의 신학에 미친 영향력을 잘 알고 있었다. 레싱은 다음과 같은 유명한 말을 남겼다. "진리를 발견하는 것이 아니라 추구하는 것이 진정한 학문의 목적이다."

카이퍼는 이 연설에서 추구하는 것에서 얻을 수 있는 굉장한 즐거움을 인정했다. 그는 운동선수와 사냥꾼과 어부들이 추구하는 것을 즐긴다는 것을 지적했다. 그러나 카이퍼가 선언하기를, 추구하는 것은 발견에서 오는 성취가 없으면 공허하고 의미가 없는 일이 될 수가 있다는 것이었다. 목마른 사람은 샘을 발견했다는 것만으로는 만족할 수 없고, 갈증을 가시게 하기 위해 반드시 그 물을 **마셔야** 하는 것이다.

카이퍼는 그 연설을 몇 가지 원칙들을 제시함으로 마무리했다. 첫째, 우리가 이미 가지고 있는 것은 추구하지 말아야 한다는 것이었다. 다른 말로 하면, 우리의 눈이 보고 우리의 감각이 경험하는 그 모든 것을 의심하라는 데카르트의 충고를 따르지 말아야 한다는 것이었다.[8]

두 번째, 다른 사람들이 이미 발견한 것들을 추구하지 말아야 한다. 이것은 우리가 역사로부터 시작해야 함을 의미한다. 역사를 살펴봄으로 하나님께서 선인들에게 이미 주신 일들을 평가하고, 시대의 계승이라는 측면에서 우리의 위치를 찾아야 한다는 것이다.

세 번째 전제는, 하나님께서 이미 주신 것, 곧 그분께서 거룩한 말씀을 통해 우리에게 이미 계시해 주신 진리를 추구하지 말아야 한다는 것이다. 말씀이 모든 과학적 가르침의 기초가 되어야 한다.

철학

엄격하게 말해서 카이퍼는 철학자는 아니었다. 다시 말하면, 카이퍼는 인생의 깊은 문제들을 숙고하기 좋아하거나 우주와 인간의 마음속 깊은 곳에 숨겨진 것들을 사색하는 현자는 아니었다. 오히려 그는, 그가 자주 언급했던 것과 같이, 교회와 국가 그리고 사회 곧 모든 삶의 영역에 있어서 행동하는 행동가에 가까웠다.

학문적으로 말하자면, 교회사와 조직 신학 분야에서 탁월한 역량을 발휘한 신학자였다. 그러나 그의 재능은 보편성을 띠고 있었다. 그는 어떤 특정한 한 영역에만 특수한 관심을 보이지 않았다. 그는 모든 세계를 그의 학생들에게 "영광스러운 하나님의 작품의 극장"으로 제시하기를 즐거워했다.

이런 관점에서 그는 진정한 칼빈주의자였다. 칼빈은 다음과 같은 말을 남겼다. "자연이라는 이 지극히 영광스러운 극장에 관객으로 앉아 하나님의 역사하심을 두 눈으로 진지하게 바라보는 것도 좋겠지만, 하나님의 말씀에 귀를 기울이는 것이 더 큰 유익을 얻게 해주는 것이다."[9]

카이퍼가 가장 관심을 기울였던 학문적 주제 가운데 하나는 '신학의 백과사전'이었다. 더 넓게 보면, 카이퍼의 관심은 학문적 사고방식의 유기적 구조와 관련해서, 그에 상응하는 유기적 구조의 실제가 설명되어지는 "학문의 백과사전"이라 불릴 수 있다. 이러한 주제에 대한 강의의 결과물은, 세 권으로 된 그의 역작 「신학백과 *Encyclopaedie der Heilige Godgeleerdheid*」에 기록되어 있다.

첫 번째 부분에는, 인류가 특별히 신학적 지식을 조직화하기 위해 기울였던 모든 종류의 노력들을 역사적으로 개관하고 있다. 두 번째 부분에는, 카이퍼가 지식에 대한 자신의 고유한 이론을 제시하고 있다. 그리고 세 번째 부분에서 그는 신학의 유기성을 체계적으로 묘사하고 있다.

왜 그렇게 과학적 지식이 중요한가? 과학의 궁극적 목적은 창조물로 표현된 하나님의 생각들을 찾아내고 재고하는 것이기 때문이다. 어떻게 이러한 일이 가능한가? 인간은 우주의 축도처럼 하나님의 형상으로 창조되었다. 인간 존재의 모든 것은 우주와 전적으로 연관되어 있다. 그리고 이것은 인간이 우주라는 개념을 가질 수 있음을 보여주는 것이다.

자연을 연구하는 것은 결코 불필요한 일이 아니다. 우리는 모두 하나님을 영화롭게 하기 위해서 부르심을 입었고, 창조물의 구조를 탐구해 나가기 위한 과학적인 능력을 하나님으로부터 특별히 부여받았기 때문이다. 이 과정을 통해 그들은 인간의 사상과 언어로 그들이 발견한 하나님의 위대함을 표현한다.[10]

하나님께서는 본래 전체적으로 잘 조직된 하나의 우주를 만드셨다. 죄로 말미암은 왜곡에도 불구하고 우리는 여전히 자연의 법칙을 말할 수 있다(카이퍼는 이러한 법들이 자연에 의해서 주어진 것이 아니라 자연에게 주어진 것이라고 강조한다). 하나님께서는 자신의 사역을 일반 은총을 통해서 보존하시고 특별 은총으로 그들을 구원하신다.

하나님의 계시 안에 다양한 통찰의 양상이 존재하듯이, 학문의 각 분야에도 사상의 다양한 갈래가 존재한다(카이퍼는 이를 설명하면서, 로마 가톨릭, 그리스 정교회, 루터파, 그리고 칼빈주의의 상이한 사고방식에 대해서 반복적으로 지적한다). 상이점의 한편에서 우리는 규범주의자normalist들을 발견하고, 또 다른 한편에서는 변칙주의자abnormalist들을 발견한다. 규범주의자들은 우리가 사는 우주에서 전 인류들이 함께 따라야 할 규범과 자연적인 과정을 유지하는 사람들이다. 카이퍼는 다음과 같이 설명한다.

그들은 자연이 허락한 것을 넘어서기를 거부한다. 그들은 그들이 모든 현상들에 대한 동일한 근본적인 설명을 발견하기 전까지 포기하지 않는다. 그들은 항상 원인과 결과에 대한 논리적 귀결만을 찾는다. **형식적으로** 말하면, 그들은 어떤 종류의 신앙을 가지고 있는데, 이 신앙은 그들 각자가 양심이 규범이라고 여기는 내용에 관한 것들에만 한정될 것이다. **실질적으로** 말하면, 그들은 창조를 믿는 것이 아니라 시작과 끝도 없는 진화론을 믿는다. 어떠한 종種이라 하더라도, 심지어 호모 사피엔스라도, 그들 고유의 기원을 가지고 있지 않다. 각자는 자연적인 법칙 안에서 순환하면서 하등에서 고등한 종으로 발전해 온 것이다. 기적이라고 하는 것이 불가한 것은, 자연 법칙이 끊임없이 지배하고 있기 때문이다. 죄라고 하는 것은 없으며 단지 하등 종에서 고등 종으로 진화하는 발전만이 있을 뿐이다. 성경은 인간의 관점에서 논리적으로 설명할 수 없는 부분을 제거한 후에야 존중되어질 수 있다. 그리스도는, 모든 것이 이스라엘 사람의 산물이라는 관점에서만 높임받을 뿐이다. 하나님이 존재하거나 혹은 절대자가 존재할 가능성은 있지만, 오직 불가지론의 방법으로 모든 가시적인 것들 사이에 숨어 계시거나, 불가지론의 방법으로 모든 존재하는 사물들 안에 존재하거나, 범신론적인 방법으로 모든 존재하는 것들 안에 존재하거나, 인간의 영혼을 반영하는 하나의 이상에 지나지 않는다.

이것이 그 시대를 선도하던 학자들이었던 규범주의자들을 카이퍼가 간략하게 묘사한 것이다. 그렇다면 변칙주의자들은 어떤 사람들인가?

변칙주의자들은 제한된 진화가 있다는 사실을 부인하지는 않지만, 창조에 대한 그들의 믿음으로 진화론을 도저히 인정할 수 없는 사람들이다. 그들은 인간이 진화되지 않은 종이라는 굽힐 수 없는 생각을 고수하는데, 그것은 하나님의 형상이 인간에게 반영되어 있다고 믿기 때문이다. 죄가 원래 인간의 종의 무죄한 상태에서 침입해 들어와, 인간은 하나님을 향해 범죄하게 되었다. 그러므로 재창조만이 변칙 상태에 있는 인간을 회복시킬 수 있는데, 그것은 곧 기적이 필요하다는 것을 의미하는 것이었다. 하나님께서 자기 자신을 우리에게 주실 때 허락하신 중생의 기적, 성경의 기적, 그리스도의 기적이 필요하다.[11]

우리는 카이퍼가 중생을 인간이 진정한 학자가 되기 위한 전제조건이라고 단정했다는 사실을 살펴본 바가 있다. 그러나 현실에서는 카이퍼가 주장한 정반대의 입장이 삶의 전 분야에 작용하고 있음을 살펴보았다. 이제 우리는, 카이퍼가 이러한 용어들을 자신만의 전문 용어가 아니라 피할 수 없는 현실을 위해서 세운 것이라고 자기의 학생들에게 분명히 밝혔음을 볼 수 있다.

신학

카이퍼는 자신만의 독자적인 신학을 전개해 나갔는가? 이 질문은 간단하게 예나 아니오로 답변할 수 없다.

카이퍼가 새롭거나 독특한 신학을 발전시키려고 의도하지 않았다는 것은 분명하다. 수차례 카이퍼는 자신은 단지 모방자에 불과하다고 밝힌 바 있다. "저는 독창적이지 않습니다. 저는 모방자에 불과합니다. 제가 신학을 가르치고 정치적 활동을 하면서 목표로 하는 것은, 단순히 칼빈과 그의 동료들이 추구했던 것을 그대로 모방하여 제시하는 것입니다."[12]

카이퍼가 진정으로 원했던 것은 개혁주의 전통에 서 있는 신학자가 되는 것이었다. 카이퍼가 수년 전에 언급한 것이다.

> 우리가 새로운 사조와 학파들을 발견한다 하더라도 우리는 새로운 것을 덧붙이지 않을 것이다. 어떠한 종류의 새로운 당파와 파벌들은 우리의 영적인 삶에 유해한 것이다. 우리들은 기본으로 돌아가야만 한다. 그제야 비로소 그리스도의 교회가 더욱 가시적이 될 것이다. 우리는 1750년까지 고백된 신앙의 선조들의 교리로부터 나온 가장 안전한 길을 가고자 한다. 그 길은 가장 건강하며 견고한 지식으로 꾸며진 길이다. 우리의 가정에서, 개인적인 묵상에서, 우리의 학교에서, 그리고 기도의 집에서 이 길을 따라야 한다.[13]

그 해의 미국의 한 언론매체를 통해 헤르만 바빙크는 카이퍼의 신학에 대해 같은 입장에서 다음과 같이 기고했다.

> 모든 종류의 변증을 피하면서 카이퍼 박사는 자신의 이론을 전개시켰다.[14] 카이퍼는 자신의 입장을 신앙 밖에서가 아니라 신앙 안에서 세웠다. 그는 곧바로 그 자신의 기초를 무오한 성경과 개혁주의 신앙고백에 두었다. 카이퍼의 무기는 믿지 않는 적들을 향한 것이 아니라, 우리 안에 있는 비정통주의자들을 향했다. 카

이퍼가 주필로 있었던 '드 헤르아우트'지는 끊임없이 정통주의 관점의 확립을 통해 개혁주의 신앙고백을 떠난 모든 사상들의 허구를 보여주었고, 그것들의 파괴적인 경향성들을 보여주었다. 결과적으로 판 오스떠르제이와 드 라 소세이를 따르는 사람들은 카이퍼와 더욱더 멀어지게 되었다.

반면 개혁주의 교리들의 소중함을 인식한 카이퍼는, 정통 개혁주의의 부흥을 가져왔다. 카이퍼에게는 칼빈, 푸치우스, 꼼리에 의해 그어진 선이 가장 정확히 개혁주의 신학의 정수를 보여준 것이었다. 카이퍼가 부흥시킨 개혁주의 교리들의 특징을 한 마디로 하면, 곧 모든 것이 하나님으로 말미암았고 모든 것이 하나님께로 돌아간다는 것이다. 그래서 카이퍼 박사는 모든 교리들이 그것의 깊은 뿌리와 내적 관련성을 거룩한 예정 교리에 두기까지 만족하지 않았다. 카이퍼는 결코 표면에 머무르지 않고, 원리들의 깊은 곳까지 내려가서 현상계에서 예지계의 영역에까지 관통하는 것을 추구했다. 부조리할 수 있기 때문에, 카이퍼 박사의 작품은 어디까지나 오래된 개혁주의 모델을 원상회복하고 맹목적으로 모방한 것에 국한되었다. 카이퍼는 새로운 신학을 만들지 않았다. 그가 한 것은 오래된 전통을 독자적으로 때로는 자유로운 형식으로 재생산한 것이었다. 다양한 개혁주의 교리들은 카이퍼에게 단순한 '신학 총론'이 아니었고, 가장 중심으로 관계된 것이었다. 개혁주의 교리들은 하나의 일관된 체계와 사상을 이루는 것이었다. 견고하게 도출된 이 체계는 분명한 선을 가지고 있었고 최고의 개혁주의 신학자들의 작품으로부터 재생된 것이었다. 카이퍼는 개혁 교리의 풍성함과 아름다움을 우리 시대의 후손들에게 신뢰할 만한 추천장과 더불어 전달해 주었다.[15]

바빙크가 언제나 카이퍼와 의견이 일치했던 것은 아니었지만,[16] 그는 카이퍼 신학의 개혁주의적 특성에 대해서 한 번도 의심해 본 적이 없었다.

다른 한편으로, 카이퍼의 작품들 곳곳에서 카이퍼만의 독특한 무엇인가가 발견된다. 카이퍼는 웅변가로서의 자질을 유감없이 발휘하는 자신만의 독특한 개인적인 스타일을 가지고 있었다. 카이퍼의 뛰어난 상상력은 그로 하여금 사물을 새로운 방식으로 보게 만들어 주었고, 추상적인 사상을 구체적으로 표현할 수 있게 해주었다. 그리고 카이퍼의 **구성적인** 재능은 그로 하여금 항상 사물을 전체적으로 잘 정리해서 배열할 수 있게 해주었다.

카이퍼에게 신학의 핵심은, 그분의 거룩하신 말씀을 통해 자신을 계시하신 신지식이었다. 성령에 의해서 영감받고, 동일한 성령의 조명하심을 통해 이해되는 하나님의 거룩하신 말씀이 다양한 신학적인 훈련들을 분류하는 출발점이었다.

카이퍼는 네 가지 분야의 신학적 훈련들을 나누어 설명했다.

첫째는, 우리의 성경 그 자체에 대한 지식의 넓이와 깊이를 더하는 것을 목표로 하는 **성서학적** 훈련이다. 그것들은 차례대로 정경 훈련(책으로서의 성경), 강해 훈련(작품으로서의 성경), 실용적 훈련(증인으로서의 성경)으로 나뉜다. 실용적인 주제들은 성서 고고학, 성경 역사, 그리고 계시사 등이 있다.

두 번째 신학적 훈련의 분야는, 교회의 존재와 기원의 관점에서 성경의 증인으로서의 영향을 입증하는 **교회론적** 훈련이다. 이것들은 제도적·유기체적 훈련으로 나뉜다. 제도적인 주제들은 법의 문제(정경법, 교회 질서), 역사(교회사), 그리고 통계(교회 통계)가 있다. 유기체적인 주제들은 그리스도인 개인의 삶에 대한 지식과 유기적 삶(가정, 사회, 국가), 그리고 비조직적 삶(과학, 문학, 예술)에 초점을 맞춘다.

세 번째 그룹은, 어떻게 성경 본문이 교회의 교리에 반영되었는지를 보여주는 **교리적** 훈련이다. 이것은 사물의 상황과 특성[17]을 파악하는 주제들(교리사와 신앙고백의 연구), 신학적 주제(교리, 윤리), 그리고 반정립적인 주제(반론, 논박, 변증)가 있다.

네 번째 그룹은, 어떻게 하나님의 말씀이 사역자들에 의해 적용되는지를 보여주는 **사역적**_diaconological_ 측면의 주제들이다(헬라어 _diakonia_는 직무를 말한다). 이 그룹은 가르치는 직무들의 주제들로 나뉘며, 장로직, 집사직이 있다. 우리는 모든 신자들의 직무에 대한 주제들도 추가해야 한다.

카이퍼는 신학 체계를 위한 청사진을 디자인한 설계자였을 뿐 아니라, 그의 학생들과 한 사람씩 방에 들어가서 각 방들이 어떻게 하나님께 영광을 돌릴지 행동을 같이했던 행동가였다. 다른 말로 하면, 카이퍼는 진정한 신학자로 그의 학문 분야에서 모든 세부 사항을 제시하는 사역을 분명히 했다.

신칼빈주의?

다양한 진영과 확연히 다르다는 이유로 카이퍼는 신칼빈주의자 neo Calvinist라고 하는 비난을 받았다. 이 용어는 단순히 원래의 칼빈주의를 새롭게 하는 것이 아니라 그것으로부터 약간의 항로 변경이 있었음을 의미한다. 있는 그대로 신칼빈주의를 정의하자면, 이 용어는 카이퍼가 실제로는 칼빈주의가 아님에도 그런 척한다고 하는 것이다.[18]

「기독교 교회들의 사회적 가르침」이라는 책의 저자로 잘 알려진 에른스트 트뢸취Ernst Troeltsch는 신칼빈주의에 대해 널리 연구했고 다음과 같은 결론을 내렸다.

> 자유교회 체계와 더불어 민주주의와 자유주의 현상을 수반하고 강력한 경건주의적 엄숙주의와 함께 절제된 개인주의를 지니며 세속적인 사건에 대해서는 공리주의자인 신칼빈주의는, 여전히 루터주의자들과는 가깝지만 제네바에서의 귀족주의적인 초기 칼빈주의에서 멀어졌다.[19]

여기서 두 가지를 지적할 수 있다. 첫째는, 카이퍼가 그랬던 것처럼 칼빈은 자유교회주의자가 아니었다는 것이고, 둘째는, 카이퍼가 경건주의적 엄숙주의로 특징지어진다는 것이다.

이러한 고발장에 어떠한 진리라도 있는가? 카이퍼가 진정 칼빈주의자 행세를 하고 있다는 것인가?

이 고발장의 부조리는, 카이퍼를 그의 스승이었던 스콜턴과 비교하면 바로 드러나게 될 것이다. 스콜턴은 확실히 칼빈주의자로 여겨진다. 그가 남긴 주요 작품들이 이러한 인상을 주는데, 그는 자신이 재해석에 있어서 네덜란드 개혁교회의 교리를 고수하고 있다고 밝힌다(그의 진정성을 의심할 이유는 없다). 그러나 그의 철학적 견해로 인해 예정 교리가 차가운 결정론으로 전환되어 버렸고, 성령의 감화 교리가 인간의 지성과 양심으로 변화되어 버렸다.

이와 대조적으로, 카이퍼는 칼빈으로부터 **직접** 나온 사람이었다.[20] 다양한 근대주의와 그 시대의 신학적 사조를 경험한 카이퍼는, 결론적으로 위대한 제네바 개혁자의 신학, 곧 하나님을 영화롭게 하는 그리스도 중심적 성경 신학으로부터 마음의 쉼을 얻을 수 있었다.

우리는 트뢸취가 탁월한 통찰력을 가지고 그 시대를 이끌었던 자유주의 철학자임에도 불구하고 칼빈에 관해 왜곡된 자신만의 이미지를 가지고 있었다는 사실을 잊어서는 안된다. 더욱이 트뢸취는 카이퍼의 책을 한두 권 정도 읽었을 따름이었다. 시의회에 의해 장로들을 세우게 하고 어떤 형태의 관용도 베풀지 않은 제네바의 엄격한 개혁자 칼빈과, 네덜란드 분리파 교회의 지도자이자 국가교회의 반대파였던 카이퍼를 그가 날카롭게 대조한 것은 놀라운 일이 아니다. 트뢸취는 이 대조에서, 무엇이 다르고 무엇이 같은지에 대해서 적절하게 평가하지 못했다.

칼빈이 하나의 국가교회를 지지했다는 것이 사실인가? 그리고 카이퍼는 경건주의적인 분리자였는가? 제네바에서 칼빈은 교회를 정부로부터 분리시키기 위해 자기 인생의 최고의 전투를 감행했다. 더욱이 칼빈은 제네바 교회 당회가 시의회와 분리되도록 요구했고, 심지어 시의회의 의견에 반하여 권징도 실시할 수 있는 권리를 요구했다. 그리고 칼빈주의가 전역으로 퍼지기 시작하자 프랑스, 벨기에, 독일, 영국에서 소수의 교회들이 세워지기 시작했다. 칼빈은 루터파 교회가 자기에게 대했던 것보다 훨씬 더 관용적으로 루터파 교회를 대했다. 그는 심지어 로마 가톨릭교회 안에서도 참된 교회의 흔적을 찾았다.[21]

그러면 카이퍼의 소위 말하는 '경건주의적 엄격주의'란 무엇인가? 이 점에서 카이퍼와 칼빈을 대조시키는 것은 이상해 보이는데, 이것은 칼빈이 종종 엄격한 금욕주의자라고 불리곤 했기 때문이다. 카이퍼는 이러한 태도를 어느 정도 가지고 있었다. 그가 칼빈주의 전통에서 춤, 카드놀이, 극장에 가는 것을 금했기 때문이다.[22] 다른 한편으로, 카이퍼는 일반 은총 교리로 인해 우리 삶 전 영역에서 하나님께서 주신 선물들에 대해 즐거워해야 함을 칼빈이 했던 것보다 더 강조했다.[23]

트뢸취가 카이퍼를 비판한 핵심은, 경건주의자이자 돌레안치의 사람인 카이퍼가 둘러싸인 국가교회 대신 작은 교회를 선택했다는 것이다. 더욱이 카이퍼의 중생에 대한 강조는 개인주의적인 태도를 가지고 있다는 것이다.

카이퍼의 교회관이 전혀 경건주의적이지 않았다는 것을 증명하는 것은 매우 쉬운 일이다. 카이퍼는 개인 경건과 위안을 강조하는 기도 모임에서 만족을 누리지 못했다. 그 대신 그는, 전 교회가 모든 회원들과 더불어 살아 있고 활동적이길 원했다.

그러나 카이퍼가 개인적인 중생을 강조했다는 것은 사실이다. 이것은 두 번째 그룹이 그를 "신칼빈주의자"라고 비판한 것과 관련된 주제이다. 원래의 네덜란드와 미국의 분리주의 교회의 회중들은 카이퍼의 성찰과 스콜라주의적인 방법, 그리고 보증되지 않은 추론들을 반대했다. 네덜란드의 비판자는 T. 보스 목사와 L. 린덴보옴 교수였고, 미국의 주요 비평자는 L. J. 홀스트 목사와 F. M. 뗀 호르 교수였다.

그들이 제기한 반대 주장은 전부 터무니없는 것이었다. 카이퍼는 놀라울 정도로 논리적인 지성을 가지고 있어서, 한번 그가 이론을 전개하기 시작하면 누구도 그를 막을 수 없을 정도였다. 동시에 그 반대 주장들은 전혀 핵심을 집어 내지 못했다. 카이퍼가 타락 전 선택의 견해를 고수했지만 마지막에 가서는 인간 지성으로서 하나님의 비밀들을 헤아릴 수 없음을 고백했기 때문이다.

카이퍼가 모든 개혁교회의 그리스도인들에게 중요한 칭의의 주제를 다룰 때, 그는 우리는 오직 믿음에 의해서 그리고 은혜를 통해 의롭게 된다고 가르쳤다. 그러나 카이퍼는 하나님께서 영원 전에 이러한 칭의가 있을 것이라고 결정하셨다고(많은 개혁주의 신학자들이 이미 그렇게 말했듯이) 덧붙여 설명했다. 카이퍼는 신적인 예정을 "영원으로부터의 칭의"라고 불렀다. 그의 반대자들 중의 일부는 카이퍼가 영원의 관념을 역사적 사실들에 가져오기를 선호했다고 비판하기도 했다. 하지만 이것은 사실이 아니다. 왜냐하면 카이퍼는 그 시대의 범신론주의자들과 같은 이상주의자들에 반하여 필사적으로 역사적 사실들을 변호했기 때문이다. 그러나 카이퍼는 그가 가진 논리로 미묘한 문제를 다루기도 했다.

카이퍼는 '가정적 중생presumptive regeneration'이라 불리는 어려운 주제를 다루기도 했다. 우리가 앞서 살펴보았듯이, 우리의 중생의 사실은 우리 존재의 중심이 전체적으로 성령에 의해서 변화되는 것이며, 그리스도인이 된다는 것은 그의 가치관과 생활 태도가 바뀌는 것을 말하는 것이다. 그렇다면 추정적, 가정적 중생이라고 하는 것은 무엇인가?

이러한 중생에 대한 정의의 문제는 유아세례 문제와 연관되어 있다. 카이퍼의 시대, 곧 네덜란드 국가교회 시대에 카이퍼는 이 의식이 어떻게 죽은 관습이 되었는지 보았다. 카이퍼는 로마 가톨릭이 영세 주는 즉시 중생한다는 교리를 반대하는 것만큼 침례교인들이 유아세례를 거부하는 것을 반대했다. 일반적인 개혁주의 전통에서 유아세례는 예전에 분명히 명시되어 있듯이 반드시 주어야만 했는데, 이것은 언약 백성으로서 언약의 약속과 은혜 속으로 들어가는 표징이었기 때문이었다. 그러나 카이퍼는 유아세례시에 사용되는 구절인 "그리스도 안에서 거룩하여지고"를 설명하면서, 여기서 어린아이들이 중생한 것으로 여겨진다고 주장했다. 다시 말하면, 그들이 거듭났음을 가정한다는 것이었다. 그들이 그렇게 여겨지는 것은 모든 이스라엘 백성이 이스라엘이라고 부름받지 않았기 때문이다. 그렇다고 하더라도, 그들이 거듭났다고 여겨지는 것은 세례가 "중생의 씻음"이기 때문이다.

이 문제에 대한 카이퍼의 견해는 그의 제자들에 의해서 지혜롭지 않게 지나치게 강조되었고, 이는 네덜란드 개혁교회들과 북미 개혁교회에서 상당한 마찰을 일으켰다.[24] 1905년 우트레흐트에서의 총회에서 다음과 같은 결론을 채용했을 때 평화가 찾아올 수 있었다.

총회는 우리 교회의 신앙고백을 따라서 다음과 같이 선언한다. 언약의 자손들은 그들이 자라나서 그들의 행위나 신앙고백을 통해 고의적으로 신앙을 거부하지 않을 때까지는, 이들이 하나님의 약속에 근거하여 중생되었음을 가정하고 그리스도 안에서 거룩해졌음을 가정한다. 그러나 그들이 유아세례를 받았기 때문에 그것이 그들의 가정적 중생의 근거가 되는 것이 아니라, 세례의 근거가 하나님의 약속이자 명령이며 그리고 앞으로 오게 될 자비의 심판과 교회가 언약 백성의 씨앗을 중생했다고 가정하기 때문에 그러하다. 그렇기 때문에 유아세례를 받은 각 아이들이 참으로 중생되었다는 것은 아니다. 왜냐하면 하나님의 말씀이 모든 이스라엘 백성이 모두 참 이스라엘 백성은 아니라고 말씀하기 때문이다. "오직 이삭으로부터 난 자라야 네 씨라 불리리라"(롬 9:7). 그래서 설교자들은 항상 심각한 자기 점검을 요구하는 설교를 해야 하는데, 이는 오직 믿고 세례를 받은 자들만이 구원받을 것이기 때문이다.[25]

교향곡

때때로 카이퍼 교수는 종잡을 수 없어 보이기도 했다. 우리가 이미 살펴본 것처럼, 카이퍼는 학생들이 자신의 첫 번째 설교를 할 때 엄격하게 그들을 지도하기로 유명했다. 그러나 이따금 다음과 같은 일이 일어나기도 했다. "동료 학생들이 평가하기에, 어떤 학생이 성경을 열어 보기보다는 솔직하게 마음을 터놓고 말씀을 나누는 데 집중했는데, 그 학생은 지켜보는 사람들이 놀랄 정도로 매우 친절한 방식으로 카이퍼 교수에게 따뜻하게 점검을 받았다. 왜냐하면 그 학생은 예루살렘의 마음을 가진 자(참고로 예루살렘은 '평화의 도성'이라는 뜻이다—옮긴이)에게 이야기했기 때문이었다."[26]

카이퍼는 하나님과의 개인적 교제를 강조한 실제적인 조직가이자 논리적인 사상가였다. 결과적으로 카이퍼는 논리주의자, 행동주의자, 영성가라고 불렸다. 사실 카이퍼는 이것들 중 어느 하나만으로 불리는 것을 원치 않아 했다. 대신에 그는 균형 잡힌 세계관과 균형 잡힌 하나님의 진리 전부를 제시하기 위해 노력했다.

1901년에 카이퍼는 「세 마리의 작은 여우들 *Drie Kleine vossen*」이라는 제목의 탁월한 책을 출간했다. 카이퍼는 이 제목을 솔로몬의 아가에서 빌려 왔다. "우리를 위하여 여우 곧 포도원을 허는 작은 여우를 잡으라. 우리의 포도원에 꽃이 피었음이라"(아 2:15). 작은 여우들이 그 시대 개혁교회의 포도원을 망치고 있었는가? 카이퍼는 이 세 마리 여우를 실용주의, 감정주의, 지성주의라고 불렀다.

첫째로 **실용주의**는, 우리 종교에 있는 지성적 요소를 무시하고, 신앙고백의 건전성에 관심을 가지지 아니하며, 이단적인 사상에 무관심하고, 신비적인 요소들을 인정하지 않으며, 오직 '기독교 활동들', 곧 자선 활동, 선교, 전도, 영적 훈련, 모든 종류의 교제와 연합 활동(첫째로 주일학교 활동을 들 수 있다)에 빠져 있게 한다. 항상 바쁘며, 항상 무언가를 하고, 특별히 무언가 특별한 것을 하기를 열망한다.

두 번째로 **감정주의**는, 명백하게 두 가지 경로를 따른다. 한편으로 더 깊은 감정적인 신비주의적 방식을 추구하면서, 다른 한편으로 우리의 감정과 느낌을 피상적인 방식으로 추구하는 것이다. 이것을 추구하는 사람들은 신앙고백과 진리에 대한 탐구에 대해서는 실용주의자들보다 관심이 없다. 그들은 그들 영혼을 신비주의적인 경험 가운데 잃어버리게 하고, 그들의 감정과 상상력을 자극해 준다면 설교자가 본문에서 떠나 있더라도 개의치 않는다.

셋째로 **지성주의**는, 그리스도인들의 활동에 대해 아무런 관심도 없고 이해도 없다. 이것을 추구하는 이들은 오만하게 모든 종류의 감정주의적 요소들을 경멸하며, 신비주의 자체를 이해하지 못한다. 다른 한편 이들은, 신앙고백과 교리를 고수하면서 성경에 위배되는 것은 그 어떤 것도 용납하지 않으며, 이단적 사상을 감지하면 비판의 칼부터 내드는 사람들이다.

이 아름다운 책에서 카이퍼는, 이 세 가지 태도를 모두 관통하는 분석을 제시한다. 그는 다음과 같은 요약으로 결론을 내린다.

비록 나는 메마른 정통과 자기만족적인 지성주의에 반대하여 심각하게 경고했지만, 기독교의 임무가 하나님의 진리를 품고 간직해서 분명하고 명료한 신앙고백의 개념까지 도달하는 것이라는 데 이견을 달지 않는다.

비록 나는 절제되지 않은 불건전한 신비주의 운동의 오류에 반대하여 경고했지만, 나는 하나님의 백성들이 그들의 영혼 속에서 무엇이 진행되는지 알도록 부름을 입었다는 것과, 그들의 마음속을 관찰하는 것과, 그의 영혼 속의 진리의 경험을 알아보는 것을 부인하지 않는다.

그리고 또한, 비록 나는 진정한 기독교를 외부적인 활동들에서 찾는 것의 위험성에 대해서 지적했지만, 아무도 내가 아무것도 하지 않고 선한 행동을 거부하는 정적주의를 옹호한다고 결론 내리지 못할 것이다.

내가 목표하는 것은 적절한 조화의 회복이었다. 나는 우리 그리스도인들의 존재의 조화로운 발전을 강조했다. 나는 많은 그리스도인들의 올바른 균형을 깨뜨리는 것들을 제거하기를 원했다. 나의 간절한 소망은 우리의 사고와 감정과 활동이 조화를 이루어 동등하게 강조되는 산물로서, 더 높은 경지의 사랑을 불러일으키는 것이다.

예수님께서 우리에게 우리의 마음과 생각과 영혼과 능력을 다해 하나님을 사랑하라고 명령하셨다. 후회가 되는 것은, 우리의 하나님을 향한 사랑이 너무나 자주 여기서 한 가지 혹은 두 가지만 끌어오고, 다른 요소들은 태만하게 생각하거나 전혀 사용하지 않는다는 점이다. 이것은 모자라는 것이며, 불완전하며, 한쪽으로 쏠린 성장이다.

우리가 추구해야 하는 것은 그리스도 안에서의 장성함인데, 이것은 "각 지체의 분량대로 역사할 때"(엡 4:16) 가능한 것이다.

12   신세계에서

공인

까스떼일P. Kasteel 박사는 자신의 카이퍼 전기에서, 카이퍼가 비록 "자신의 사람들"에 의해서는 인정과 존중을 받았지만 네덜란드 국민 전체에 의해서는 결코 그런 인정을 받은 적이 없음을 지적했다. 네덜란드의 어떤 대학도 그에게 명예 학위를 수여하지 않았다. 카이퍼의 뛰어난 자질과 왕성한 활동에도 불구하고 그는 냉대받기 일쑤였다. 한 가지 예외로, 카이퍼의 노력에 의해서 대학의 지위를 갖게 된 경우가 있는데, 델프트의 기술대학에서 1905년에 카이퍼에게 명예박사 학위를 수여한 일이다.

1898년에는 매우 특별한 일이 카이퍼에게 일어났다. 그보다 2년 전에, 뉴저지의 프린스턴 대학에서 그를 초청해 스토운 강좌를 맡아 줄 것을 부탁했던 것이다. 그 대학에서는 카이퍼에게 명예 법학박사 학위를 주기를 원했다.

종종 선지자는 자기 고향 밖에서 인정받는 경향이 있다. 카이퍼는 미국의 그를 향한 열린 마음에 깊은 감동을 받았다. 이후로 카이퍼는 이 나라를 향해 특별한 관심을 보이곤 했다.

미국의 매력

카이퍼가 미국을 이상화했다고 말할 수 있다. 카이퍼는 미국이라는 나라에서 자기가 가슴속에 품었던 이상을 볼 수 있었다고 믿었다. 1873년 암스테르담에서의 취임설교에서, 카이퍼는 미국을 자유의 나라로 지목한다. 동시에 그는 미국인들을 완전히 종교적인 사람들로 강조하며 토크빌의 「미국의 민주주의」를 인용함으로 이 주장을 뒷받침한다.[1]

반혁명당을 위한 정치 프로그램에 관한 책에서, 카이퍼는 미국의 민주당에 대해 반대하면서도 미국의 공화당에 대해서는 자신의 선호를 그대로 표현했다. 카이퍼는 미국 공화당을 청교도 선조들의 자손들로, 남북 전쟁의 영웅들로, 로마의 반대자로, 그리고 진정한 미국 시민들로 묘사했다.[2]

교회 개혁에 대한 논문에서, 카이퍼는 미국의 모든 시민들이 프랑스 시민들처럼 투표권을 가지고 있음을 지적했다. 그러나 여전히 중요한 차이점이 존재한다. 프랑스인들은 그들의 선거권을 모든 인간들의 선천적인 권리라고 인정하는 반면, 미국인들은 "나는 나의 인간적 권리로 투표하는 것이 아니라, 이러한 특권을 내게 주신 하나님의 은혜로 투표한다"고 고백한다는 것이다.[3]

이것이 이야기의 전부가 아니다.[4] 하지만 분명한 것은, 카이퍼가 미국을 시민권이 존중받는 나라로, 그리고 정치와 종교와 실천에 있어서 표준에 이르는 나라로 본 것이다. 카이퍼가 어떻게 이런 판단을 내릴 수 있었을까?

우리는 카이퍼의 1874년 연설에서, 카이퍼가 오직 칼빈주의만이 진정한 자유를 가능하게 할 수 있다고 주창한 것을 살펴보았다. 카이퍼는 이 역사적 사실이 미국에서 가장 분명하게 묘사되고 있다고 말했다. 그러나 이러한 카이퍼의 사고를 가능하게 한 우선적인 원천지가 있다.

1869년 이래로, 카이퍼는 미국의 위대한 친구였던 에드먼드 버크Edmund Burke의 작품으로부터 깊은 영향을 받는다. 1869년에 흐룬을 만난 이후, 카이퍼는 더 많은 기독교 정치가들을 만나고 그들의 작품을 읽고자 노력했다. 흐룬의 책 「불신앙과 혁명」에서 버크의 글이 자주 인용되는 것을 본 카이퍼는, 흐룬에게 보낸 편지에서 버크에 대한 신뢰할 만한 전기를 기록할 사람을 추천해 달라고 부탁하기도 한다. 흐룬은 최근의 버크에 대해서 나온 책들을 보내고, 카이퍼는 그 책들을 탐독하게 된다. 카이퍼는 수천 가지 일을 해야 할 정도로 바쁜 삶을 살면서도 1873년 3월 7일에 이렇게 말할 수 있었다. "나는 버크의 모든 책을 읽으면서 나의 고통에 대한 해답을 찾았다. 내가 그 책에서 얻은 유익은 헤아릴 수 없다."[5]

버크의 전집이라니! 만약 그렇다면 카이퍼는 분명 버크의 '미국과의 화해'라는 연설을 읽었을 것이다. 이 연설에서 버크는 영국 국민들에게 자신들의 혈육과의 무의미한 전쟁을 멈출 것을 탄원하면서, 미국을 가리켜 "지구상의 그 어떤 영국 식민지 국가들보다 자유의 정신이 살아 있는 곳"이라고 설명한다. 왜 이렇게 자유의 정신이 미국에 강하게 살아 있을 수 있었을까? 우선적으로 버크는, 그들이 식민지 개척자들인 영국인의 후예들이기 때문이라고 언급한다. 더 나아가 버크는 무엇보다도 그들이 프로테스탄트(개신교인)들이었다는 사실이라고 말한다. "그들이 프로테스탄트들이라는 것이 의미하는 것은, 강제적인 복종에 대해서 그들이 반대한다는 것을 의미한다.……모든 프로테스탄티즘은 이의를 제거하는 그 어떤 것이다. 그러나 북부 식민지 지역에서 종교가 가장 왕성하게 영향을 미치는데, 이들에게는 저항의 원리가 정제되어 있다는 것이다. 이견에 대한 이면이며 프로테스탄트 종교의 프로테스탄티즘이다."[6]

카이퍼의 견해에 의하면, 일관성 있는 프로테스탄티즘은 칼빈주의였다. 카이퍼는 1874년 이와 관련된 주제를 다룬 연설을 했는데, 이 연설은 1895년에 '비블리오테카 사크라*Bibliotheca Sacra*'지를 통해 번역 소개되었다.[7] 이런 확신 속에서 카이퍼가 1898년 미국에 발을 내딛게 된 것이었다.

눈과 눈을 마주하여

카이퍼는 진심으로 환영받았다. 12월에 10여 개의 다른 장로교와 개혁교회 교단의 목회자들이 모인 협의회에서 장로교 목회자인 W. H. 로버츠 목사는 다음과 같은 말로 카이퍼를 소개했다. "이 시대 가장 위대한 사상가이자 유럽 개혁교회에서 가장 영향력 있는 설교가 중 한 사람인 네덜란드 개혁교회의 아브라함 카이퍼 교수를 모시게 되어 기쁘게 생각합니다."[8] 이러한 소개가 이루어진 것은, 카이퍼가 '역사적 장로교 사회' 회원 앞에서 했던 강의 때문이었다.

같은 해 6월, 유명한 프린스턴의 교수인 B. B. 워필드 교수가 카이퍼에 대해서 "네덜란드 교회에서나 국가에서나 아마도 가장 중요한 사람"이라고 말했다. 계속해서 말하기를,

> 수년 동안 그는 가장 주목할 만한 영향력을 그의 조국에 행사했습니다. 반혁명당의 수장이자 조직자로, '드 스탄다르트'지의 편집장으로, 암스테르담 자유대학의 창설자와 수호자로, 교회의 영적 자유에 대한 변함없는 변호자로, 개혁교회의 신앙고백과 원리들의 수호자로서 말입니다. 네덜란드 국민들은 그의 위대한 작업들로 인해서 빚을 지고 있습니다. 또한 그는 '드 헤르아우트'지를 통해 수만 명의 굶주린 사람들에게 영적 양식을 공급하는 교사로, 자유대학에서의 교수 사역을 통해 성경적이고 역사적이며 교리적인 신학의 한 세대를 키운 장본인입니다. 요약하자면, 카이퍼는 교회와 국가의 힘이라고 할 수 있습니다.[9]

이러한 것들이 미국에서 카이퍼를 환영했던 내용들이다. 그렇다면 카이퍼가 칼빈주의의 열매로서 이상주의 국가로서의 인상을 가지고 있었던 미국에서의 경험은 어떠했는가?

카이퍼는 그의 인생 말년까지 미국을 향한 열정을 유지했다. 1917년에 카이퍼는, "미국에서 칼빈주의가 가장 최고로 발전된 모습을 유지하고 있다"고 선언했다.[10] 그러나 카이퍼가 너무 밝은 시각으로만 접근하다 보니, 전체적으로 보았을 때 어떤 일들은 그 시대에 구현되도록 직접 그 일에 뛰어들어야 겪을 수 있는 수많은 어려움에 대해서 간과한 부분이 없지 않아 있다. 그러나 카이퍼는 진심으로 미국에 대한 자신의 꿈이 이루어지기를 소망했고 믿었다.

미국의 삶에 카이퍼가 가진 원래의 꿈과 일치하는 여러 부분들이 있는 것은 부인할 수 없는 사실이다. 카이퍼는 미국 여행에 대한 자신의 인상을 적어 놓은 매력적인 저서 「미국 견문록 *Varia Americana*」에서 자세히 소개하고 있다. 첫 번째 장에서 카이퍼는, '우리보다 더 멀리'란 제목 아래 미국과 미국인에 대한 칭송을 늘어놓는다. 미국은 위대한 자유의 나라이며 모든 사람들에게 기회의 평등을 제공하는 나라라고 카이퍼는 기록하고 있다. 그 결과, 미국의 노동자와 농부들이 법률상의 권리와 공교육에서 유럽의 같은 계층의 사람들보다 더 앞서 있다는 것이다.

좀 더 용이한 환경이 미국 하급 계층의 발전을 엄청나게 가져왔다. 심지어 시골 지역이라 하더라도, 노동자들이 신문이나 잡지를 읽는 것은 특별한 일이 아니라 일상적인 생활이다. 그들과 대화하면서, 사회적·정치적 이슈에 대해서 네덜란드의 카운터에 앉아 있는 일반 시민보다 더 많은 정보를 얻을 수 있다.[11]

카이퍼는 작은 도시라고 하더라도 미국의 일간 신문들이 유럽의 신문들보다 훨씬 더 분량이 많다는 사실을 지적했다. 또한 훨씬 더 많은 재정이 교육에 투자되고 있음을 언급했다. "우리나라의 가장 큰 대학 건물이라 할지라도, 미국의 한 주립대학이 가지고 있는 강의실과 채플 그리고 연구소 건물과 비교하면 아무것도 아닐 정도이다."[12]

교회 건물들은 뛰어난 자재와 시설로 잘 지어져 있다. 카이퍼의 계산에 따르면, 그 당시 미국에 존재하는 교회의 모든 좌석은 4천2백만 개 정도였는데 그 당시 총 인구는 6천5백만 명이었다는 것이다. 또한 그 당시 미국에는 11만2천 명의 목회자들이 있었다.[13]

종교가 대접받고 있는 곳이 바로 미국이라고 그는 말했다. 국회는 특별한 목사에 의해 기도로 시작되었다. 같은 식으로 프린스턴 대학에서는 모든 종류의 학회가 학장의 기도로 시작되었다.

많은 미국인들이 초기 네덜란드 정착인들의 후손이라 불리기를 자랑스러워한다. 카이퍼는 어거스트 판 베이크 판사의 말을 인용했다. "만약 강한 자만이 살아남는 것이 사실이라면, 우리는 담대하게 우리 네덜란드 정착민의 후손들이 영원히 그리고 끈질기게 살아남았다고 선언할 수 있습니다."[14]

카이퍼는 특유의 감동적인 연설을 통해, 미시간에 정착한 19세기 네덜란드인들의 고난과 힘을 묘사했다. 그는 다음과 같은 말로 기독교개혁교회 교단의 설립을 비판했다. "판 랄테가 1848년에 네덜란드 개혁교회에 가입했고, 이후로 프리메이슨과 교회 권징과 관련해서 모든 종류의 논쟁이 벌어졌는데, 이로 인해 네덜란드 개혁교회와 대항하여 또 다른 종류의 교회와 교단들이 설립하게 된 것은 개탄스러운 일이다." 카이퍼는 계속해서 재결합을 촉구했지만 그는 잠시 동안 주저하는 것처럼 보였다.

망설임

위에 인용한 글을 작성한 후 카이퍼는 주저했다. 그는 이교 집단인 프리메이슨에 대한 공개적인 반대자였다! 카이퍼는 개혁교회들이 비밀 결사 단체에 대해 인정하는 것을 알고 있었고, 기독교개혁교회 교단에서 그것을 용인하지 않는다는 것을 알고 있었다. 그러나 카이퍼는 17세기의 오랜 칼빈주의 교회 전통을 잇고 있는 이 개혁교회들을 품기 원했다. 이것이 그 당시 개혁교회 진영에서 회자되던 다음 말을 반복한 이유이다. "미국의 프리메이슨은 유럽만큼 위험하지 않다."[15] 카이퍼는 1898년 11월 27일자 '뉴욕 트리뷴'지에서 프리메이슨주의가 기독교화되었다고 주장되는 것을

읽기도 했다.[16]

그 순간 그의 마음속에서 항의하기를 주저하는 마음이 생겨났다. 카이퍼는 다음과 같이 적었다. "이 사람들이 완전히 잘못되었고, 프리메이슨의 기독교화는 환상에 불과하며, 프리메이슨의 열매가 **항상** 기독교에 반하는 것임을 우리가 분명 인정한다 할지라도, 그러한 결론을 내리는 근거는 오해이며 고의로 그렇게 한 것으로 볼 수는 없다."[17]

이와 같은 경우가 한 가지 더 있었는데, 카이퍼가 소위 말하는 교회의 다양한 형태의 풍성함을 강조했다는 것이다. 스토운 강좌에서 카이퍼는 이렇게 선언했다. "칼빈 이후 300년의 역사를 통해 칼빈의 근본적인 사상과 불가분의 관계에 있는 이러한 교회 형태의 다양성이 고백되어져야만 하는데, 이것은 로마 교회가 추구한 교회 형태의 강제적인 획일성보다 종교생활의 성장과 풍성함에 있어서 긍정적인 영향을 가져다준 것이 사실이다."[18]

그러나 카이퍼가 미국의 다양한 형태의 교회들을 살펴보고 난 다음에는 그것에 대한 열정을 상실해 버리게 되었다. 비록 카이퍼는 수많은 자유로운 상태의 자유교회들의 존재의 필요성을 역설하는 것을 계속했지만, 한편으로 이러한 상황이 초래하는 결점이 무엇인지도 보게 되었다. 그는 교회들 간의 경쟁의 위험성을 간파하게 되었다. 한 목회자가 많은 성도들을 이끌기 위해 다른 교회를 능가하려 할 가능성을 본 것이다. 다음 글에서 이에 대한 놀라운 예를 제시한다.

일전에 뉴욕의 어느 교회에서, 오전예배에서는 많은 회중들이 참여하고 있었지만, 저녁예배 시에는 예배당이 텅텅 비는 현상이 발생한 적이 있었다. 위원회에서는 저녁예배가 사람들에게 매력을 끌 수 있어야 함을 확신하고, 설교자에게 설교 시간을 줄이고 그 시간을 합창과 독창 그리고 환등 슬라이드 쇼를 보여줄 것을 요청했다. 얼마 지나지 않아 이것의 효과는 분명히 입증되었지만, 이러한 방법들을 사용하다 보니 끝없이 새로운 것을 원한다는 것을 알게 되었고, 위원회에서는 계속해서 이러한 방법들을 요구했지만 설교자는 더 이상 이에 협조하기를 거부하는 사태에 이르게 되었다. 그 설교자는 예배가 일요일 **오락 프로그램**이나 **코미디**가 되어 가고 있다고 항의하고, 용감하게 다시 원래대로 설교하기 시작했다. 그러나 위원회에서는 이를 거부했고, 설교자는 해고되고 말았다.[19]

카이퍼는 이것을 교회의 제도에 적용된 **펠라기우스주의**의 일종이라고 불렀다(펠라기우스주의는 인간의 자유의지를 강조한다. 이러한 종류의 제도교회는 하나님의 일하심이 아니라 인간의 재주를 강조한다).

동일한 맥락에서 카이퍼는, 미국의 많은 교회들이 돈을 추구하는 교회이며, 계급화된 교회가 되었다는 사실을 비판했다. 일반적으로 말해서, 카이퍼는 미국에서의 보편화된 물질주의를 교회 안에서도 발견한 것이다.[20] 많은 교회들이 큰 대도시에 집중되고,

특히 부유층을 위한 교회, 중산층을 위한 교회, 그리고 하층민을 위한 교회로 나뉘어 있다는 사실을 지적했다. 카이퍼는, "이러한 부유한 교회의 장로는 나무에 묶인 죽은 말에 불과하며, 집사들은 주의 만찬을 집례하기 위해서만 기능한다"고 기록했다.[21] 많은 교회들에서 교리문답 교육이 실시되지 않고, 수많은 주일학교가 있지만 성경적 내용이 부실했다. 더군다나 성경 교리에 대한 지식이 부족하다는 것이 명백하게 드러났다.

카이퍼는 또한 신학교들이 누려야 할 자유가 신학교를 재정적으로 후원하는 사람들에 의해 발목이 잡혀 있는 것을 지적했다. 카이퍼는 뉴욕의 유니온 신학교의 브릭스 교수의 경우를 예로 들었다. 브릭스 교수는 1892년 장로교 총회의 결정에 의해(그는 구약 성경에 대한 고등 비평을 주창했다) 정직당했지만, 재정적인 힘을 가지고 있던 유니온 신학교의 이사회에서 그가 교수직을 유지하기를 원했기 때문에, 브릭스 교수는 신학교와 장로교회와의 관계를 끊어 버리고 교회의 사역과 교수 사역을 계속해 나갈 수 있게 되었다.[22]

카이퍼는 또한 미국인들의 하나님의 언약적 관점에 대한 무관심과 더불어 끊임없이 이어지는 불필요한 미국 교단들의 분열에 대해서도 반대했다. 미국 교회에 대한 카이퍼의 긍정적인 평가에도 불구하고 카이퍼는 다음과 같은 목소리를 낼 수밖에 없었다.

아무리 우리가 미국 교회를 칭찬한다고 하더라도 잘못된 곁가지들이 반드시 제거되어야 하는 것은 부인할 수 없는 사실이다. 미국에서 진정한 원리들에 대한 연구가 더 진행되어야만 한다. 과거의 역사에 대한 근본적인 재구성이 이루어져야 한다.[23]

물론 이것은 대강의 판단으로 미국의 모든 지역 교회들에 적용될 수는 없다. 그러나 미국의 실상에 대한 접촉은, 비록 카이퍼가 미국의 자유에 대한 꿈을 여전히 간직했음에도 불구하고 그의 눈을 열어 주는 계기가 되었다.

칼빈주의의 이상

1898년에 카이퍼는 칼빈주의에 대한 스토운 강좌를 프린스턴 대학 강당에서 열었다.[24] 이것은 그가 이룬 업적 중 가장 위대한 것 중 하나이다. 그 당시 카이퍼의 나이는 61세였다. 카이퍼는 그 시대의 현대주의자들의 거만한 파도와 대항해 싸워야 했다.[25] 카이퍼는 잘 알려진 교회와 국가의 지도자였다. 또한 그는 삶의 투쟁을 통해 칼빈주의가 살아 있음을 보여준 산 증인이었다.

카이퍼는 연설을 하면서 청중의 상상력을 자극했다. 그는 '삶의 체계로서의 칼빈주의', '칼빈주의와 종교', '칼빈주의와 정치', '칼빈주의와 과학', '칼빈주의와 예술', '칼빈주의와 미래'와 같은 주제를 다루었다. 카이퍼의 연설은 확신 가운데 전달되었고 설득력이 있었다. 그의 연설은 광범위한 주제였으며 기독교의 본질에 대한 전반적인 질문을 다루었다.

같은 해에 베를린의 유명한 교수였던 아돌프 폰 하르낙이 기독교의 본질에 대해서 영향력 있는 강좌를 열었다.[26] 하르낙은 우리가 사도 신경에서 찾을 수 있는 기독교의 본질적인 교리들을, 모든 사람의 아버지이시며 형제인 사랑의 하나님이라는 현대의 인본주의 선언으로 대체시켜 버렸다. 카이퍼의 강좌는 하르낙의 사상과 대척점을 이루는 것으로 간주되었다. 카이퍼가 이렇게 칼빈주의에 헌신할 수 있었던 것은, 현대 신학 체계와 사상 속에서 어떠한 안정도 발견할 수 없었던 그가 칼빈주의 안에서는 자신이 제기한 모든 깊은 문제들을 해결할 수 있었기 때문이었다.

카이퍼가 진정 말하고자 했던 것은 진정한 기독교였다. 그에게 칼빈주의는 세상과 삶을 바라보는 눈이었다. 칼빈주의는 하나님과 더불어 걷기 시작하고, 하나님과 함께 걸어가며, 하나님과 마지막까지 함께하는 신앙의 형태였다. 카이퍼의 말을 들어 보자.

> 칼빈주의의 특징은, 단지 교회생활뿐 아니라 개인과 가정과 사회와 정치적 삶을 모두 **하나님의 면전**에 서게 한다는 것이다. 하나님의 위엄과 권세는 칼빈주의자의 인간 존재의 전부를 요구한다. 칼빈주의자는 순례자이다. 그가 순례자인 것은 이 세상과 상관없이 행진해 나간다는 의미에서가 아니라, 그의 여정의 종주점에서 기다리고 계신 하나님의 가득 찬 위엄 앞에서 우리 인간의 책임을 매 순간 기억하면서 걸어간다는 점에서이다.[27]

폰 하르낙은 우주적인 하나님의 사랑과 예수를 따라 살아가는 삶의 중요성에 대해서 강조했다. 카이퍼는 하나님의 영원한 예정과 그의 백성을 위한 그리스도의 구원을 강조하면서 칼빈주의에 특징적으로 접근했다. 하나님의 백성들은 집합체[28]가 아니라 전적으로 유기적으로 보아야만 한다.

> 하나님께서 세상을 사랑하셔서 독생자를 주셨는데, 이를 통해 하나님께서는 그분의 백성들을 통해 그분의 전 우주를 영생과 새로운 접촉을 가질 수 있게 만드셨다. 확실하게 인류라는 나무의 모든 가지들과 잎들이 떨어질 것이지만, 그럼에도 그 나무 자체는 구원받게 될 것이다. 새로운 뿌리이신 그리스도 안에서 다시 한 번 영광스럽게 꽃을 피우게 될 것이다.[29]

카이퍼의 강의는 하나님 중심적인 신앙의 심오한 일관성을 포함하고 있다. 우리는 카이퍼가 어떻게 중생과 거듭남의 필요성을 강조했는지 살펴본 바 있다. 이 강의에서 두 가지 측면에서 동일한 강조점이 나타나는 것을 확인할 수 있다.

첫 번째 강의에서 카이퍼는 타 종교들을 비교한다. 이슬람과 로마 가톨릭을 칼빈주의와 비교한다. 이슬람교에서는 하나님을 창조에서 분리시키지만 대부분의 타 종교에서는 창조에서 하나님을 찾는다. 로마 가톨릭은 교회에서 발견되는 신비스러운 연결 고리 속에서 하나님과의 접촉점을 찾는다. "그러나 높은 곳에서 영광 중에 계신 하나님께서 창조 세계에 들어오셔서 성령으로 말미암아 피조물들과 즉각적인 교제를 가짐을 선언하는 것은, 오직 칼빈주의가 유일하다"[30]

스토운 강좌 말미에, 카이퍼는 그분의 피조물들에게서 하나님의 목적을 성취하기 위한 성령의 일하심의 필요성으로 돌아온다. 카이퍼가 미래를 말하면서 이 시대를 우울한 색깔로 묘사하지만, 바로 이어서 칼빈주의를 아이올리스 하프에 비유한다.

> 우리가 살고 있는 이 시대는 신앙의 쇠퇴기임이 분명하다. 하나님께서 그의 영을 보내 주시지 않는다면, 방향 전환이 이루어질 수 없을 것이며, 두려울 정도로 빠르게 신앙의 영역이 축소될 것이다. 그러나 문을 열고 하프를 두기만 하면 산들바람이 불어와 음악을 연주할 수밖에 없는 아이올리스 하프를 기억해 보라. 바람이 불기 전까지는 하프는 소리를 내지 못할 것이다. 한편, 비록 바람이 불더라도 하프가 제대로 놓여 있지 않다면 그 하프에서 울리는 어떠한 소리라도 사람들의 귀를 즐겁게 하지는 못할 것이다. 하나님의 영의 새롭게 하심이 없다면 그것 자체로는 절대적으로 무능하다. 하나님께서 우리에게 주신 의무는, 우리의 하프의 줄을 맞추고 제자리에 놓는 것이다. 시온의 하나님의 영의 창문을 열고 산들바람이 불어오기를 기다리자.[31]

카이퍼가 스토운 강좌에서 전한 여섯 강의는 기독교의 가장 완벽한 표현일 뿐 아니라 칼빈주의의 이상이자 절정을 이룬다.

칼빈주의는 우선적으로 칼빈주의만의 특별한 신학을 발전시켰고, 그 다음에는 교회 직제와 정치와 사회적 영향력을 위한 제도 개혁을 실시했다. 이것은 곧 칼빈주의가 일반 은총과 특별 은총의 관계, 기독교와 세상의 관계, 교회와 정부, 그리고 예술과 과학 사이의 관계를 다루고 있음을 보여주는 것이다. 이러한 모든 삶의 표현 한가운데서 항상 자연스럽게 함께 어우러져 이러한 발전들을 가져오는 가장 깊은 삶의 원칙으로 자리 잡고 있었던 것이 칼빈주의이다.

그러므로 이교주의, 이슬람, 로마 가톨릭, 개신교로 알려진 인간 삶의 복잡함과 일맥상통하는 정도에 따라서, 우리는 인간 삶의 공동체에서 네 가지 전적으로 다른 세상들을 구별한다. 그리고 엄격하게 구분하자면, 당신은 심지어 기독교 내에서 칼빈주의가 아닌 것과 이교주의와 이슬람과 더불어 조정하고 조화시킬 수 있을지 모르지만, 결코 칼빈주의를 그것들과 같은 연장선상에서 생각할 수 없음을 알게 될 것이다. **왜냐하면 칼빈주의가 로마 가톨릭주의와 루터주의보다 훨씬 더 순수하고 정확하게 기독교 사상을 구체화시키기 때문이다.**

모든 강좌를 통해서 카이퍼는 이러한 주장을 입증하려고 노력했다.

비판

칼빈주의에 관한 스토운 강좌의 강점과 약점은 그것 자체의 장엄한 구조에 있다. 대략적으로 보면, 카이퍼는 칼빈주의가 발전되었거나 아니면 발전되어야 할 것을 따라 스케치했다. 그러나 때때로 카이퍼는 그의 거대한 사상을 구조화하여 설명하면서 다른 사물들을 비하하거나 이상하게 표현하는 우를 범하기도 했다.

앞서 언급한 카이퍼의 유명한 '혼혈 이론'을 생각해 보라. 카이퍼는 칼빈주의가 인간 종족의 발전에서 최고의 국면이라는 이론을 뒷받침하기 위해, 첫째로 민족적 혈통이 순수하게 고립된 나라들은 퇴보를 가져오고, 국제적인 혈통의 혼합이 잘 이루어진 나라들은 인간 삶의 질의 향상을 가져온다고 주장한다. 더 나아가, "칼빈주의가 왕성한 나라들이 이러한 혈통적 혼합을 가장 잘 보여준다"고 주장하며 다음과 같이 결론을 내린다.

> 자유 가운데 칼빈주의가 여전히 영향력을 발휘하고 있는 미국은, 지금까지 알려진 어떤 나라들보다 혈통의 혼합이 가장 높은 비율로 이루어진 나라이다. 이 나라에서는 고대의 모든 종족들의 피가 함께 흐르고 있다. 아일랜드의 켈트족에서부터 독일과 스칸디나비아 반도의 게르만인에 이르기까지, 이미 왕성한 인종들 간의 혼합이 이루어졌고, 여전히 이를 장려하고 있는 폴란드와 러시아의 슬라브족과 결속하는 데까지 이른다. 이러한 인종

적 혈통의 혼합이 이루어지는 과정을 통해서, 오래된 역사적 국가들이 더 높은 연합을 위해 그리고 끊임없는 미국이라는 나라의 형태에 동화되기 위해 자기 자신들을 용해시키고 있는 것이다. 이러한 관점에서 칼빈주의는 인류의 발전에 있어서 모든 새로운 국면의 발전 조건을 충분히 만족시키고 있다고 볼 수 있다. 칼빈주의는 로마 가톨릭의 지배 아래서도 혈통의 혼합을 강하게 퍼뜨릴 수 있었고, 여기 이곳 미국에서 가장 높은 지점까지 성취를 이루고 있는 것이다.[32]

긍정적으로 본다 해도, 이러한 카이퍼의 상상력이 가득 담긴 글들은 흥미 있는 역사적 추측에 불과하다고 할 수 있다. 그리고 부정적으로 보자면 위험한 인종적 이론이라고 볼 수 있는 것이다. 그러나 카이퍼에 의해 표현된 이 사상들이 카이퍼의 주된 관점은 아니었다는 것을 인식할 필요가 있다. 이러한 생각들은 카이퍼의 다른 작품들을 통해서는 반복되지 않고 왕성한 지적 활동 가운데 잠깐 우회한 것으로 여겨진다.

스토운 강좌에서 카이퍼가 제시한 칼빈주의의 이상적인 묘사에 대한 또 다른 비판은, 카이퍼가 묘사한 것이 역사적 실재와 일치하지 않았고 현재도 일치하지 않는다는 데 있다. 탁월한 구상가였던 카이퍼는 체계적인 계획에 따라 잘 장식된 방식으로 그의 사상들을 세워 나갔다. 그러나 카이퍼는 인간 현실의 죄와 실패들을 충분히 고려하지 않았다.

판 룰러A. A. van Ruler가 '카이퍼의 기독교 문화 사상 비판'[33]에서—물론 종종 과녁이 빗나가기도 했지만—우리의 구속자이신 그리스도의 구속 사역이 카이퍼 사상의 배경이 되었다고 지적한 것은 옳다.[34] S. J. 리델보스 박사가 지적한 것처럼, "카이퍼는 기독교 문화의 문제를 칭의의 시작점으로부터 충분히 접근하지 못했다."[35]

카이퍼를 신칼빈주의라고 비난하는 다른 종류의 비판을 앞에서 언급했다. 카이퍼의 자유교회 사상과 그의 '경건주의적 엄격주의'는 트뢸치를 따르는 원래의 칼빈주의로부터 파생된 것이다. 그러나 우리는 이러한 비판이 실제로 정당화될 수 없음을 살펴보았다.

그러나 카이퍼가 말년에 자신의 작품들에 대해서 공식적으로 "신칼빈주의"라고 지칭한 것을 받아들였다는 것은 주목할 만한 사건이다. 카이퍼는, 현재 통용되는 모든 의견과 사상의 학파들은 그 시대의 날인을 받고 있음을 함축하는 것이라고 자신의 입장을 변호했다. "이것은 역시 칼빈주의에도 해당되는 것이다. 칼빈 자신도 그를 움직이게 했던 주된 동기들이 함축하는 것을 완전히 이해하거나 구현하지 못했다."[36]

카이퍼는 16세기의 제네바와 19세기의 네덜란드 그리고 미국의 어려운 상황들을 지적한다. 카이퍼는 결코 보수주의자로 불리는 것을 원하지 않았다. 그렇다고 카이퍼가 근대주의자는 아니었지만, 그가 원했던 것은 그 시대에 맞게 칼빈주의의 위대한 원리들을 적용하는 것이었다. 카이퍼는 칼빈과 동일한 신앙을 고백했고, 특히 정치 영역에서 칼빈주의 원리들을 적용했다. 우리에게 중요하게 남아 있는 것은 카이퍼가 그 시대의 필요에 맞는 방식으로 칼빈주의를 적용했다는 것이다. 그리고 이러한 관점에서 카이퍼는 진정 신칼빈주의자라고 불릴 수 있다.

13

두 가지 은혜

새로운 강조점

네덜란드로 돌아온 후에, 카이퍼는 '드 헤르아우트'지에 연속해서 글을 써 나가기 시작했다. 카이퍼는 1895년 9월부터 일반 은총에 대해서 글을 쓰기 시작했고, 1901년 7월에 마무리지었다.

카이퍼가 미국에서 행한 강좌들이 이 주제의 글을 쓰는 데 영향을 주었다고 하는 것을 놀라운 사실이 아니다. 그의 책 「칼빈주의 강연 *Het Calvinisme*」에서 카이퍼는 반복적으로 칼빈주의 세계관의 광범위함에 대해서 지적했다. 이러한 광범위함은 카이퍼가 믿기로는 하나님의 모든 창조물과 모든 인간 문화를 통해 관찰되어지는 '은총'에 대한 인식으로부터 흘러나오는 것이었다.

이러한 강조점을 둔 것 때문에 카이퍼는 자주 일반 은총의 사람이라고 불렸다. 카이퍼가 전 창조세계를 통해 하나님의 선하심을 명백하게 볼 수 있다는 사실을 강조했기에, 기독교 내에서의 심각한 세속화의 과정을 촉진시켰다는 주장도 제기되어 왔다.[1]

이러한 주장을 부인할 수 없는 것은, 하이쩌마Haitjema가 이러한 문제점을 제기했을 때 유럽과 미국의 교회에서 이미 상당하게 세속화가 영향을 미치기 시작했기 때문이다. 카이퍼가 주도적으로 활동했던 교회들도 이러한 영향력에서 자유로울 수 없었다. 제1차 세계대전 동안, 물질주의가 많은 영역에서 창궐했다. 헤르만 바빙크는 다음과 같이 경고의 말을 남겼다. "가장 엄격한 정통주의조차도 밀수와 고리대금, 사업상의 부정과 사기, 사회와 정치의 불의함의 죄를 숨기지 못한다"[2]

그러나 카이퍼의 일반 은총에 대한 교리가 전적으로든 부분적으로든 이러한 상황에 책임을 가지고 있다고 주장하는 것은 옳지 않다. 사실, 한쪽으로 카이퍼가 "경건주의적 엄격주의자"라고 비판받고, 다른 한편으로 의도하지 않은 "세속주의자"라고 비판받는 것을 보는 것은 웃기는 일이다. 사실대로 말하자면, 물론 이 둘다 카이퍼를 제대로 평가하는 것이 아니다.

이 장에서는 카이퍼가 사용한 '일반 은총'의 의미가 무엇인지 제대로 보여주고자 한다. 그러나 우리가 무엇보다 먼저 염두에 두어야 하는 것은 카이퍼가 일반 은총을 강조했던 것만큼이나 특별 은총을 강조했던 사람이라는 사실이다. 물론 카이퍼의 인생 말년으로 가면서 일반 은총에 대한 강조가 있었다는 것은 사실이지만, 우리 인간의 어떠한 노력이 아니라 오직 하나님이 자녀로 우리를 받아 주시는 특별한 은총에 대한 필요가 카이퍼의 사고에 근본적으로 깔려 있었던 전제였다는 사실을 기억할 필요가 있다. 이러한 생각이 카이퍼의 전 생애에 걸쳐 유지되었다고 말할 수 있다. 한마디로 말하자면, 카이퍼는 그의 생애 마지막까지 신실한 개혁교회 그리스도인으로 남았다.

특별 은총

카이퍼는 예정 교리의 고백이 교회의 심장과 같은 교리임을 확신했다.[3] 어느 정도까지는 카이퍼가 자기를 가르쳤던 스승이었던 근대주의자 J. H. 스콜턴 교수의 영향을 받은 것이 분명하다. 스콜턴은 하나님의 절대 주권의 원리를 종교의 근본으로 수호했다.[4] 그러나 카이퍼가 단호한 칼빈주의자들을 통해 회심하고 난 후에는 자신이 스콜턴과 근본적으로 다르다는 사실을 발견했다. 카이퍼 자신이 우리에게 말해 주는 대로, 스콜턴의 근대주의는 하나님이라고 하는 **사고**에서 출발한다는 점에서 **결정론적인** 반면에, 진정한 개혁 신학은 **살아 계신 하나님**으로부터 시작한다는 점에서 **성경적**이라고 할 수 있다. 진정한 개혁주의 신학자라면, 체계를 세우는 것이 아니라 마리아가 예수님 발 앞에 엎드려 그분의 말씀에 청종한 것처럼 하나님의 말씀 앞에 무릎을 꿇어야 한다.[5]

모든 사람이 선택된 것이 아니라는 예정론 교리가 사실이라면, 하나님께서 자신의 아들을 주신 특별한 은총이 있다는 것도 분명한 사실이다. 개혁교회 신앙고백이 하나님의 특별 은총에 대해 풍성하게 가르친다는 것은 명백한 사실이다. 하이델베르크 요리문답은 모든 사람이 구원받는 것이 아니라 오직 믿음으로 그리스도에게 접붙여진 사람들만이 자녀로서의 모든 혜택을 누리게 된다는 사실을 분명히 선언한다. 도르트 신경에서도 "하나님의 영원한 작정에 따라 하나님으로부터의 신앙의 선물을 받는 사람이 있고, 받지 못하는 사람이 있다"고 언급한다.

그러나 이 진리야말로 강단에서 선포하기 시작할 때 카이퍼가 담대할 수 있었던 원천이었다. 카이퍼가 암스테르담 교회에 부임하고 난 후에 이 문제에 대해서 다음과 같이 언급했다.

우리의 직무는 결코 쉽지 않다.

140년 이상 동안 독일과 우리나라의 저명한 신학자들이 그들의 모든 실력을 발휘하여 특별 은총에 대한 교리에 대해 반박하거나, 분명치 않은 입장을 고수해 왔다. 결과적으로 우리 시대에 있어서도, '제한 속죄'에 대한 어떤 신앙도 어리석은 것이라고 낙인을 찍는 공적인 의견들이 주된 흐름을 형성하고 있다. 오늘날 우리 개혁교회의 대부분의 목회자들은 개혁교회가 왕성하던 시대에도 언제나 이와 상반된 견해가 있었다는 것을 잊어버렸다. 이제 와서, 가장 대중적으로 읽히는 일간 신문에서 특별 은총에 대한 탄원이 갑자기 예상치 않게 기고되었다는 사실에 놀라서는 안된다.

이 기사의 기고자가 10년 전인 1879년에 감히 암스테르담에서 '영원한 선택의 위로'에 대해서 설교하고 난 직후에, 그의 신학교 동료였던 목사가 암스테르담 서교회에서 '그리스도가 모두를 위해서 죽었다는 복음 외에 또 다른 복음을 전하는 자는 저주를 받을지어다'라는 주제로 설교함으로 소란을 야기한 사건이 있었다.[6]

카이퍼는 여기저기서 영원한 선택이 주는 위로에 대해서 강조했다. 카이퍼에게 예정 교리는 이론적으로 받아들여야만 하는 차갑고 딱딱한 교리가 아니라, 좋은 소식인 복음이 담긴 꾸러미였다. 그가 언급한 설교에서 카이퍼는, 하나님의 면전에서 자신들의 죄악됨과 무가치함을 깊이 인식하고 있는 청중들에게 다음과 같은 말씀을 붙잡을 것을 강하게 요청했다. "그러나 나의 종 너 이스라엘아, 내가 택한 야곱아, 나의 벗 아브라함의 자손아……두려워하지 말라. 내가 너와 함께 함이라. 놀라지 말라. 나는 네 하나님이 됨이라. 내가 너를 굳세게 하리라. 참으로 너를 도와주리라. 참으로 나의 의로운 오른손으로 너를 붙들리라"(사 41:8-10).[7]

카이퍼는 하이델베르크 요리문답에 대해 강해하며 예정에 대해서 다룰 때, 같은 점을 강조했다. 그는 때때로 신자의 마음을 압박하는 영원한 구원에 관한 불확실한 체험에 대해서 지적했다. "구원의 감격을 누린 적이 있는 신자가 자기 자신에게 묻는다. 이제 모든 것은 지나갔다는 말인가? 그러나 그때 성경이 그에게 대답하기를, 구세주가 그에게 취소될 수 없는 신적인 선택의 확신과 더불어 평안을 주고, 하나님이 그 안에 거하기에, 그 누구라도 그를 아버지의 손 안에서 잡아챌 수 없다."[8]

그렇다고 해서 우리는 카이퍼가 특별 은총에 대한 교리를 주로 논리적이거나 실천적인 측면에서만 다루었다고 보아서는 안 된다. 카이퍼를 지지하던 받침목은 성경의 철저한 가르침이었다! 카이퍼는 심지어 다음과 같이 선언하기도 했다. "성경을 통해서 우리에게 분명히 계시해 준 신적인 선택의 존재를 부인하거나 의문을 제기하는 교회는 기독교회라고 할 수 없다."[9]

카이퍼는 그러고 나서 히브리어 바카르*bachar*와 그리스어 에클레게인*eklegein*의 특별한 의미를 설명한다.[10] 예정을 부인하는 보편구원론자들이 항상 같은 본문을 증거구절로 삼는다는 것을 생각하라(요일 2:2, 딤전 2:4, 벧후 3:9). 카이퍼는 다음 본문들을 다룬다.[11] 그는 "그는 우리 죄를 위한 화목 제물이니 우리만 위할 뿐 아니요 온 세상의 죄를 위하심이라"(요일 2:2)에 대해서 다음과 같은 관찰을 내놓는다. 첫째, "온 세상의 죄"라고 할 때 "죄"는 성경 원문에 등장하지 않음을 지적한다. 이 부분에 대한 원문의 바른 번역은 "온 세상"이다. 둘째, 전치사 "위하여"는 그리스어에서 "대신해서"의 의미가 아니라 "관련해서"의 의미이다. 셋째, 화목 제물이란 원어로 볼 때 화목의 수단이 아니라 화목의 사실과 화목의 행동 그 자체를 의미하는 것이다(참조. 롬 3:25). 넷째, "온 세상"은 모든 사람을 의미하는 것이 아니다(참조. 막 14:9; 16:15, 롬 1:8, 골 1:6, 요일 5:19). 요한복음에서 세상, 곧 "코스모스"의 의미는 사탄에 의해 지배당하는 조직된 삶을 의미한다(참조. 요일

2:15, 5:5). 이 본문은 우선 우리 개개인의 모든 죄를 말하고, 그 다음에는 아담의 후손에게 전가된 죄책을 의미하며, 마지막으로는 우리 인류를 위한 그리스도의 사역을 의미한다.

카이퍼는 인류를 위한 그리스도의 사역에서, 이 구절이 한편으로는 그리스도가 전 인류의 죄를 향한 하나님의 진노를 짊어지셨기에 인간을 구원하기 위해서 다른 어떤 것도 필요로 하지 않는다는 것을 의미하면서, 다른 한편으로 성경이 예수가 자기에게 속한 사람, 곧 "세상 중에서 내게 주신 사람들"(요 17:6)만을 위해 죽었음을 강력하게 강조한다고 주장한다.[12] 1879년의 마지막 묵상에서, 그는 기도와 송영으로 자신의 묵상을 마무리한다.

오 놀라우시고 자비하신 하나님! 묵상의 끝자리에서 우리 영혼이 당신께 감사를 드리나이다.

우리가 당신께 감사드리는 것은, 당신께서 당신의 거룩하신 독생자를 주시면서까지 우리를 위해 보혈을 흘려 주셨기 때문입니다. 오 하나님! 우리의 불경건한 의지와 우리 마음속의 상상력의 왜곡을 아시기에, 영원한 구원을 우리 인간들의 마음의 선택에 두지 않으시고, 당신의 신적인 능력을 통해, 당신의 독생자의 보혈로 인한 당신의 신적인 경륜 가운데 두심을 감사드립니다. 이것이 이 세상에 당신의 백성들이 존재하는 이유입니다. 심연에서 건지셔서 친히 당신의 백성 삼으신 당신의 변치 않는 뜻으로 인해, 당신의 자녀들은 하늘나라 백성의 자태 안에서 영원한 평강을 누리게 됩니다.

당신 집의 거룩함과 당신의 자유하게 하시는 진리의 풍성함을 따르지 않은 우리 입의 모든 말을 용서하시고, 덮으시고 속하소서.

당신의 위대한 은혜로, 당신의 진리로부터 멀어진 자들의 눈을 여소서. 그들의 죄과대로 그들을 대하지 마시고, 그들의 마음 눈을 여셔서 주의 얼굴을 보는 것으로 만족하게 하소서(시 17:15).

당신의 측량할 수 없는 경륜이 당신의 기쁨이 되셨다면, 오모든 구원의 원천이시며 모든 자비의 아버지시여, 우리의 나라와 교회 위에 자리 잡고 있는 장막을 제거하시고, 부끄러움 가운데 당신께 돌아온 당신의 백성들에게 자비를 베푸소서. 그리고 거의 죽은 상태에 있는 우리나라에 있는 그리스도의 몸에 생명의 호흡을 불어넣어 주소서. 하나님이시여, 제발 당신의 자비를 특별히 여기에 베풀어 주소서. 그래서 우리가 아무것도 아닌 우리의 신실함에 의존하기를 배우지 않게 하시고, 오직 당신 뜻의 경륜에 의지하기를 배우게 하소서! 이미 시작되었고 진행되고 있는 마지막 날에 영광스럽게 완성될 거룩하고 선한 사역을 통해, 오직 당신의 이름만 높아지게 하소서. 아멘![13]

일반 은총

카이퍼는 하나님의 은총이 **하나**라는 것을 믿었다. 그것은 받을 만한 자격이 없는 죄인들에게 베푸시는 하나님 아버지의 영원한 사랑과, 예수 그리스도의 보혈로 말미암아 믿음으로 구원을 주시는 호의를 말하는 것이다. 하나님의 은총은 우리의 행위에서 난 것이 아니라 신적 선물이다(엡 2:8).

그러나 카이퍼는 일반 은총의 사람으로 불리었다. 카이퍼의 가르침이 **두 종류**의 은총에 대해서 상당히 강조했다고 하는 것은 부정할 수 없는 사실이다. 이 두 종류의 은총 가운데 하나는 하나님께서 택하신 자들을 위한 것이고, 다른 하나는 모든 인류를 위한 것이다.

여기서 논란이 되는 것은, 카이퍼가 일반 은총이라고 할 때 그것이 무엇을 의미했느냐 하는 것이다. 카이퍼는 분명 알미니안주의자는 아니었다. 카이퍼는 전심을 다해 도르트 신경을 신봉했다. 그리고 타락한 자연인이 일반 은총을 잘 사용할 수 있다거나(자연의 빛을 이해함으로), 타락 이후에도 여전히 이러한 기능이 남아 있어서 복음전도나 구원하는 은총, 혹은 구원 그 자체를 잘 사용함으로 점차적으로 구원받을 수 있다거나, 이러한 방식으로 하나님 편에서 그리스도를 모든 사람들에게 계시하신다고 주장하는 사람들이 가지고 있는 생각을 전적으로 부인했다.

그러므로 모든 사람을 위한 구원의 은총은 없다. 그러나 모든 사람들에게 주어진 어떤 종류의 은총이 있다는 것은 사실이다.

카이퍼가 일반 은총에 대한 글을 싣기 시작했을 때, 또 다른 위대한 네덜란드 개혁주의 신학자인 헤르만 바빙크가 같은 주제의 글을 썼다는 것은 흥미로운 사실이다. 깜뻔 신학교의 교수였던 헤르만 바빙크는 1894년에 '일반 은총'이라는 주제로 강연을 했다.[14]

이것을 우연이라고 보기는 쉽지 않다. 카이퍼와 바빙크는 모두 레이던에서 수학을 했다. 바빙크는 어렸을 때의 신앙을 계속해서 유지했고, 반면에 카이퍼는 어느 시점이 지난 이후에 개혁 신앙의 복음을 재발견하였다. 어떤 면에서는 양자 모두 레이던의 학풍을 이어받았다고 할 수 있다. 그들은 비록 동일한 근본적인 진리에 대한 확신을 공유하지 않았음에도, 몇몇 뛰어난 교수들과 더불어 평생 동안 사제 관계를 유지했다는 공통점을 가지고 있다. 그들은 그 시대의 근대주의 문화의 가장 탁월했던 대표자들과 직면해야만 했다. 그러는 동안에 그들은 기독교와 문화의 관계에 대해서 질문할 수밖에 없었다. 고대 기독교의 용어를 빌려 표현하자면, 예루살렘과 아테네가 무슨 관계인가? 아니면 토마스 아퀴나스의 용어를 빌려 표현하자면, 어거스틴의 사상과 아리스토텔레스의 철학은 무슨 관계가 있단 말인가?

바빙크는 그의 연설에서, 칼빈이 다른 개혁자들보다도 자연인의 삶의 가치에 대해 더 높이 평가했다는 것을 지적했다.[15] 비록 칼빈의 저작에서 '일반 은총'이란 용어는 찾아보기 어렵지만,[16]

칼빈이 분명 타락 후에 하나님께서 인간의 죄악된 행동들을 억제하셨고, 인간의 이성을 보존하셨으며, 모든 창조물들의 재능들을 허락하셨다는 것을 가르친 것은 분명한 사실이다. 칼빈은 이 모든 것의 원천으로서 하나님의 호의와 자비를 지적했다.[17]

카이퍼의 일반 은총에 대한 글은 '드 헤르아우트'지에 연속해서 실렸고(1895-1901년), 이후 3권의 책으로 출간되었다(1902-1905년). 이 책들은 카이퍼의 저작 중 가장 유명하고 가장 논쟁적이며 가장 영향력 있는 작품들 중 하나가 되었다.[18]

애시 당초 일반 은총이란 용어를 쓴 것에 대해 카이퍼는(보편 은총에 반대하여), 그 자신이 이야기하고자 하는 것은 구원의 은총이 아니라 하나님께서 자신의 모든 피조물들에게 타락 이후 즉각적으로 베푸신 호의를 말하는 것이라고 밝혔다. 만약 하나님께서 그렇게 하지 않으셨다면, 죽음과 지옥의 권세가 모든 곳을 지배했을 것이기 때문이다. 좀 더 정확한 형식으로 말하자면, 이 일반 은총은 홍수 후에 노아와 언약을 맺을 때에 선포되었다.

카이퍼는 그 다음에 두 은총의 차이점을 설명하기 시작한다. 첫째로, 특별 은총은 하나님의 선택과 관련되는 것인 반면, 일반 은총은 모든 인류 각자에게 일반적으로 적용되는 것이다. 둘째로, 특별 은총의 궁극적 목표는 영생이지만, 일반 은총의 목표는 자연적 삶의 유지와 발전이다. 셋째로, 특별 은총의 결과 하나님 앞에서 의로움을 얻게 되지만, 일반 은총의 결과는 시민 사회의 공의를 가져온다.[19]

자연적 삶의 발전이 관련되는 한, 일반 은총은 인간이 죄로 말미암아 하나님으로부터 받게 된 저주를 억제시킨다는 사실을 카이퍼는 지적했다. 비록 덤불과 엉겅퀴가 있지만, 일용한 양식도 주어지는 것이다. 인간은 삶을 계속해서 유지한다는 면에서 일반 은총은 인간 역사의 전제라 할 수 있다. 하나님께서는 인류의 조건과 관계들을 유지시키셨다.

카이퍼는 다양한 형태로 있는 결혼 관계를 지적했는데, 그 중의 몇은 완전히 부패한 것이었다. 그는 그러한 부패에도 불구하고 결혼 그 자체가 축복의 통로라고 하는 사실은 부인할 수 없음을 밝혔다. 이런 방식으로 가정생활과 모든 사회적 관계 그리고 인간의 삶 전체가 설명되어질 수 있음을 주장했다.

바벨탑이 지어지기 전까지는 인류가 유기적인 공동체를 이루고 있었지만, 언어의 혼잡 이후에 각 종족들로 흩어지게 되었다. 종족들이 모여 구성한 국가는 하나님의 선물이라고 할 수 있다. 분명한 사실은, 정부가 죄의 영향력을 억제하는 역할을 분명히 감당하고 있다는 것이다. 요약하자면, 하나님의 일반 은총으로 인해 우리가 여전히 이 세계에서 삶을 유지하는 것이 가능하다는 것이다. 원래 창조 시의 피조물들의 가능성이 어느 정도까지는 여전히 실현되어질 수 있는 것이다.

"어느 정도까지는"이라고 카이퍼가 언급한 이유는, 고등 문화라고 하는 것은 반드시 왜곡될 수밖에 없기 때문이었다(카이퍼에게 고등 문화라고 하는 것은, 하나님이 인정할 만한 참되고 선하고 아름다운 것들을 향한 인식과 추구와 같은 것을 의미했다). 그러나 카이퍼는 기술적인 영역에 있어서는 인류가 계속해서 자연의 힘을 다루는 데 정통할 것이므로 충분히 발전될 수 있다고 보았다.

그래서 우리는 일반 은총이 하나님 나라의 도래를 위해서도, 적그리스도의 도래를 위해서도 기여할 수 있다는 것을 알 수가 있다. 일반 은총은 인간성을 보존함으로 복음을 위한 공간을 준비하면서, 또한 죄의 발전을 위한 기반을 마련함으로 죄의 발현이 정점에 이르도록 이끌 것이다.

카이퍼의 일반 은총 교리는 상당히 영향력을 미치게 될 것인데, 왜냐하면 기독교와 일반 문화와의 관계를 재고할 것을 강력하게 요청했기 때문이다. 19세기 네덜란드 개혁교회 일각에서는 반문화적인 경향성이 지배하고 있었다. 이 사람들은 생각하기를, 이 땅에서 기독교 신자로서의 삶은 길 한복판을 걷기보다는 가장자리를 걷는 것이라고 생각했다. 그들은 일반적으로 현대의 발전된 문명과 그 안에 있는 사람들과의 어울림이 겸손하고 경건한 태도와 늘 갈등을 일으킨다고 생각해 왔다. 예를 들면, 그들 중 많은 사람들이 천연두에 대한 백신 접종을 비판했는데, 그것은 인간의 몸과 건강에 대한 하나님의 섭리에 대해 인간이 믿지 못하고 쓸데없이 참견하는 것이라고 생각했기 때문이었다. 그들은 또한 화재보험이나 생명보험의 필요성에 대해 거부했는데, 이는 신자라면 하나님을 신뢰하고 미래를 완전히 그분의 손에 맡겨야 한다고 생각했기 때문이었다.

장편의 일반 은총에 대한 논고에서 카이퍼는 이러한 문제들을 상세하게 다루었다.[20] 카이퍼는 성경으로부터 예방 조치를 취하는 것이 하나님의 선물이며 심지어 신적인 명령이기도 하다는 사실을 보여주었다.

여파

카이퍼의 일반 은총 교리가 아무런 도전을 받지 않은 것은 아니었다. 한편으로는 많은 사람들에 의해 그들의 삶 전체에 대한 전망이 넓어졌다고 긍정되어졌지만,[21] 다른 한편으로는 카이퍼 측근 사람들에 의해 일반 은총 교리에 대한 논쟁이 불거져 나오게 되었다. 네덜란드 개혁교회의 신학자들 가운데서는 카이퍼의 주장에 동의하지 않음을 공개적으로 밝히는 사람들이 있었고, 카이퍼의 일반 은총 교리로 인해 북미 기독교개혁교회의 분열을 발생시켰다고 주장하기도 했다.

카이퍼의 지지자들에 의해 다음과 같은 질문들이 제기되었다. 창조의 중보자로서 그리스도 안에서 발견되는 일반 은총의 원천의 참된 빛이 모든 사람에게 비추어지는 것인가?(요 1:9) 이것은 카이퍼가 가르친 것이었다. 아니면 드 흐라프S. G. de Graaf와 헤르만 도여베이르트가 주장한 것처럼 일반 은총은 구속 중보자로서의 그리스도에 기초한 것으로 보아야 하는가? 또 다른 질문은, 일반 은총이 우주만물의 잠재력 발전과 같은 그것 자체의 목적을 가지고 있는가? 그렇지 않다면 그것이 오직 특별 은총을 확장시키기 위해서만 주어진 것인가?

이러한 질문들은 주로 카이퍼의 사후에 논의되어진 내용들이었다. 비판들은 국가교회를 찬성하던 T. L 하이쩌마와 A. A. 판 룰러와 같은 신학자들에 의해 제기되었는데, 그들은 카이퍼의 선택받은 사람들만을 위한 특별 은총 교리를 반대했다. 판 룰러는 일반 은총 교리를 영적이고 이원론적이라 보고, 인간 삶의 전 영역을 새롭게 하는 원천으로서 예수 그리스도의 하나의 은총이라고 부르기를 선호했다.[22]

동시에 깜뻔 신학자인 끌라스 스킬더Klaas Schilder는 카이퍼의 일반 은총 교리를 예리하게 비판했다. 스킬더는 "은총"이라는 용어를 불신자들과 관련해서 쓰기를 원치 않았는데, 이는 하나님께서 그들에게는 은혜를 베푸시지 않기 때문이라고 주장했다. 스킬더는 에덴동산에서 하나님에 의해서 이루어진 언약의 사역을 자신의 견해의 출발점으로 삼았는데, 그는 일반 은총 대신 일반 **의무**(언약을 지키는) 혹은 일반 **명령**(정복하고 다스리는)이라고 쓰도록 제안했다. 타락 후에 하나님께서는 자연 법칙을 그대로 보존하셨다. 비록 하나님께서 세계를 보존하시고 그것이 발전하게 하시고 정점에 이르도록 이끄시지만, 이러한 하나님 편에서의 활동을 은총이라고 부를 수는 없다는 것이다. 더 정확히 말하면, 주님께서 그분의 창조를 사랑하시지만 죄악을 미워하시므로, 일반 심판이라고 불러야 한다는 것이다.[23]

일반 은총에 관한 논의와 논쟁이 분열음을 내면서 일어났다. 1942년에 네덜란드 개혁교회 총회는 다음과 같은 교리적 결정을 내렸다.

교회는 고백한다.

첫째, 타락 후에 하나님께서는, 곧바로 죄와 사망과 저주로부터 구원하셔서 당신의 교회를 모으기 시작하셨다. 하나님께서 인간의 모든 불경건함과 불의에 대해서 분노하시지만(롬 1:18), 그분은 이 세대 동안 이 타락한 세상에 대한 죄의 심판을 완전히 행하지 않으신다. 오히려 하나님의 오래 참으심과 인내를 통해서 선인과 악인에게 동일하게 해를 비추시고, 모든 선한 것을 인류에게 주신다(마 5:45, 행 14:17).

둘째, 하나님께서는 비록 이 모든 것들이 구원을 위해서는 분명히 불충분하고, 사물들과 자연과 사회적으로 이러한 빛을 올바르게 사용할 수 없음에도 불구하고, 사람에게 약간의 원창조시의 재능과 자연의 빛을 남겨 두셨다(벨직 신앙고백 14조, 도르트 신경 3장, 4장 4조).

셋째, 이렇게 남아 있는 것들과 혜택들이 인간으로부터의 모든 변명의 여지를 제거할 뿐 아니라, 죄를 일시적으로 통제함으로 원창조시 주어진 가능성들이 이 죄악된 세계 가운데서도 여전히 발전될 수 있도록 하셨다.

넷째, 이 사실로 인해, 하나님께서는 그분의 주권적 선함을 악인과 선인, 의로운 사람과 의롭지 않은 사람들에게, 그리스도를 통해 주신 구원하는 은혜와는 분명히 구별되는 은총인 '일반 은총'이나 '보편 은총'이라는 용어를 통해 우리에게 보여주신다.[24]

이러한 결정이 이루어진 다음에 논쟁이 다시 시작되었고, 2년 후에 교회 안에서 파열음이 들리게 된다. 그럼에도 불구하고 분명히 강조되어야 하는 것은, 1942년에 네덜란드 개혁교회에서 일반 은총 교리에 관해 카이퍼의 주장의 연장선 속에서의 만장일치의 합의가 있었다는 점이다.

북미의 기독교개혁교회 교단에서도 카이퍼의 일반 은총 교리에 대한 항의가 있었다. 칼빈주의에 대한 강연에서 카이퍼는, "세상의 모든 삶을 주관하시는 하나님께서는, 타락 시 죄로 말미암은 저주로부터 완화를 가져오시고 타락의 진행을 억제하심으로 우리 삶의 자유로운 발전을 허용하셔서, 하나님 자신을 창조주로 영광 돌리게 하셨다"고 말했다.[25] 북미 기독교개혁교회 교단에 속했던 훅스마와 단호프 목사는 오직 택자들만이 하나님의 은혜의 수납자가 될 수 있음을 확신했다. 엄격하게 말하자면, 이런 이유에서 어떤 선의의 은혜라고 하는 것도 모든 사람들에게 확대되어서는 안되며, 심지어, '일반 은총' 교리를 도입하는 것은 세속화를 촉진하는 것이라고까지 주장했다.

1942년의 칼라마 주에서의 북미 기독교개혁교회 교단 총회에서, 북미 기독교개혁교회는 일반 은총 교리 논란과 관련해서 결정을 내렸다. 총회에서 보고할 보고서에는 칼빈과 우르시누스와 마스트리히트와 같은 개혁주의 신학자들의 저작들이 많이 인용되었다. 총회에 의해서 내려진 결론은, 비록 어떠한 **구원과 관련된 선**은 없지만 비중생자들도 죄를 억제하는 힘이 있으며, 모든 창조물에게 보이시는 하나님의 어떠한 호의나 은총을 통해 **공공선**을 행사할 수 있다는 것이었다. 이 총회에서는 또한 동일하게 세속화에 대한 위험성을 경고하는 선언문을 각 교회에 배포했다.[26]

이러한 모든 노력에도 불구하고, 북미 기독교개혁교회 교단에서도 분열이 일어났다. 칼라마주에서의 3가지 합의점에 동의하지 못하는 사람들이 모여 개신교개혁교회Protestant Reformed Church라는 새 교단을 형성했다.

미국 프린스턴 대학에서 스토운 강좌를 마치고 명예 법학박사 학위를 받은 카이퍼(1898년)

생애 처음으로 증기선을 타고 대서양을 건너 미국에 도착한 그는, 미국 내에서 여러 모로 환대를 받았다. 그가 행한 강의의 제목은 그가 그토록 사모하는 바 '칼빈주의 강연'이었다.

1901년 네덜란드 수상에 취임한 카이퍼가 구성한 내각

"카이퍼가 수상직을 수행할 때는 한참 사회 민주주의가 발흥하던 시기였다. 급진적이고 심지어 무정부적인 요소들이 이러한 새로운 운동에 포함되어 있었다."

수상 재직 마지막 해의 카이퍼(1905년)

카이퍼의 신학적 동지였던 헤르만 바빙크

철벽같은 근대 자유주의 신학에 항거하여 종교개혁 신학의 부흥을 추구한 신앙의 용사들이 있었으니, 그들은 바로 카이퍼와 그의 후계자인 헤르만 바빙크였다.

카이퍼 내각의 식민지 분야를 담당했고 이후에 동인도 회사의 총독이 된 이덴뷔르흐
카이퍼를 전적으로 신뢰했던 이덴뷔르흐는, 카이퍼가 죽을 때까지 절친한 친구로 남아 있었다.

14 그리스도 우리의 왕

카이퍼의 마음

아브라함 카이퍼는 하나님의 자녀였다. 이것이 그에 대해서 말할 수 있는 최고의 표현이다. 카이퍼의 마음은 하나님과 함께였으며, 또한 하나님의 백성들과 함께 있었다. 수많은 사람들에 의해 그는 **신비로운** 사람으로 여겨졌다.

여기서 "신비적인"이라는 말은 한 가지 이상의 의미를 가지고 있다. 일반적으로 이 말은, 하나님과의 개인적인 교제의 경험을 의미한다. 또한 마음속에 성령의 사역의 결과로, 그리고 하나님의 영감된 말씀에 대한 반응으로서의 교제라 말할 수 있으며, 영적인 세계와의 친밀한 접촉을 의미할 수도 있다. 이러한 신비주의는 기독교뿐 아니라 불교와 힌두교와 이슬람교를 포함한 다른 종교에서도 발견된다.

카이퍼는 소위 '거짓 신비주의'의 위험성에 대해 경고했다. 이에 대해 그는, "신비에 빠져든 영혼은 그들만의 방식으로 진행하고, 모든 종류의 이단에 반복해서 빠져 들어가며, 다양한 종류의 도덕적 오류에 빠지기 쉽다"고 언급했다.[1] 그러나 카이퍼는 그 자신의 마음에서의 신비적인 연합과 모든 하나님의 백성들의 마음을 그리스도와 함께 말하기를 좋아했다.

이것이 카이퍼가 추구했던 삶이었고, 사후에 그가 다른 그 어떤 것보다도 이러한 삶으로 기억되었던 것이다. 카이퍼의 가까운 친구였던 이덴뷔르흐는 카이퍼의 장례식에서 추모사를 남겼다. 카이퍼가 오랫동안 투병생활하는 동안 거의 매일 그를 방문했던 절친한 친구로서, 카이퍼의 다정다감함에 대해 언급했다.

> 카이퍼의 다정다감함의 원천은 그의 인생의 주인이신 하나님을 향해 있었기에, 그의 영혼 깊은 곳에서 우러나올 수 있었던 위대한 사랑이었다. 카이퍼가 그 자신의 삶을 하나님께서 어떻게 인도하셨는지 솔직하게 털어놓을 때면, 그의 눈에는 불꽃이 튀었고, 그의 말은 달아오르기 일쑤였다. 카이퍼를 증인되게 한 것은 이러한 사랑이었으며, 임종 시에도 하나님은 여전히 그의 피난처와 환난 중의 도움이셨으며 그의 방패이셨다.
>
> 카이퍼는 묵상할 때에 이러한 자신의 영혼의 부드러움을 가장 분명히 보여주었다. 그는 얼마나 깊이 "하나님과 가까이 하는" 복을 경험했던가?[2]

1922년 헤르만 바빙크에 이어 자유대학의 교수가 된 암스테르담

14 그리스도 우리의 왕

카이퍼의 마음

아브라함 카이퍼는 하나님의 자녀였다. 이것이 그에 대해서 말할 수 있는 최고의 표현이다. 카이퍼의 마음은 하나님과 함께였으며, 또한 하나님의 백성들과 함께 있었다. 수많은 사람들에 의해 그는 **신비로운** 사람으로 여겨졌다.

여기서 "신비적인"이라는 말은 한 가지 이상의 의미를 가지고 있다. 일반적으로 이 말은, 하나님과의 개인적인 교제의 경험을 의미한다. 또한 마음속에 성령의 사역의 결과로, 그리고 하나님의 영감된 말씀에 대한 반응으로서의 교제라 말할 수 있으며, 영적인 세계와의 친밀한 접촉을 의미할 수도 있다. 이러한 신비주의는 기독교뿐 아니라 불교와 힌두교와 이슬람교를 포함한 다른 종교에서도 발견된다.

카이퍼는 소위 '거짓 신비주의'의 위험성에 대해 경고했다. 이에 대해 그는, "신비에 빠져든 영혼은 그들만의 방식으로 진행하고, 모든 종류의 이단에 반복해서 빠져 들어가며, 다양한 종류의 도덕적 오류에 빠지기 쉽다"고 언급했다.[1] 그러나 카이퍼는 그 자신의 마음에서의 신비적인 연합과 모든 하나님의 백성들의 마음을 그리스도와 함께 말하기를 좋아했다.

이것이 카이퍼가 추구했던 삶이었고, 사후에 그가 다른 그 어떤 것보다도 이러한 삶으로 기억되었던 것이다. 카이퍼의 가까운 친구였던 이덴뷔르흐는 카이퍼의 장례식에서 추모사를 남겼다. 카이퍼가 오랫동안 투병생활하는 동안 거의 매일 그를 방문했던 절친한 친구로서, 카이퍼의 다정다감함에 대해 언급했다.

> 카이퍼의 다정다감함의 원천은 그의 인생의 주인이신 하나님을 향해 있었기에, 그의 영혼 깊은 곳에서 우러나올 수 있었던 위대한 사랑이었다. 카이퍼가 그 자신의 삶을 하나님께서 어떻게 인도하셨는지 솔직하게 털어놓을 때면, 그의 눈에는 불꽃이 튀었고, 그의 말은 달아오르기 일쑤였다. 카이퍼를 증인되게 한 것은 이러한 사랑이었으며, 임종 시에도 하나님은 여전히 그의 피난처와 환난 중의 도움이셨으며 그의 방패이셨다.
>
> 카이퍼는 묵상할 때에 이러한 자신의 영혼의 부드러움을 가장 분명히 보여주었다. 그는 얼마나 깊이 "하나님과 가까이 하는" 복을 경험했던가?[2]

1922년 헤르반 바빙크에 이어 자유대학의 교수가 된 암스테르담의 목사였던 헤프V. Hepp는, 장례식에서 연설을 하면서 카이퍼의 묵상록들에 우리의 관심을 집중시켰다. 그는 카이퍼의 지성과 논리적 추론 능력, 그의 강인한 의지력, 그의 행정가적인 능력의 공헌과 이러한 자질들의 결과들에 대해 높이 평가하면서 이렇게 말했다.

> 그러나 개혁교회 신앙고백을 사랑했던 사람들과의 강력한 신비적인 관계가 없었더라면, 그는 이 모든 것을 이루지 못했을 것입니다. 카이퍼는 이러한 관계를 숨긴 것이 아니라 공적으로 외쳤던 것입니다. 카이퍼는 어거스틴과 토마스 아 켐피스 그리고 파스칼과 비견될 만한 신비적인 인물입니다. 이러한 그의 신비를 통해 개혁교회의 진리를 사랑했던 사람들의 확신을 누릴 수 있었습니다.[3]

묵상록을 통해 카이퍼는 자신의 마음을 열었다. 수년 동안 카이퍼는 매 주일 오후마다 묵상록을 기록했다. 이것들은 그의 삶에서 참으로 중요한 부분이었고 심지어 네덜란드 수상으로 섬길 때에도 주일 오후의 경건한 노동은 계속되었다. 그는 사람들과 대화했고, 자기 자신과 대화했으며, 하나님과 대화했다.

카이퍼가 어떻게 묵상했는지 놀라운 예를 1899년 9월 3일자 '드 헤르아우트'지를 통해 살펴보자. 그 주에 카이퍼의 아내가 그들이 휴가를 보내기로 했던 스위스의 메이링겐에서 죽었다. 카이퍼는 아내가 임종할 때 함께했으며, 그 주에 고린도후서 5:4로 묵상을 남겼다. "죽을 것이 생명에 삼킨 바 되게 하려 함이라." 카이퍼는 다음과 같이 시작했다.

당신이 임종 시에 당신의 두 눈은, 당신에게 하나님과 인간의 끔찍한 대적인 죽음이 마침내 당신 곁에 다가와 인생을 삼키려 한다는 것을 말하는 듯 여겨질 것입니다.

이번이 죽음의 최초의 공격이 아닙니다. 이 공격은 전혀 아파 본 적이 없고 이러한 죽음의 공포를 직면해 본 적이 없는 사람에게만 예외일 뿐 누구나 경험하는 것입니다.

그러나 최초의 죽음의 공격은 성공하지 못했습니다. 저녁에는 울더라도 아침에는 즐거움이 있는 것입니다. 그리고 오, 이것이야말로 우리의 아픈 지체들이 받을 수 있는 말할 수 없는 위로가 아니고 무엇이겠습니까? 그러나 지금은 모든 것이 달라졌습니다.

아무것도 도움을 주지 못하고 어떤 것도 이제는 영향을 주지 못합니다. 침상에서 영혼이 떠나게 되자, 결국 응답되지 않은 기도, 의미 없는 걱정, 그리고 죽음이 음흉하게 미소 지으며 조롱 섞인 비웃음으로 속삭이는 것처럼 느껴집니다. "내가 이겼다. 기쁨의 아침은 오지 않을 것이다. 이것이 현실이야."

당신이 기도했지만 하나님이 듣지 **않았습니다**. 그리고 당신은 죽음이 죄에 의한 것이라는 것을 알고 있습니다. 그래서 당신이 그의 거룩하심 앞에서 떠는 것입니다. 하지만 당신이 가장 아끼고 사랑하는 그 사람을 당신 편에서 강탈해 가시는 것을 허용하시는 순간에도 하나님의 사랑에 대해서 이야기할 수 있겠습니까?

이것이 카이퍼의 마음에서 그대로 나와 독자들의 마음을 움직였을 묵상의 시작 부분이다. 그러나 거기서부터 카이퍼는 다음과 같은 말을 적어 나가기 시작한다.

그러나 이제 하나님의 말씀이 왔다. 그리고 그 말씀은 이러한 곤란한 현실 속에서 아무것도 취하지 않고서 단번에 모든 것을 바꿔 버린다. 완전히 모든 것을 바꿔 버린다.

우리 몸의 눈에 관계되는 한, 사물들은 여전히 그대로이다. 그러나 우리에게는 영혼의 눈이 존재한다. 이 눈은 **멀어진 상태**로 있지만 하나님께서 당신을 회심시키시면 영적으로 볼 수 있는 눈이 **열리게** 된다.

그리고 그때 당신의 영혼의 눈앞에서 또 다른 현실이 등장한다. 현실을 **완전히** 뒤집는 반전 말이다. 당신은 이제 죽음이 생명을 삼키는 것이 아니라, **죽음이 생명에 의해 삼켜지는 것을** 보게 **된다**.

어떻게 이러한 일이 가능하겠는가? 누구도 이 퍼즐을 풀 수는 없다. 그러나 이것은 실제 일어나는 일이다. 진실이다. **예수 그리**

스도 안에서. 놀라우신 그분은 죽음을 정복하셨고 죽음이 그분에게 영광돌리도록 하신 것이다. 죽음이라고 하는 것은 그분에게 속한 모든 것이 그분에게 영광을 돌리기 위해 존재한다는 것을 인정하도록 하는 도구가 될 뿐인 것이다.

계속해서 카이퍼는 다음과 같은 따뜻한 말을 쏟아낸다.

> 예수님께서 멀리 계시고 당신의 사랑하는 사람이 여기서 죽은 것이 아닌 것이다. 당신의 사랑하는 사람이 죽고 나서 예수님께 간 것이 아니라, 예수님께서 늘 함께하시고 계신 것이다. 죽음이 당신에게 얼굴을 찡그리고 마치 당신을 정복한 것처럼 보이지만, 당신의 구세주께서 당신에게 미소 지으시며 승리의 면류관을 보여주셨다.[4]

카이퍼가 자신의 마음을 열어 묵상을 시작하며 의도한 것은 무엇일까? 그는 모든 하나님의 백성들과 더불어 주님을 경외하는 가운데 살기를 원했다. 이를 통해 주님과 함께 살고 싶었고, 주님을 위해 살고 싶었으며, 모든 노력을 통해 그분을 기쁘시게 하고 싶었던 것이다. 그는 **하나님과 가까이** 하고 싶었다. 카이퍼는 시편 73편을 묵상하면서 다음과 같이 표현했다.

> **가까이**라는 말은 하나님께 친근히 나아가는 것을 말한다. 당신의

눈이 그분을 보고, 당신의 가슴이 그분을 느끼며, 당신의 귀가 그분을 들어서, 당신과 하나님을 멀리하게 했던 모든 것이 사라지는 것을 말한다. "가까이"는 둘이 하나되는 것을 말하는데, 하늘나라에 사로잡힌 것처럼, 혹은 당신의 하나님께서 하늘로부터 내려오셔서 당신이 거하는 그곳, 당신의 외로움과 십자가로 혹은 당신의 삶의 기쁨 가운데 오신 것을 말한다. "가까이"라는 말이 전제하는 것은 당신을 당신의 하나님으로부터 멀어지게 하는 것이 너무나 많음을 보여주고, 이로 인해 당신이 홀로 서야 하고 외로워해야 하며 고립되어야 하는 것을 말한다. 이것은 하나님이 당신으로부터 떠나셨거나 당신이 하나님으로부터 떠났기 때문이다. 그러나 "가까이"가 보여주는 것은 당신이 이러한 상황에 대해 불편함을 느낀다는 것이고, 당신이 이것을 견딜 수 없다는 것이며, 이러한 시간을 통해 하나님을 찾고, 하나님으로부터의 소외가 떠날 때까지 하나님을 갈구한다는 것이다. 이제 그 만남이 다시 이루어지는 것이다. 하나님께서 다시금 당신 **가까이에** 계신다. 그리고 당신이 다시 하나님 **가까이에** 있다는 것을 안다.[5]

이것이야말로 진정 신비주의가 아니고 무엇이겠는가? 카이퍼는 물론 신비주의의 위험성을 잘 알고 있었다. "신비주의의 깊은 곳으로 내려가는 일은 위험하다. 하나님을 찾는 영혼은 거의 본능에 가까울 정도로 하나님께 가까이 가는 존재의 경계를 넘어가려 하고 하나님의 본질에 직접 다가가고 싶어 하는 경향을 띠고 있다."

그러나 카이퍼는 지성적인 종교는 생수가 부족하다는 것과 교부들과 종교개혁자도 동일하게 개인적인 하나님과의 교제를 전적으로 강조한 점을 언급하며[6] 다음과 같은 말로 결론을 맺는다.

> 생수를 받아 마시지 않은 채 바른 신앙고백만 강조하는 것은, 분명한 신앙고백 없이 떨며 감동받는 것이 불건전한 신비주의의 늪에 빠지게 하듯 죽은 정통으로 내몰아 갈 뿐이다. 느낄 뿐만 아니라 깨닫는, 그리고 살아 계신 하나님과의 생생한 교제를 아는 것, 그렇게 함으로 그의 영적 경험을 항상 하나님의 말씀의 권위 아래 두는 자가 안전한 땅에 서게 되고, 능력을 보일 것이며, 유지할 것이다. 이런 사람 앞에서 종교의 참된 능력이 그의 가정과 그의 삶의 모든 영역에서 그와 관계된 모든 사람들에게서, 심지어 하나님과 하나님의 말씀을 멸시하는 자들 앞에서도 당당하게 드러나게 될 것이다.[7]

그리스도가 하신 것

위에서 인용한 구절 중에 카이퍼는 "종교의 능력"을 언급했다. 카이퍼는 그가 말한 것처럼 역동적인 종교적 인물로, 활동적이었고 하나님의 백성들을 구성했고 움직였다. 그러나 그가 그렇게 사역하는 가운데서도 그 스스로는 하늘의 문을 단 1센티도 열게 할 수 없다는 사실을 분명히 자각하고 있었다. 하나님 앞에서의 우리의

의의 기초와 성취 그리고 완성은 오직 영단번에 "다 이루었다"고 선언하신 그분에게서만 발견된다는 사실을 분명히 알고 있었다.

1891년의 사회적 문제에 대한 연설에서 카이퍼가 사회주의자들의 **잔인함**을 지적했는데, 그들이 노동자들의 근로 환경을 개선시키기 위해 그들의 힘을 사용하기를 주장하면서 동시에 "영원한 영광에 대한 소망"을 실상 버렸기 때문이라는 것은 주목할 만한 사실이다.[8] 왜 카이퍼는 여기서 그들의 잔인함에 대해서 지적했을까? 예수님께서는 실제로 가난한 자들에게 자비를 베푸셨고, 우리는 그분의 이름 안에서 사회적 정의를 실천하기 위해 부름을 받았다. 그러나 예수님의 사역은 본질적으로 사회 개혁이 아니라 **세상에 대한 구속 사역**이었다. 예수님께서는 하늘나라의 문을 여신 것이다. 다른 곳에서 카이퍼는 이렇게 말했다. "사회주의자들이 우리와 분명히 다른 점은, 그들이 영원한 멸망 가운데 처한 사람들에게 손을 내밀지 않는다는 데 있다. 반면에 우리 칼빈주의자들은 그리스도의 증거자로서 오직 하나님 나라와의 연관성 속에서 사회 정의를 위한 투쟁을 전개할 것이다.[9] 그리스도께서는 우리를 하나님께로 단번에 그리고 영원히 돌이키셨다."

이것이 카이퍼의 모든 활동의 근본적 동기였다. 카이퍼는 하이델베르크 요리문답 16주 '우리 구세주의 고난과 죽으심'에 대해 설명하면서, 예수 그리스도가 우리를 위해 모든 것을 성취하셨는데 그것은 그분의 수동적 순종을 통해서만이 아니라 또한 능동적인 순종을 통해서임을 강조했다. 그리고 나서 갑자기 카이퍼는, 요리문답의 대답 중 자기가 가장 아름답게 생각하는 것이 있다고 말한다.[10] 이 대답은 또 다른 주인 23주에 등장한다.

> 당신은 어떻게 하나님 앞에서 의롭게 됩니까? 오직 예수 그리스도에 대한 참된 믿음으로만 됩니다. 비록 내가 하나님의 모든 계명을 크게 어겼고 단 하나도 지키지 않았으며 여전히 모든 악으로 향하는 성향이 있다고 나의 양심이 고소하지만, 하나님께서는 나의 공로가 전혀 없이 순전히 은혜로 그리스도의 온전히 만족케 하심과 의로움과 거룩함을 선물로 주십니다. 하나님께서는 마치 나에게 죄가 전혀 없고 또한 내가 죄를 짓지 않은 것처럼, 실로 그리스도께서 나를 위해 이루신 모든 순종을 내가 직접 이룬 것처럼 여겨 주십니다. 오직 믿는 마음으로만 나는 이 선물을 받습니다.

이것은 개혁주의 신앙고백의 정수에 해당하는 것이다. 카이퍼는 단지 사회주의자들이 가지고 있던 세속화된 메시아적 이상에 대항해서뿐 아니라 근대주의를 마주 대하여, 또한 그리스도를 어떤 종류의 이상적 인간으로 찬양하거나 혹은 그리스도의 신성을 고백하지만 그리스도를 보혈의 공로로 그들을 구원하신 구속자로 여기지 않는 중도 신학자들에 대항하여, 개혁주의 신앙고백의 순수성을 그 시대에 유지하고 싶어 했던 것이다.

1887년에 성육신을 다룬 논문인 '말씀의 성육신'에서 카이퍼는, 인간이 비록 타락하지 않았을지라도 그리스도가 성육신하셨을 것이라고 하는 주장의 오류를 밝혔다. 첫째로, 그는 이러한 사상이 이 시대의 몇몇 신학자들에 의해 주장되어지는데, 원래는 오리겐의 무익한 사색에 의해 주창되어진 것임을 지적한다. 카이퍼는 또한 이 의견이 성경과 일치하지 않는다고 설명하는데, 이는 성경에는 죄인들을 위한 성육신 외에는 전혀 언급되지 않기 때문이다.[11] 즉 죄인들이 중보자를 필요로 하는 것이다. 그들의 눈이 열려 하나님의 거룩하심 앞에서 그들의 죄책과 무능함을 보게 되었을 때, 그들은 성육신에서 십자가에서 죽으심으로 그들의 모든 죄를 사하신 그분을 복음 안에서 발견하게 된다.[12]

그래서 "예수의 생애"라고 표현하는 것은 불가능하다. 19세기 동안 예수의 생애를 강조하는 수많은 사람들이 생겨났는데, 가장 대표적인 인물이 슈트라우스와 르낭이었다. 이들은 예수의 일대기를 제공했다. 그러나 카이퍼는 다음과 같이 질문을 제기했다. 어떻게 끊임없이 죽고 계시는, 죄인들의 자리에서 죽고 계시는 그분의 생애를 묘사하는 글을 쓸 수 있는가? 어떻게 우리 자신을 위해 겸손하게 낮아지신 하나님의 영원한 아들 되시는 중보자의 일대기를 그릴 수 있는가?[13]

그리스도는 우리의 유일한 구세주이시다. 우리는 그분의 인성만을 강조해서는 안된다. 우리는 그분을 하나님의 아들로, 우리를 위해 제물 되시고 죄를 사하신 하나님의 어린양으로 경배한다.

그리스도가 하시는 사역

심지어 지금 이 순간에도 그리스도는 우리를 위해 역사하신다. 그리스도께서 죽음에서 부활하셨을 때, 그분은 죄인을 위한 모든 사역을 완성하셨음이 분명하다. 그러나 그분은 지금도 여전히 "자신의 죽음으로 우리를 위해 획득하신 의를 수여하는 사역"을 계속하신다. 그러므로 우리를 위해서 중보하시고[14] 성령의 은사로 그리스도가 하신 것을 우리에게 적용하신다.

카이퍼는 그의 저술의 상당한 분량을 성령의 사역에 대해 다루는 데 할애했다.[15] 이 작품에서 우리는 하나님의 사랑의 놀라운 역사를 직면하게 된다. 그러나 **세상 역사에 대한 그리스도의 주권**이라는 개념을 카이퍼가 발전시켰을 때, 거기서 카이퍼만의 독특한 관점을 보게 된다. 카이퍼는 그리스도의 왕권에 대해 네 가지 시대로 구분한다. 첫 번째 시기는 **준비기**(아담으로부터 세례요한까지)이고, 두 번째 시기는 **확립기**(베들레헴에서 승천까지)이며, 세 번째 시기는 **확장기**(세상과 교회의 역사), 그리고 네 번째 시기는 **절정기**(그리스도의 재림)이다.[16]

세 번째 시대에 대해 카이퍼는 다음과 같이 언급한다.

인간의 모든 삶의 영역에서의 일반적인 역사의 진행과 발전은, 나라들이 예수님께로 다가가는 통로가 된다는 점에서 중요한 요소로 작용한다. 더군다나, 이 땅에서의 교회의 역사는 모든 종류의 외부적인 사건들의 영향력을 끊임없이 받게 되고, 그래서 소아시아 지역이나 북아프리카 지역처럼 한때는 교회가 왕성했지만 일련의 사건들로 인해 이제는 거의 흔적을 감춘 지역도 존재하는 것이다. 이러한 사실들 때문에 교회의 미래와 하나님 나라의 확장에서, 영적인 사건들뿐 아니라 모든 나라들의 운명을 결정하는 모든 사건들에 대해서도 왕의 지배가 보장되어야 하는 것이다. 우리는 이 세상의 사건들로부터 영적인 일들만 따로 분리시킬 수 없다. 그렇게 된다면 전체 역사의 진행과 모순된 치우친 영성이 될 것이다.[17]

그리스도는 도래하는 하나님 나라의 문을 열기 위해 전 역사를 지배하신다. 카이퍼는 이러한 역사의 확장기에서는 그리스도가 주로 일상적인(이적적인 개념과 반대하여) 방법을 사용한다는 것을 강조한다. 이전 시대에는 수많은 기적들이 일어났지만, 우리가 살고 있는 시대에서는 더 이상 끊임없는 기적적인 능력을 보이지 않으신다. 우리가 보는 것은 "마치 여자가 가루 서 말 속에 갖다 넣어 전부 부풀게 한 누룩"(눅 13:21)과 같은 것이다.[18]

그리스도의 통치는 인간의 **영혼**과 인간의 **신체**, 인간의 **관계**, 그리고 악한 존재에 의한 **유혹**, 이 네 영역에까지 확장된다. 영혼과 관련해서는, 중생의 역사는 항상 기적으로 남는다. 그러나 그 기적은 일반적으로 하나님의 언약적 은혜와 교회의 사역에 의해 지지된다. 인간의 신체와 자연의 전체 국면에 관한 한, 의학이 특별히 그리스도인들의 영향력 아래 발전되었다. 자연의 보고의 문을 여는 작업들은 여전히 진행중이다. 인간 사회에 관해서 그 범위를 가장 광범위하게 확대하면, 그리스도의 통치는 혁명revolution을 가져오는 것이 아니라 갱신renewal을 가져온다. 이것이 인간의 복지를 발전시켰다. 마지막으로 사탄을 대적하는 예수 그리스도의 사역은 이전의 이방 나라들의 특성을 변화시켰다. 비록 사탄의 능력은 여전히 강성하고 어떤 영역에서는 그 힘이 증가하지만, **시대정신**은 그리스도인들의 동기에 의해 강력하게 영향을 받고 있다.[19]

그리스도가 왕이 되게 하라!

모든 사물들로 그들의 절정에 이르게 하는 것은 그리스도이시다. 동시에 그리스도인들은 그분을 그들의 왕으로 영화롭게 하도록 부르심을 입었다. 그렇다면 그들은 어떤 식으로 그렇게 해야 하는가? 카이퍼는 그들이 전혀 새로운 것을 확립하기를 기대하지 않았다. "그리스도인"이라는 이름은 모든 종류의 새로운 개발과 새로운 창조를 세우는 것을 의미하지 않는다. 오히려 그 의미는 원창조로 돌아가는 것과 오랜 기초를 다시 세우는 것, 그리고 동시에 죄와 싸우고 그리스도의 구속을 신뢰하는 것이다.[20]

　죄와 싸우고 그리스도의 구속을 신뢰하는 것은 그리스도인의 사명이며, 그 사명은 개인의 삶에서, 교회생활에서, 가정생활에서, 사회에서, 나라에서, 그리고 모든 종류의 학문과 예술에서 우리에게 주어진 것이다. 「왕을 위하여 *Pro Rege*」에서 카이퍼는, 그리스도인들이 이러한 삶의 모든 영역에서 소명을 가지고 있다는 완벽한 처방을 제시한다. 카이퍼는 역사를 통해 탁월한 관점을 제시하는데, 특별한 자신만의 방식으로 실제적인 세부 사항까지도 다룬다.

그가 다루었던 주제들 중에 예를 들자면, 카이퍼는 그리스도인의 실제적인 삶에서 **온유함**의 필요성에 대해 말한다. 카이퍼는, 사도 바울이 그의 독자들에게 훈계하기를 "다투지 아니하고 모든 사람에 대하여 온유하며"(딤후 2:24)라고 했으며, 또한 그에게 상처 준 자들에게 온유했음(살전 2:7)을 지적한다.

> 항상 다른 사람을 판단하고 근엄한 표정과 단호한 표현을 통해 다른 사람들을 평가한다는 인상을 주는 것은 그리스도인의 모습이라고 할 수 없다. 우리 하나님께서는 우리의 얼굴 표정과 우리의 두 눈을 우리의 우울한 감정을 표현하라고 주신 것이 아니다. 우리는 더 많이 웃어야 한다.[21]

또 다른 자세한 설명은 오락의 가치에 대한 그의 설명이다. 카이퍼는 동물들도 오락을 즐기며 하나님의 천사들도 하나님의 거룩한 보좌 앞에서 즐긴다고 말한다. 우리도 동일하게 해야 한다. 왜냐하면 우리의 인간 본성은 휴식과 기분 전환을 필요로 하기 때문이다.[22] 카이퍼는 이 문제를 칼빈주의에 대한 강연에서 밝혔는데, 칼빈주의자들은 카드놀이와 극장 구경과 춤추는 것을 금했다.[23]

「왕을 위하여」에서 카이퍼는 모든 종류의 게임들의 지식까지 동원하며 입증을 시도했다. 그리고 나서 카이퍼는 한계를 제시한다. 그는, 게임의 성질은 돈을 위한 탐심이 역할을 하게 될 때에 왜곡된다는 사실을 강조한다.

> 카드놀이 그 자체로는 다른 게임들처럼 기술과 운에 의해 자극되는 순수한 게임이다. 그러나 우리가 비판하는 것은 그것의 남용이다. 비록 다른 방식이기는 하지만, 죄가 어떤 종류의 게임을 **부도덕**과 결합시켜 결국 그와 비슷한 영향을 주기 때문이다. 이것은 주로 춤과 코미디와 관련해서도 마찬가지이다. 그것 자체로는 둘 다 순수하다. 우리는 어린아이들이 뛰놀고 춤추며 재롱을 피우는 것을 보고 즐거워한다. 그러나 그들이 나이가 들어 감에 따라 정염이 우세하게 되고, 이것이 그 순수함을 사라지게 한다. 이것은 춤과 관련해서 가장 명백하게 드러난다. 그리고 우리의 극장 문화라고 하는 것은 그것에 의해서 완전히 오염되었다. 칼빈은 대중적인 연극이 공공장소에서 공연되는 것을 허용했다. 역사적인 드라마나 도덕적인 연극이 공연될 때는 아무런 문제가 없다. 그러나 점점 코미디는 상업적인 예술가들에 의해서 점령당하게 되고, 여성들이 결국에는 **부끄러움을 모르는** 방식으로 참여하게 되면서 극장 문화는 부도덕과 죄를 전시하는 지경에

이르게 되었다. 고결한 연극은 매력적이지 않지만, 더러운 연극은 돈을 끌어모으게 되는 것이 현실이다. 이것이 우리의 극장이 전적으로 타락한 이유이다.[24]

이러한 자세한 부분까지 보여주는 이유는, 카이퍼가 추상적인 추론에만 빠진 것이 아니라, 기회가 있을 때마다 그의 사상 노선을 그리스도인의 삶의 실제에 적용했음을 보여주고자 함이다. 카이퍼는 그의 동료 그리스도인들에게 **삶의 모든 영역에서 그들의 왕을 영화롭게 하라**고 끊임없이 촉구했다. 교회생활을 제외하고 우리 삶의 세 가지 영역에서 그리스도인들의 색깔을 분명히 드러내야 한다고 카이퍼는 주장했다. 첫째는, **그리스도인의 가정생활**을 통해서이다. 이것과 밀접한 관련이 있는 것은 물론 기독교 학교와 기독교 교육의 촉진이었다.

두 번째 영역은 **기독교 정당**이었다. 카이퍼에 따르면, 기독교 정당에 대한 근본적인 동인은 사도가 신자들이 세상 법정에 호소하지 말 것과 신자들이 불신자들과 더불어 짝을 짓지 말라고 금한 것까지 거슬러 올라간다(고전 6:1-6, 고후 6:14). 카이퍼가 살던 시기에 네덜란드에서는, 심지어 중립적인 정당들이라고 하더라도 리더십은 주로 불신자들의 손에 쥐어져 있었다. 좋은 정당의 표어는 다음과 같아야 한다. "그리스도가 왕이 되게 하라!", "모든 사람들은 기독교 정당의 구성원이 될지 세속 정당의 구성원이 될지 결정해야 할 것이다. 이것은 당신의 삶을 결정하는 결정이다."[25]

세 번째 영역은 **출판계**이다. 조금 더 넓은 용어를 쓰자면 대중매체이다. 상당한 정도까지 여론은 언론에 의해 형성된다. 상당히 오랫동안 그리스도인들은 중심에서 비껴 서서 언론 활동에 활동적으로 참여하지 않았다. 그러나 시대는 바뀌었다. 카이퍼가 말하기를, "우리를 대적하던 무리들이 이제는 우리에게 접수되었다. 우리의 왕께서는 이 무기가 이 시대의 정신을 대표하는 사람들에 의해서만 사용되는 것을 원치 않으신다."[26] 카이퍼 자신이 기독 언론매체의 영향력의 가능성을 보여준 예시라고 할 수 있을 것이다.

카이퍼는 **과학**과 **예술**의 영역에서 그리스도를 섬겨야 할 필요성에 대해서 설명한다. 카이퍼는 그리스도인 과학자들이 가져야 할 가장 깊은 동기가 무엇인지 아름답게 묘사한다.

그리스도인 과학자들의 최종 목적은, 우리 주변 세계 일부에 대한 추상적 지식도, 굉장한 분량의 지식도 아니며, 우리 자신이 비추어진 모습을 발견하는 것도 아니다. 그리스도인 과학자들은 살아 계신 하나님 그분을 만나기 전까지 결코 멈추어서는 안된다. 하나님은, 지혜를 **가지고** 계신 분이 아니라 지혜 **그 자체**이시고, 모든 만물의 근원이시며, 그것들을 붙드시고 생각하시는 그분을 직접 대면해서 보기를 원하신다. 어떠한 사람도, 선지자나 천사라도 이것을 우리에게 줄 수 없다. 오직 나와 아버지는 하나라고 말씀하실 수 있는 분만이 우리에게 이 지식을 선사할 수 있다.[27]

일반 은총과의 관계

마지막으로 우리가 던질 수밖에 없는 질문이 하나 남아 있다. 카이퍼의 일반 은총 교리가 어떻게 그리스도의 주권 교리와 연결되느냐 하는 것이다. 카이퍼는 일반 은총의 작용으로 원창조의 가능성과 힘의 발전과 유지가 이루어지고, 또한 특별 은총이 작동하기 위한 전제조건이 됨을 설명했다. 그러나 카이퍼가 또한 그리스도의 주권을 하나님의 모든 창조에까지 확장시켰는가? 우리는 여기서 겹치는 장면을 발견하거나 적어도 두 유사한 생각의 유비를 발견한다.

카이퍼 스스로 이 질문에 대한 답변을 「왕을 위하여」의 마지막 부분에서 제시했다. 카이퍼는 수년 동안 그리스도가 우리의 대제사장이 되신다고 하는 신앙고백이 신자들의 중심 고백이 될 뿐 아니라 배타적인 고백이 된다고 지적했다. 그리스도의 주권이 명목상으로는 받아들여지지만 실제적으로는 무시된다는 것이다. 결과적으로 나라의 역사와 삶은 인간 사상의 산물로 보여지게 된다는 것이다. 여기에 그 이유가 제시된다.

나는 **일반 은총**에 대한 세 권의 작품에서 국가적인 문제와 그리스도 없는 일반 사회에서 하나님의 사역이 어떠한 의미를 가지는지 체계적으로 묘사해 보려고 노력했다. 그러나 이것은 나의 연구의 목적이 아니었다. 너무나 자주 신자들이 생각하기를, 그리스도의 재림 시까지 두 가지 분리된 인간의 종족들이 존재하게 될 것인데, 한 종류는 그리스도인 사회에서 발견되고 다른 하나는 기독교 밖의 사회에서 발견될 것이라 상상하는 경향이 있다. 더 나아가 이러한 신자들은, 그리스도가 기독교인들의 영역에서는 주권을 행사하시지만, 다른 영역에서는 영향력을 행사하지 못하신다고 생각한다. 그러므로 「왕을 위하여」는 일반 은총의 후속편으로 쓰여진 것이다. 일반 은총에서는 그리스도 이전과 후의 국가적 삶에서 모든 아름다운 것과 고결한 것이 모든 나라들에게 오직 하나님의 자비로우신 은총으로 온 것임을 입증했다. 그러나 이 책의 목적은, 그리스도의 주권이 어떻게 우리 인간 삶의 전체 진행에도 지배권을 행사하는지 보여주려는 것이다.[28]

카이퍼는 매우 적절한 경고로 마무리한다. 우리가 그리스도가 우리의 왕이라는 것을 **개인적으로** 인식해야 한다고 말이다.

15 　　　　　　　　　　　　　　방관자의 입장에서

차단당함

정치 활동 중에 카이퍼는 **반정립**이라는 용어를 여러 차례 언급했다. 1918년에 카이퍼는 이 용어에 대해서 다음과 같이 설명했다. "이유를 알 수 없는 미스터리에 속한 영역이지만, 내가 교파적 차이점을 떠나 말할 수 있는 것은, 어떤 기독교 국가라도 인구의 절반이 그리스도를 영화롭게 하고 있다면 반대급부로 그리스도를 불명예롭게 하는 절반이 있다고 하는 점이다."[1]

카이퍼는 개인적으로 자신의 정부가 상대 진영에 의해 자주 인신공격을 받았던 1905년에 반정립의 맹렬한 공격을 경험한 적이 있었다. 처음에는 선거 결과가 카이퍼에게 유리하게 진행되는 것처럼 보였다. 카이퍼의 내각을 지지하는 정당이 1차 투표에서 332,762표를 얻었고, 상대 정당이 283,907표를 얻었다.[2] 그러나 국회의원석은 국가가 지정해 주는 지역구에 따라 분배되어 있었다. 그래서 상당수의 지역구들은 2차 투표까지 가야만 했고, 최종 결과 좌파 정당이 52석을 얻고, 우파 정당은 48석밖에 얻지 못했다.

그들 스스로 분열되어 있던 자유주의자들이 카이퍼와 맞서기 위해 연합했던 것이다. 그들이 공통적으로 지지했던 국가교회와 공립학교를 카이퍼가 공격했기 때문이었다. 뿐만 아니라 카이퍼는 그들이 독점하고 있던 시장과 서기, 그리고 다른 공직자들에 대한 임명권을 제한했다. 가장 뛰어난 자유주의 언론인 중 한명이 이렇게 적었다. "카이퍼는 우리의 커다란 적이다. 카이퍼와 그의 칼빈주의 맹금류들은 네덜란드의 모든 공립학교, 공직, 대학, 법정 등 온 나라 전체를 감시하고 있다."[3]

사회 민주주의자들도 카이퍼를 혐오할 정도로 미워했다. 그들이 총파업으로 국가의 지배를 벗어나려 했을 때 카이퍼가 그것을 철저하게 통제했고, 그들이 일으킨 파업을 "범죄적 선동"이라 간주한 것을 결코 잊지 못할 것이다. 그들의 입장을 대변하던 신문이었던 '국민Het Volk'지에서는 심지어 "카이퍼를 퇴출시키기 위해서는 필요하다면 악마에게라도 표를 던져야 할 것"이라고 기고하기도 했다.[4] 그 당시의 반대의 분위기를 느낀 레이던의 A. E. J. 홀페르다 교수는 '우리는 변화가 필요 없는가?'라는 소책자를 통해, "카이퍼 박사에 대한 비열하고 심각한 비난 여론은 유례를 찾아보기 어려울 정도"라고까지 평가했다.

그러나 카이퍼는 이러한 비난의 목소리에 흔들릴 사람이 아니었다. 그는 이미 이러한 종류의 분위기에 익숙했다. 돌레안치 사건 때에 이미 비방과 비난에 직면했던 적이 있었기 때문이다. 그러나 다음의 두 가지는 카이퍼에게 말로 표현할 수 없는 상처를 주었다.

첫째는, 그의 모든 통치와 의회 활동이 (그가 품었던) 위대한 꿈의 일부분이었다는 것을 이해시키는 데 실패한 것이다. 카이퍼의 모든 활동은 반정립을 극복하기 위해서가 아니었다. 카이퍼가 "왕을 위하여"라는 이상 가운데 투쟁한 것은, 그의 마음을 움직인 열정 많은 백성들이 하나님께로 돌아오는 것이었다. 그러한 이유로 교육과 사회 영역에서 입법 활동을 완성하기를 갈망했던 것이다. 그러나 상당한 기간 동안 그의 꿈은 이루어지지 않았다.

카이퍼는 또한 그가 속한 정당의 구성원들에 의해 자신의 지도력이 의심을 받았다는 사실로 인해 한층 더 좌절을 겪었다. 소위 기독교 민주주의자들이라 불리는 사람들이 반혁명당에 머무는 동안 카이퍼를 끊임없이 비판한 것이 카이퍼가 실각하는 데 크게 기여했다고 볼 수 있을 것이다. 카이퍼는 자신이 속한 정당의 구성원들의 반대와 협력의 부재로 인해 한층 더 좌절하게 되었다. 카이퍼는 1908년 당 대표자들의 모임에서 형제들과의 연합을 방해하는 "사탄의 세력"을 물리쳐 달라고 기도하기에 이르렀다.[5]

정말 그처럼 그것이 심각한 문제였는가? 우리는 너무 쉽게 판단하려 해서는 안될 것이다. 의심할 여지 없이 형제들이 싸우고 서로를 고소하는 것을 보는 것은 이 세상의 공중 권세 잡은 자를 기쁘게 하는 것이다. 사도는 언제나 이것을 경계했다. "마귀에게

1905년 선거에서 실각하여 수상직에서 물러나게 된 카이퍼를 풍자한 풍자화

"카이퍼는 확실히 그가 오랫동안 설교했던 것을 실천에 옮기려고 노력했다. 그러나 카이퍼가 수상으로 일할 수 있는 날들은 제한되어 있었다. 사회주의자들이 카이퍼를 미워했고, 자유주의자들은 카이퍼를 공공연한 적으로 간주했다."

틈을 주지 말라"(엡 4:27). 우리는 너무 쉽게 마귀를 언급해서는 안되지만, 인간적인 요소들이 있는 한 이런 상황을 설명할 수밖에 없다.

반드시 언급할 만한 인간적 요소들이 있다. 첫째로, 카이퍼는 "작은 자들을 위해 종을 울리는 사람"이라 불렸다.[6] 카이퍼가 이렇게 특징지어진 데는 분명한 이유가 있었다. 그가 작고 소외된 자들의 **해방**을 위해서 끊임없는 노력을 쏟아부었기 때문이다. 이로 보건대, 카이퍼를 따르는 사람들이 그에게 얼마나 감사했을지 충분히 예상할 수 있다. 실제로 그들은 그러했다. 그의 대적자들은 카이퍼가 그의 지지자들에 의해 우상화되고 있다고 자주 지적했다.

1908년에 자유대학의 교수인 P. D. 파비우스가, 노동자들의 의무 보험 입법 추진을 포함한 카이퍼의 정책에 반대하는 서명을 발표했다. 같은 해에 카이퍼의 친구이자 반혁명당 당원이던 헤임스께르끄Theo Heemskerk가 수상이 되었다. 헤임스께르끄의 부친은 1860년대에 보수당 출신의 수상이었지만 그의 젊은 아들은 카이퍼와 같은 입장을 가지게 되는데, 다음은 그가 카이퍼에게 1881년에 보낸 편지의 일부이다. "나는 학창 시절에 당신과 전혀 다른 영을 가지고 있었지만……그러나 내 인생의 가장 결정적인 순간에 그리스도의 십자가를 통해 신적인 구원을 알게 되었고, 그 시점 이후로 나의 확신과 관심사가 형성되었고 정치적 견해도 개혁주의가 되었다."[7]

헤임스께르끄는 1888년 이래로 반혁명당의 영향력 있는 당원이었고 1908년에 수상으로 임명되었다. 카이퍼는 헤임스께르끄가 수상 임명을 수락한 것에 분개했다. 카이퍼가 1905년 이래로 국회를 떠났지만, 그가 구상했던 개혁 계획을 완성하기 위해, 1909년에 수상이 될 수 있는 기회에 대한 소망을 가지고 있었기 때문이다.

비록 헤임스께르끄의 내각은 카이퍼와 같은 방향으로 일했고, 1908년에 힘 있는 내각으로 카이퍼에 의해 환영받았지만, 몇 가지 면에서 카이퍼의 소망과 다르게 흘러갔다.[8] 그리고 이 시간 이후로 카이퍼의 입지는 좁아지고 말았다. 헤임스께르끄가 그 자리를 얻은 것은 참으로 다행이었고, 카이퍼가 새롭게 구성된 내각을 '드 스탄다르트'지를 통해 지원한 것도 사실이다. 그럼에도 불구하고 카이퍼의 입장에서 달갑지 않은 부분도 분명 있었다.

카이퍼는 자신의 정당에서 신뢰받았으며, 일반 정당 구성원들에 의해 박수갈채를 받았다. 그러나 몇몇 정당 지도부의 인사들은 카이퍼의 기본적 확신에는 동의했지만 실제적 적용에서는 여기저기서 견해를 달리했는데, 아마도 카이퍼의 독단적인 방식을 좋아하지 않았던 것 같다.

최후의 갈등은 카이퍼가 78세 되던 해 쟁점화되었다. 사실 고령의 원로급의 지도자가 자신의 지도력에 대항한 세 권의 작은 책자들이 주는 쓴 약을 삼켜야 하는 것은 비참한 일이었다. 이 책자들을 기록한 저자는 이러한 갈등에도 불구하고 카이퍼와 개인적으로 친밀했고 가까운 관계에 있었다.

첫 번째 책자는, 제1차 세계대전 중에 독일을 지지하는 카이퍼의 정서에 반하여 개혁주의 목사 코피베르흐Koffyberg에 의해서 작성되었다. 보어 전쟁 이후로, 카이퍼가 더 이상 영국을 신뢰하지 않고 정복자였던 독일에 대해서 어느 정도 동정심을 가졌다는 것은 사실이다.[9] 두 번째 책자는 헤임스께르끄에 의해 작성되었는데, 자신이 카이퍼에 반하는 음모를 꾸몄다고 고발한 카이퍼에 대해 변명하기 위한 글이었다.

세 번째 책자는 반혁명당의 중요한 고위급 지도자들에 의해 쓰여졌는데, A. 아네마 교수, H. 바빙크 교수, P. A. 디쁜호르스트 교수, 그리고 정치가였던 헤임스께르끄와 S. 드 프리스였다. 그 책자의 이름은 「반혁명당의 지도자와 지도력」이었다. 이 책자의 주된 비판 요지는 카이퍼가 조직한 정당이 이제는 변화할 때가 되었다는 것이었다. 이제 단순한 시대는 지나갔다는 것이다. 정당 모임에서 좀 더 열린 토의가 있어야 하고 특별히 지성인들이 그들의 견해를 제시할 수 있는 기회를 제공해야 한다는 것이었다.

이 책자는 잘 받아들여지지 않았다. 수많은 카이퍼의 신실한 지지자들과 친구들이 그의 입장에서 변호했다. 추진력 있는 돌레안치 목사 시끌J. C. Sikkel이, 1912년에 이미 카이퍼에 대해서 아름다운 글을 남겼다.

우리는 결코 카이퍼의 종도 아니고 그렇게 되고 싶은 마음도 없지만, 우리는 그를 매우 사랑한다! 그리고 우리는 그에게 매우 감사하다. 우리는 항상 그에게 신실할 것이다. 그는 과거에도 그리고 현재에도 여전히 우리에게 큰 영향력을 주고 있다. 그는 우리의 양심과 복잡한 그리스도인의 삶의 모든 영역과 공동체에 얼마나 큰 영향을 주었는가? 진실로 지금도 여전히 카이퍼와 '드 스탄다르트'지가 없는 삶을 꿈꿀 수 없다.[10]

심지어 반혁명당의 반대파들과 카이퍼와의 관계에서 아름다운 사실은, 그들이 항상 근본적으로 동의하던 부분이 있었다는 것이다. 1913년에 카이퍼는 헤임스께르끄 내각을 이렇게 묘사했다. "위대한 자유주의 지도자였던 또르베케 내각보다 더 뛰어난 사람들이 모인 내각이다."[11] 카이퍼는 그의 임종 1년 전, 1907년에 헤임스께르끄의 음모를 의심한 것은 실수였음을 인정했다.[12]

성경의 땅에서

1906년 11월부터 1908년 10월까지, 카이퍼는 레반트 지역을 여행했다. 카이퍼는 이 여행과 관련한 책을 출간했는데, 최근의 이슈들을 꼼꼼하게 다루었고, 두 권 분량으로 「고대 세계의 바다 주변에서」라는 제목으로 출간했다.[13] 카이퍼는 분명 쉼이 필요했다. 카이퍼는 자신에 대한 반대 세력들의 감정이 그가 떠나 있는 동안에 어느 정도 진정되기를 기대했다. 또한 오랫동안 카이퍼는 성지를 방문하고 싶어 했다. 겟세마네 동산을 방문한 카이퍼는, 동산에 있는 올리브 가지를 꺾어 네덜란드의 여왕에게 보내면서 "이 올리브 가지는 우리 구세주께서 죽음 그 자체보다 더 무거운 고통과 씨름하실 때 옆에 서 있었던 올리브 나무"에서 취한 것이라고 설명했다. 여왕은 카이퍼의 귀한 선물과 그의 설명에 감사로 반응했다.

이 책에서 카이퍼는 그의 비전의 광대함과 그의 사상이 얼마나 방대한 영역에 걸쳐 있는지 보여준다. 카이퍼는 특히 이슬람 세력이 다시 발흥하고 있다는 사실에 충격을 받았다. 이미 언급한 더 중요한 책인「왕을 위하여」에서 카이퍼는, 그리스도와 모하메드를 비교하면서 시작한다. 카이퍼는 무슬림들이 자기들의 선지자들에 대해서 가지고 있는 신앙심에 의해 깊은 인상을 받았다. 심지어 현대화된 근대주의 이슬람 교인들도 그들의 선지자에 대한 어떠한 비판도 듣고 싶어 하지 않아 했다. 카이퍼가 지적하고자 했던 핵심은, 그들 자신을 그리스도인이라고 부르는 사람들도 이와 똑같이 그들의 왕인 그리스도를 위해 분연히 일어서야 한다는 것이었다.

이 책에서 카이퍼가 다루고 있는 문제들 중에 "아시아의 위험"이라고 카이퍼가 부르는 것이 있다. 카이퍼는 이슬람 세력의 발흥을 이 문제와 관련해서 다루었다. 유럽이 아시아를 경제적으로 착취하고 정치적으로 종속시켰다. 그 결과, 필연적으로 이에 대한 반응이 있을 수밖에 없다. 카이퍼는 어느 정도 시간 후에 일본이 이슬람과 연합해서 세력을 이룰 것이라고 확신했다.

카이퍼는 또한 러시아의 '영혼'에 대해서도 관심을 가졌다. 신학자들의 필리오케filioque 논쟁('그리고 아들에게서'라는 의미. 니케아-콘스탄티노폴리스 신경의 해석 차이로 인해 일어난 성령에 관한 교리 문제로, 11세기 서방 교회와 동방 교회 간 분열의 요인이 되었다—편집자) 이래로, 러시아인들은 신비주의로 치우치는 경향을 보였다. 그들의 신비주의는 그 자신을 수동적인 형태로 표현하지만, 또한 비이성적인 활동과 급작스런 기대, 기적적인 변화, 아마도 허무주의나 테러리즘의 방법으로 표현하기도 한다.

카이퍼가 다룬 중요한 의제 중 하나는 유대인 문제였다. 이미 유대인에 관한 소책자*Liberalisten en Joden*(1878년)를 통해 카이퍼는, 경제계와 언론계에서의 유대인들의 과도한 영향력과 더불어 근대주의 신학자들을 동일한 배교의 영에 사로잡혀 있는 개혁파 유대교도들과 비교했다. 다른 한편으로, 카이퍼는 이 책자에서 이스라엘이 "여전히 하나님 나라의 미래에 있어서 상당한 의미를 가진다"고 지적했다.

그리고 카이퍼는 다음과 같은 말로 유대인의 문제를 설명하기 시작한다. "모든 나라들 가운데 이스라엘은, 모든 예언을 믿는 사람들에게 하나님의 기적의 섭리로 남아 있고, 예언을 부인하는 사람들에게는 풀 수 없는 수수께끼로 남을 것이다."[14] 그는 여전히 유대인들이 존재하고 유대인의 국가가 존재할 것이지만, 또한 반유대주의와 시오니즘 운동이 일어날 것이라고 내다봤다. 카이퍼는 반유대주의의 원인들에 대해서 설명했다. 한편으로는 인종주의 때문이기도 하지만, 다른 한편으로는 그들의 선조들의 종교를 저버린 학계와 경제계에서 인정받는 유대인들 때문이라고도 분석했다. "유대인들이 최고의 민족이라고 하는 것은 의심할 수 없는 사실이지만, 원래 이스라엘의 위대함에서 나온 것이라 보기 어렵다. 스피노자, 마르크스, 하이네같이 반짝이는 거성들은, 이스라엘의 원뿌리에서 나온 것이 아니라 주변국들의 정신의 영향을 받아 나왔다고 볼 수 있다."

대학살과 관련해서, 카이퍼는 러시아에서 무언가 일이 잘못되었을 때 차르 알렉산더 2세가 살해되었을 때처럼 유대인들이 희생양이 되었다는 사실을 지적한다. 다른 한편으로 유대인들은 정부가 사람들을 억압할 때 대리인으로 이용되어지기도 했다. 대학살은 분명 그 일을 실행한 나라의 치욕임을 지적했다. 무방비 상태로 유대인들이 자기 자신을 보호하려고 했음에도, 그들은 학살당했고 강탈당했으며 처형당했다. 카이퍼는 일련의 반유대주의에 반대했고, 유대인 문제에 대한 해결책은, 동러시아 지경이 되더라도 가능하면 유대인 국가를 세우는 것이라고 지적했다.

유대인에 관한 카이퍼의 결론은 다음과 같은 팔레스타인에 관한 설명으로 결론지어진다.

경건한 랍비는 성지를 인간의 눈으로 비유했다. 세계의 중심에 눈이 자리 잡고 있다. 하얀 눈이 팔레스타인이다. 눈동자는 하나님 자신의 형상인 시온이다. 시온의 형상은 그리스도 안에서 성취되었다. "나를 본 자는 아버지를 보았느니라." 이것이 팔레스타인에서 일어난 것이다. 그리고 이것이 팔레스타인의 영원한 영광이다.

마지막 주요 작품인 「반혁명 정치학*Antirevolutionaire Staakunde*」에서 카이퍼는 또다시 반유대주의에 대해 논의하게 되는데, 그는 네덜란드에서는 이러한 경향성이 보여진 경우가 없다고 말한다. "칼빈주의자들은 루터교도들보다 더 구약 성경을 존중하기에, 우리 신앙의 선조들에 대한 따뜻한 사랑에 사로잡혀 유대인들의 부흥과 미래에 대해서 기대를 가진다."[15]

어떤 유대인들은 카이퍼에 의해 상처를 입었고 카이퍼가 반유대주의를 자극한다는 느낌을 받았다고 편지를 보내기도 했다.[16] 사실, 카이퍼의 판단이 항상 핵심은 아니었다. 전체적으로 보았을 때 나는 P. 까스떼일 박사의 의견을 결론으로 내리고 싶다. 까스떼일은 카이퍼의 글을 인용하고 나서 다음과 같이 적었다.

카이퍼가 이스라엘과 유대인의 문제에 관심을 가지고 있었다는 것은 부인할 수 없는 사실이다. 사실 네덜란드인으로서 유대인 문제에 그 정도로 관심과 지식을 가지기란 쉽지 않다. 무식한 비평가들만이 카이퍼가 다음과 같이 말하는 것을 듣고도 반유대주의자라고 부를 것이다. "유대인들은 특별하게 존재하고 남아 있다.…… 유대인들은 사라지지 않을 것이다. 이스라엘은 존재한다."[17]

다시 국회로

순회 여행을 마치고 돌아온 카이퍼는, 정치적 활동을 재개하는 것에 잠시 주저했다. 1907년 카이퍼가 70세 생일을 맞이했을 때, 그는 로마 가톨릭과 인터뷰를 했는데, 질문 가운데 하나는 그가 국회로 돌아갈 것인지에 관한 것이었다. 카이퍼는 여전히 「고대 세계의 바다 주변에서」를 완성하기 위해 시간이 필요하고 생각보다 건강이 좋지 않다고 대답했으며, 늘 그렇게 일해 왔지만 이제는 저녁 9시까지 일하는 것을 멈췄다고 대답했다. 분명히 카이퍼의 기력은 예전과 같지 않았다. 카이퍼는 속도 조절을 해야만 했다.[18]

그 이듬해 카이퍼가 국회의원으로 선출되었을 때, 카이퍼는 의원직을 수락했다. 카이퍼는 다시 반혁명당의 의장으로 섬기게 되었다. 전체적인 관점에서 카이퍼는 내각을 지지했다. 카이퍼의 오랜 영향력은 대표 연차 회의 때 여전히 발휘되었다.

1909년에 카이퍼는 그의 유명한 연설인 '우리 칼빈주의자들'을 전했다. 그 해는 칼빈 탄생 400주년을 기념하는 해였다. 연설을 통해 그는 **반정립**의 사실과 더불어 **연합**의 필요성을 강조했다.

반정립은 주님께서 창세기 3:15에 적대감을 두셨다고 하셨을 때부터 존재해 왔다. 그러나 그 힘을 가장 강력하게 드러낸 것은

1789년 대혁명 이후였다.

> 그때에 근본적인 투쟁이, 주요한 정치적 원칙이 **인간의 의지로부터** 오는지 **하나님의 의지로부터** 오는지에 대한 질문으로부터 시작되었다. 여기에서 당신은 원래의 모토를 발견할 것이다. 반정립은 "복음의 혁명에 반대하여" 세워진 공상의 산물도, 누군가에 의해서 형성되어진 것도 아니었다. 그것은 **원래부터** 존재했고 **지금도** 존재한다. 그것은 우리의 모든 삶의 영역을 지배하고 있다.[19]

연합은, 로마 가톨릭과의 정치적 연합을 의미한 것이었는데, 카이퍼는 예수 그리스도의 이름을 고백하는 모든 사람들의 연합된 힘의 필요성을 강조했다. 초기에 카이퍼는 교황주의를 강력하게 반대했고, 흐룬 판 프린스떠러가 말년에 정치적인 영역에서는 과거의 적들과도 가능한 한 연합할 수 있어야 한다고 충고했음에도 불구하고 이에 동의하지 않았다. 그러나 시간이 지나면서 카이퍼는 이제 환경이 변했음을 깨닫고, 로마 가톨릭 정치가였던 스캐프만 Schaepman과 친구가 되었다. 카이퍼는 그 시대의 개신교 그리스도인들이 여전히 로마 가톨릭과 "같은 신앙의 토양에서 뿌리를 내렸다"는 인식을 하게 되었다. 마지막 그의 작품에서 카이퍼는 다음과 같은 글을 남겼다.

> 우리들은 자유주의자들과 급진주의자들이 본질적으로 기독교와

다르다는 사실을 점점 더 확신하게 되는데, 이들과 대항해서는 개신교인들 가운데서뿐 아니라 부분적으로는 로마 가톨릭 교인들과도 기독교적 요소들을 공유한다고 느낀다. 교회 연합의 문제에서 예리한 반립들이 여전히 존재하지만, 사회·정치적인 문제에서는 이전 시대의 반립이 이제는 근대주의자들과 무신론적 관점 그리고 물질주의적 인생관에 반하여 동일한 관점으로 변화했다고 할 수 있다.[20]

이 시기에 카이퍼가 주로 힘을 쏟았던 작품은 이미 다루었던 「왕을 위하여」였다. 아마도 이것이야말로 그의 노력의 절정이라고 할 수 있을 것이다. 이 작품 이후에, 그가 쓴 최고의 매력적인 연구인 교회의 예전을 다룬 책이 등장한다.

우리의 예배

1897년에 카이퍼가 교회의 예전에 대한 글을 연속적으로 쓰기 시작한 것에는 적어도 세 가지의 이유가 있었다. 카이퍼는 1901년에 수상이 되었을 때 잠시 멈추어야 했지만, 결국에는 1911년에 「우리의 예배*Onze Eeredienst*」라는 책으로 출간하게 되면서 완성했다.

카이퍼가 이 주제에 대해 글을 쓴 데는 우선 역사적 이유가 있다. 학창 시절 동안 카이퍼는, 폴란드의 개혁자이자 런던에 있는 네덜란드 난민들의 훌륭한 감독으로 섬겼던 라스코의 생애와 작품에 대해 연구했다. 첫 사역지에서 섬기는 동안, 카이퍼는 「존 아 라스코 전집」을 발간했다. 라스코는 네덜란드의 초기 개혁교회에 굉장한 예전을 제공했다.[21] 카이퍼는 나중에 에세이를 통해 "우리 교회가 런던의 예식을 빌려 오지 않으면 예전적으로 더 발전할 수 있을 것이다"라고 밝히기도 했다.[22]

카이퍼의 두 번째 이유는 목회적인 것이었다. 국가교회에 목회자로 있을 때, 카이퍼는 그들의 개인적인 관점에서 예배의 형식을 마음대로 변경하는 동료들에게 자주 반대의사를 표명했다. 그 대표적 예는 세례 방식의 변형에 관한 것이었다. 물론 카이퍼는 형식주의자는 아니었다. 카이퍼는 교회의 형태와 형식을 신성불가침으로 여기지 않았다. 그러나 그 형식을 제대로 사용하는 것에 대해서 고민했다. 그러나 카이퍼는 목회적 관심 속에서 회중들에게 그것이 어느 진보적인 목사들에 의해 고안된 새로운 어떤 것이라고 여겨지기를 원치 않았고, 이러한 변화들이 주요 총회의 공식 결정으로만 이루어지기를 원했다.

세 번째 이유는 카이퍼의 **취향**의 문제였다. 비록 카이퍼가 종종 맹렬한 논쟁에 휘말리기도 했지만, 기본적으로 그는 예의가 바른 사람이었다. 미국에서 행한 연설에서, 카이퍼는 예배의 따뜻함과 위엄을 동시에 강조했다.

신앙의 확신은 선택과 성도의 견인 교리에 달려 있는데, 차갑고 외적인 방식으로 그것을 강조하는 것은 신비한 그리스도와의 연합을 빙점으로 내려가게 하는 것과 같은 것이다. 이와 더불어 믿음으로 말미암는 칭의만을 강조함으로 인해, 그리스도인들의 행함에 대해 무가치하게 여기거나 게으르게 만드는 것을 방조해 온 것도 사실이다. 그리고 우리의 거룩한 예배에서 귀와 눈이 지금도 여전히 자주 그 균형을 상실하고 있다.[23]

스스로 분명히 언급했듯이, 카이퍼는 예전에 대한 학문적 논문을 의도한 것은 아니었다. 카이퍼는 대화의 톤으로 이야기를 이끌어 나가기를 원했고, 그의 논의 가운데 목회자들뿐 아니라 교회 회원들도 함께 참여해 주기를 원했다.[24] 카이퍼는 국가교회에 소속된 휜닝 박사가 그를 "그리스도 안의 아버지"라고 치켜세울 정도로 이 분야에서의 인정을 받기에 이르렀다.[25]

즉석에서 카이퍼는, 개혁교회의 예배를 구성하는 모든 종류의 구성 요소들의 성격과 방식에 대해 논의했다. 카이퍼는 제단에 대해서 아름답게 묘사했다. "제단은 사람의 선물, 곧 그의 희생을 받기 위해 땅의 흙에서 솟아오르는 하나님의 손이다."[26] 개혁교회에는 제단이 없는데, 이는 그리스도의 희생만으로 영원히 충분하기 때문이다. 주님의 상이 제단의 자리를 대신하기에 신자들이 주님의 상에 나와 거룩한 성찬에 참여하는 것이다.

그러나 카이퍼는, 고정된 형식들을 모두 거부하는 영성주의의 오류에 빠져서는 안된다고 말한다. 반대로, 칼빈과 라스코의 뒤를 따른다면, 우리는 균형 잡힌 바 잘 제정되고 의미 있는 예전의 소중함을 알게 될 것이라고 지적한다.

카이퍼는 예전적 기도의 필요성에 대해 인정했지만, 개혁교회에서 너무 긴 기도문을 사용하는 것에 대해서는 비판했다. 카이퍼는 영국 성공회 교회에서 사용하는 기도 모음집을 선호했다.[27] 카이퍼는 많은 공공 기도서들이 많은 분량의 논리를 사용하지만 매우 작은 간청을 담고 있는 사실에 대해 유감스럽게 생각했다. 자유 기도는, 기도라는 형식으로 설교할 수 있는 유혹에 종종 빠진다. 이러한 경우, 짧은 형식의 기도가 선호되는 것이다.

카이퍼의 비판은 사람들의 칭찬을 바라는 설교자들에 대해 다루면서 최고조에 달한다.

> 말씀 사역에서 자기 자신을 섬기는 사람들, 곧 설교한 후에 영혼들을 하나님께로 더 가까이 가게 했고, 그들을 평안하게 했으며 복되게 했는지 여부를 알아보려고 하기보다, 자신의 설교가 얼마나 아름다웠고, 얼마나 청중들의 관심을 끌었는지, 그리고 설교자로서의 이름을 높였는지 알아보려고 하는 설교자라면, 그 설교자는 경멸받아 마땅하다. 이렇게 행동하는 설교자는 물러나야 한다.[28]

카이퍼는 교회 건물의 건축 양식에 대해 논의했고, 교리문답 교육을 실시할 수 있는 현대식 강의실도 갖추어야 함을 역설했다. 카이퍼는 또한 축복기도 뒤에 따르는 하나님의 부성적 사랑의 서약을 청중들에게 보여주는 선언의 의미에 대해서도 논의했다. 카이퍼는 하나님의 뜻을 떠올리기 위해 매 주일 십계명을 낭독하는 것의 중요성에 대해서 지적했다. 이 부분에서 카이퍼는 칼빈과 의견을 달리했는데, 카이퍼는 십계명이 예배의 마지막 순서에 와야 한다고 생각했다. 카이퍼는 또한 그 자신이 예배 중의 기도 시간에 무릎을 꿇는 것을 선호한다고 밝히기도 했다.

카이퍼의 죄의 공적 고백과 용서의 선포에 대한 논의는 다음과 같이 마무리되어 요약된다.

다음과 같은 사항이 예배 순서에 포함되어야 한다. 첫째, 우리의 죄를 기억하기 위한 짧은 훈계, 둘째, 일반적인 죄의 고백(노래 형식이 더 선호됨), 셋째, 진심으로 고백한 사람들에 대한 죄 용서의 공적 선언과 더불어 죄 가운데 있는 사람들에 대한 심판의 선언이다.

이렇게 세 부분으로 나누어진 공적 행위는, 우리의 양심이 요청할 때 개인적으로 매일의 하나님께 드리는 죄의 고백이나 사람들에게 행하는 죄의 고백을 배제하는 것을 의미하지 않는다. 그러나 무엇보다 부가되어야 하는 것은, 이러한 전 예배 순서는 말씀 사역자의 최고의 헌신을 필요로 한다는 것이다. 모든 기계적인 행동이 그 스스로를 판단하고, 개인적으로 그의 회중들과 더불어 함께 죄를 고백하는 말씀 사역자가 아니라면, 그는 다른 사람들의 죄 고백도 이끌어 낼 수 없다는 점을 명심해야 한다. 요구되는 것은 침착함과 분명함, 그러면서도 차분한 목소리, 그리고 각 예배 순서 사이에 일정한 침묵을 유지하는 것이다. 가장이나 꾸밈없이……개개인의 마음을 움직여야 한다. 이것이 우리의 공동체를 하나님과 그리스도 그리고 살아 계셔서 우리를 위해 기도하시는 대제사장과 함께하게 만든다.

그러나 아! 우리는 시온의 이 아름다움으로부터 얼마나 멀어져 버렸는가?[29]

이 심오하고도 실제적인 책으로부터 더 많은 인용을 이끌어 내고 싶지만, 어느 정도 선을 그어야만 하겠다. 휘닝 박사의 말을 인용함으로 결론을 내린다. "이 책에서 카이퍼 박사는 중단되지 않는 힘으로 나타나 있다. 예배라고 하는 광대한 분야에서 그는, 다른 많은 영역에서 그러했던 것처럼 여전히 그 분야의 전문가로서 강력한 목소리를 들려준다."

우정

이 장의 서두 부분에서, 카이퍼가 이 시기 동안 그가 속한 정당 안에서 약간의 반대 기류에 직면했다고 지적한 바 있다. 물론, 이러한 상황은 때때로 그를 낙담시켰다. 한편으로 그는 일반 서민층에 속하는 지지자들에 의해 거의 우상화되었고, 또 다른 한편으로 주변 환경의 힘에 의해 점점 주변부로 밀려나는 느낌을 받게 되었다.

질문이 떠오른다. 카이퍼는 진정한 우정을 경험했는가? 카이퍼는 개인적인 친구들을 가지고 있었는가? 이 질문에 대답하기 위해 우선적으로 강조해야 하는 것은 카이퍼의 집이 그의 성이었다는 것이다. 카이퍼는 잘 정돈된 가정생활의 가치[30]와 선한 축복에 대해서 자주 언급했고, 그가 설교한 대로 분명히 실천하는 삶을 살았다.

아내가 죽던 1902년, 카이퍼는 미국의 여류 작가 C. A. 메이슨의 방문을 받았다. '드 스탄다르트'지 3월호에 메이슨 여사는 프린스 헨드리까드에 살고 있던 카이퍼를 방문한 소감을 기록했고, 그녀가 거기서 어떤 대접을 받았는지 정보를 제공해 주었다. 저녁식사 시간에 가족들 모두가 테이블 주위에 둘러앉아 대화를 나누었다. 카이퍼의 모든 아들딸들이 참석한 자리에서, 카이퍼는 미국 방문에 대한 자기가 가장 기억에 남은 인상들을 나누었고, 물론 미국의 지도자들이 진화론을 받아들이는 실수를 범한 부분에 있어서는 완전히 동의할 수 없음을 덧붙였다.[31] 메이슨 여사의 글은 다음과 같이 계속된다.

저녁식사가 마무리되자 가정부들이 들어와 자리를 잡고 앉았다. 모두 성경책을 한 권씩 가지고 있었다. 카이퍼 박사가 성경의 한 본문을 택해 낭독했다. 그러고 난 후 모두가 무릎을 꿇었다. 카이퍼는 감탄할 만한 따뜻함과 감동을 동반한 기도를 올려 드렸다. 마음이 뜨거워진 우리는, 현대 세계로부터 멀리 떨어져 있는 듯한 느낌을 받았다. 마지막 날이 다가온 것만 같았다.[32]

우리가 확신할 수 있는 것은, 카이퍼의 집에서 이루어진 그날 저녁의 일들이 특별히 메이슨 여사를 위해 계획된 것이 아닌 일상적인 일이라는 사실이다. 자유대학에서 수학한 미국인 목사 J. 판 롱크하의전 박사가 1920년에 기록한 글이다.

나는 그를 지켜보면서 그와 많은 대화를 나누었지만, 내게 가장 인상적이었던 것은 바로 그가 그의 가족들과 함께 깊은 겸손함 속에서 하나님 앞에 머리 숙여 예배하는 모습이었다. 카이퍼는 충분히 높아질 수 있었지만—그는 그 시대에 가장 중요한 인물 중 하나였다—매우 낮은 자리로 내려왔다. 내가 젊은 학생으로서 병으로 인해 수업에 참여하지 못했을 때, 카이퍼가 찾아와서 마음을 열어 친구로서 내게 말해 주었던 그 순간을 결코 잊을 수 없다. 그는 사람들을 쫓아 버릴 수 있었지만, 또한 그들에게 매력적으로 다가갈 수 있었다. 카이퍼는 적들을 만들었지만, 그러나 그가 승리하는 방식으로 그는 또한 불과 물을 함께 통과할 수 있을 정도로 친밀한 우정 관계를 만들어 갈 수 있었다.[33]

카이퍼는 그의 학생들과 자유대학의 교직원들과 더불어 '드 스탄다르트'지에서 일하는 사람들과 친구였다.[34] '드 스탄다르트'지 25주년 기념식이 열린 1897년에, 연회장이 너무 좁으니 잡지사에서 일하는 사람들을 초청하지 말자는 제안이 나오자, 카이퍼는 가만있지 않았다. 기념식이 열리던 저녁이 다가왔을 때, 그는 만약 모든 식자공과 배달원과 취재 기자들이 아내들과 함께 그 자리에 함께하지 않으면 매우 실망할 것이라고 공언했다. 물론 모든 사람이 함께했고, 그들은 그들의 유명한 편집장에게 매우 아름다운 기념 메달을 증정했다. 이 사람들의 대부분이 사회 민주주의 당원들이라는 것을 생각하면, 이 사실이야말로 그 무엇보다 인상적인 것이다.[35]

카이퍼는 개혁주의권 내에 매우 특별한 친구들이 있었다. 나는 카이퍼가 암스테르담 교회에 도착했을 때 그 교회의 구성원이었던 J. 베흐똘트와 H. I. 디베츠의 이름만을 언급할 것이다. 그들은 특별한 사회적 지위를 가지고 있지는 않았고, 확실히 교육을 많이 받은 것도 아니었지만, 말씀에 대한 깊은 영적 통찰력을 가지고 있었고 카이퍼의 개인적인 친구들이 되었다. 돌레안치 시기에, 카이퍼는 눈코 뜰 새 없이 바빴지만, 베흐똘트를 한 시간 이상 방문하지 않고 한 주를 보낸 적이 거의 없을 정도였다. 카이퍼는 그를 찾아가서 마치 어린아이처럼 이 형제가 주님의 길에 대해 이야기하는 것을 청종하곤 했다.[36] 그리고 디베츠가 1874년에 죽었을 때, 카이퍼는 그의 미망인에게 위로의 편지를 작성했다. 그 편지에서 우리는 다음과 같은 말을 들을 수 있다. "나는 그가 여전히 마지막 순간에서조차 나를 기억했다는 것을 확신할 수 있다. 우리의 마음과 영혼은 하나였다!"[37]

흐룬 판 프린스떠러와 같이 언급해야 할 다른 친구들이 있다. 카이퍼는 그가 죽기 직전까지도 상당한 분량의 서신 교환을 가졌다. 반혁명당의 단기 목사였던 L. W. F. 쾨허니우스 또한 카이퍼가 가장 친애하는 친구 중 한 명이었다. 쾨허니우스는 1893년에 소천했고, 카이퍼는 그의 생애에 대한 짧은 연구서를 남겼다.[38] 무엇보다도 그의 신실한 친구였으며 돌레안치의 지도자로 함께했고, 자유대학의 초창기부터 동료였던 F. L. 루터허스를 언급할 필요가 있다. 많은 세월 동안 카이퍼는, 그의 놀랄 만할 정도로 정확하고 깊은 칼빈과 칼빈주의에 대한 지식을 의지했다. 루터허스가 소천했을 때, 카이퍼는 다음과 같이 외쳤다. "그만큼 내가 그리워할 사람은 없을 것이다!"[39]

매일의 일을 그의 노동자들과 성경 읽기와 기도로 시작했던 경건한 암스테르담의 사업가 빌럼 호비Willem Hovy도 잊어서는 안될 것이다. 호비는 칼빈주의의 원리를 따르는 것만큼 모라비안 형제단의 영향을 많이 받은 인물이었다. 그는 지칠 줄 모르는 카이퍼의 후원자로 남았다. 그가 죽었을 때 카이퍼는 "거의 반세기 동안 나는 그와의 우정을 즐겼다"라고 글을 남겼다.[40]

카이퍼의 인생 말년에는, 두 명의 뛰어난 사람이 카이퍼와 매우 가까운 우정 관계를 형성했다. 한 명은 귀족으로 카이퍼 내각의 식민지 분야를 담당했고 이후에 동인도 회사의 총독이 된 이덴뷔르흐A. W. F. Idenburg였고, 다른 한 명은 역시 식민지 전문가로 후에 수상이 된 꼴레인H. Colijn이었다. 이 두 사람 모두 카이퍼를 전적으로 신뢰했고, 카이퍼도 그들을 신뢰했다. 이덴뷔르흐는 카이퍼의 임종의 자리가 된 병상을 매일 방문했다. 카이퍼가 임종 직전에 이덴뷔르흐로 하여금 그의 많은 친구들에게 다음과 같은 사실을 확신시켜 주기를 요청했다. "하나님이 나의 피난처요 힘이시라. 환난 때의 도움이시라"(참조. 시 46:1).[41]

성품

카이퍼의 성품에 대한 평가는 매우 상반된다. 카이퍼는 매우 신실한 그리스도인으로 불리지만, 또한 그는 성실치 못한 사람으로 불리기도 했다. 카이퍼는 그의 능변으로 인해 찬사를 받기도 했지만, 그러나 또한 그의 언사가 조작된 것이라고 비판받기도 했다. 카이퍼는 "작은 자들을 위해서 종을 치는 사람"이라고 환영받기도 했지만, 한편으로 그는 선동 정치가라고 특징지어지기도 했다. 카이퍼에게 상당히 공감했던 로마 가톨릭 전기 기록자인 까스떼일은, 카이퍼에 대해서 "공격적이고 비타협적이며, 민주적이지만 또한 독재적이고 귀족주의적"이라고 묘사했다. 또한 카이퍼는 머리와 가슴 둘을 통해서 일했다고 까스떼일은 덧붙였다.[42]

많은 평가가 있었지만, 카이퍼의 생애와 사역의 핵심적인 해를 기념하기 위해 쓰여진 다양한 기념문집들을 찾아 읽는다면, 그 누구라도 내가 여기서 언급하는 것 이상으로 더 많은 것을 찾을 수 있을 것이다(기념문집은 1897, 1907, 1920, 1937년에 각각 출간되었다). 나의 개인적 견해로, 카이퍼는 자신의 깊이 숨겨진 성품을 드러내기 위해 매우 중요한 단서를 제공했는데, 내가 이미 언급한 「비밀을 털어놓음」이라는 책이다. 카이퍼는 그 책에서 「레드클리프의 상속자」를 읽은 후에 자기 자신이 얼마나 완벽하게 붕괴되었는지를 밝히고 있다. 카이퍼는 그 책에 등장하는 주인공답지 않은 주인공인 필립 몰빌과 자신을 동일시했다. 카이퍼는, 겸손하고 자기 자신을 부인하는 사람으로 묘사되는 그 이야기의 진정한 주인공인 가이가 등장하기 전까지는 영리하고 성공적인 몰빌을 칭송했다고 말한다. 그 반反영웅은 어느 순간에 붕괴하고, 카이퍼는 그 부분을 읽으면서 자기 자신 역시 붕괴되는 경험을 하게 되는데, 이 순간이야말로 그가 하나님께 회심한 중요한 계기가 되었던 것이다.

카이퍼는 자기 자신의 야망과 그 자신의 약함을 잘 인식하고 있었다. 대체적으로, 카이퍼는 그가 무엇을 하려고 하든지 그것을 할 수 있는 능력을 가지고 있었다. 그는 일류 학자가 될 수 있었고, 모든 영역에서 저명한 지도자가 될 수 있었으며, 아니면 문화적인 영역에서 선도적인 지도자가 될 수 있었다. 카이퍼는 이 모든 가능성들이 자기 자신 앞에 열려 있다는 사실을 인식하고 있었다. 그러나 「레드클리프의 상속자」를 읽고 나서, 카이퍼는 겸손을 위한 자기 자신과의 투쟁을 시작하게 되었다. 그는 종종 멸시받은 하나님의 백성들의 종이 되고자 노력했다. 그때 이후로 그 투쟁은 그의 삶의 핵심 가치가 되었다.

그리고 이 투쟁은 그의 성품에 있어서 분명한 성향상의 갈등을 일으키기도 했다. 카이퍼는 카이사르와 같은 사람으로 인식되곤 했다.[43] 카이퍼는 사람들과 상황을 쉽게 지배했고, 그의 백과사전적인 지식으로 자신의 반대자들을 여러 가지 논리적 논쟁을 통해 제압할 수 있었다. 이러한 카이퍼에 대한 접근이 언제나 긍정적으로 받아들여지지만은 않았다는 사실은 이해할 만한 사실이다.

다른 사람들은 카이퍼의 성품적 특성에 대해서 또 다른 의견을 남겼다. 카이퍼는 몽상가로 불리었다.[44] 내 입장에서는, 그것을 **비전을 좇은 사람**으로 부르기를 선호한다. 카이퍼는 아직 완성되지 않은 진정한 개혁교회를 위한 원대한 비전을 가지고 있었다. 카이퍼는 "왕을 위하여*pro rege*"라는, 예수 앞에 무릎 꿇는 나라에 대한 비전을 가지고 있었다. 그는 자신의 비전을 모든 수단을 동원하여 최대한 실현시키고자 노력했다. 그리고 카이퍼는 다음과 같은 시로 자신의 마음을 담아냈다.

내 존재를 관통하는 한 가지 목적이 있다면,
내 영혼을 관통하는 고귀하고 긴급한 한 가지 목적이 있다면,
이 거룩한 한 목적을 위해서라면 내 목숨도 아깝지 않다네.
그것은 하나님의 거룩한 질서를 회복하는 것이라네.

가정에서 교회에서 학교에서 나라에서
온 세상의 저항에 직면해서라도
우리 모두의 유익을 위해 나는 꼭 이 목표를 이루고야 말겠네.[45]

한 가지 목적! 카이퍼는 자유로운 나라에서 자유교회를 세우는 꿈을 꾸었고, 이 꿈의 실현을 위해 가능한 모든 방법들을 동원했다.

카이퍼는 어떻게 이러한 방법들을 사용해야 하는지 알고 있었고, 이것은 그의 세 번째 특성으로 이끌어 간다. 그는 **타고난 전략가**였다. 그의 인생 말년 동안에 가장 가까웠던 친구였던 이덴뷔르흐와 꼴레인 둘 다 직업군인이었다는 점은 우연의 일치가 아니다. 그들은 존경과 복종을 알았으며, 전술을 이해한 사람들이었다.

카이퍼는 태생적으로 군인의 피가 흐르고 있었다. 그의 조부 중 한 명은 스위스 호위병 출신이었다. 이런 점에서 카이퍼가 군대 용어 쓰기를 즐겼다는 것은 놀라운 일이 아니다. 1897년에 카이퍼는 다음과 같이 회상한다.

> 우트레흐트에 처음 도착했을 때, 나는 그전부터 상상하기를 내가 네덜란드의 예루살렘 요새에 당도했고, 믿음의 형제들이 말씀이라는 무기로 요새를 방어하고 있을 것이라고—단지 성벽 위에 서 있는 것이 아니라 성문으로부터 적을 공격하기 위해 출격하고 있을 것이라고—생각했었다. 그러나, 내가 무엇을 발견했을까?……내가 발견한 것은 너무나 허술한 방어 태세였고, 군

사들은 첫 번째 총성이 다른 군사들에 의해서 발포되기를 기다리고 있을 뿐이었다.…… 장교와 병사들은 서로를 신뢰하지 못하고 있었고……제대로 된 방어 계획이 전혀 세워지지 못한 상태였다. 내가 느끼기로, 이것은 살아 계신 하나님의 군대의 군사들로 불리기에는 완전히 잘못된 태도였다.[46]

유능한 장군으로서, 카이퍼는 그의 군대를 잘 정비했다. 암스테르담 교회의 목사와 장로로 있을 때, 카이퍼는 자유주의적 경향을 지닌 총회에 대항해 전열을 가다듬고 반격을 가했다. 카이퍼는 공립학교에 의해 독점되고 있던 지위에 항거하여 조직적으로 대항했다. 카이퍼는 반혁명당을 조직하여, 이 일을 진행할 때 필요한 어떤 세부 사항도 놓치지 않고 잘 지도할 수 있었다.

카이퍼가 강조한 종합적인 전략은, 확실한 입장 표명에 대한 끊임없는 강조에 있었다. 카이퍼는 꾸미지 않고 사실대로 말하는 데 익숙했다. 그래서 흐룬 판 프린스떠러로부터 공립학교가 더 이상 기독교 학교가 아니라고 하는 사실을 알게 되었을 때, 카이퍼는 공개적으로 분명히 그렇게 밝히기를 원했다. 윤리주의 신학자들이 정통주의자들과 근대주의 신학자들 사이에서 팽팽한 밧줄을 타려고 했을 때, 카이퍼는 그들의 애매모호함을 밝혀냈다.

깜뻔의 젊은 교수였던 헤르만 바빙크가 1884년에 윤리주의 신학자들에 대해서 연설을 했을 때 카이퍼는 비판을 하지 않을 수 없었다. 바빙크는 이렇게 말했다. "분명히 그것에 완전히 동의하기에는 석연치 않은 어떤 요소들이 있음이 분명하다." 바빙크를 높이 평가한 카이퍼는 이러한 가치 평가에 대해서 너무 예의를 차리고 있다고 보았다.

> 이것이 과연 허용할 만한가? 당신이 누군가의 신학이 성경과 충돌을 일으킨다고 결론을 내렸다면, 그것은 필연적으로 기독교 진리보다 더 많은 철학을 담고 있을 수밖에 없다. 필연적으로 그것은 범신론의 문제를 유발할 것이고, 창조주와 피조물 사이의 경계선을 어느 정도는 애매모호하게 그을 수밖에 없는 것이다. 그렇다면 당신은 이러한 것이 완전히 위험한 신학이라고 선언해야 하지 않겠는가? 수십 년 동안 우리 가운데서 우리를 잘못된 길로 이끌었던 신학을 평가함에 있어서 단지 그것에 완전히 동의할 수는 없다고 표현 하는 게 정당한가?[47]

카이퍼는 진리에 도달함이 전혀 없이 진행되는, 모든 사람들에게 허용되는 현대적인 상황에 대한 담화에 참여하는 것을 몹시 싫어했다. 그러나 내가 서둘러 덧붙여야 하는 것은, 카이퍼가 한 가지 형태의 그리스도인이나 교회만을 지지하는 **독단주의자는 아니었다**는 것이다. 그가 반정립을 추구했던 것만큼 종합을 추구했다는 것을 반드시 언급해야 할 것이다.[48] 왜냐하면, 카이퍼는 모든 질문에 두 가지 면이 있다는 것을 보았기 때문이다. 실제로 카이퍼는 윤리주의 신학자들의 맹렬한 비판을 받았지만, 윤리 신학자들의 대표자들을 그의 형제로 여겼다. 또한 카이퍼는 무엇보다 "반교황주의자"였고, 종교개혁과 로마 가톨릭 간의 화해 불가성에 대해서 항상 강조했지만, 로마 가톨릭 정치가였던 스캐프만을 동료 신자로 간주했고, 현대주의에 대항해서 로마 가톨릭과 연합을 추구했다.

카이퍼는 한 사람의 판단이 성급하거나 너무 교조적으로 될 수 있는 위험성에 대해 여러 번 경고하기도 했다. 그가 교회의 권징 사역에 관한 감동적인 연설을 하고 난 후, 자기 자신을 돌아보며 다음과 같은 글을 남겼다는 사실은 많은 사람들을 놀라게 할 것이다.

> 그 정밀한 예시를 모든 사람이 따르지는 않을 것이기에, 너무 자책하지는 말자. 사실 모든 가능한 상황에 정확하게 적용될 수 있는 정해진 법칙이라고 하는 것은 존재하지 않는다. 우리가 처한 상황이라고 하는 것은 얼마든지 다를 수 있고, 우리가 처한 상황의 결과라고 하는 것은 더 다양하고 다를 수 있다. 다른 사람을 판단하지 말고, 오히려 우리의 왕께서 각자의 양심을 판단하시도록 내어 드리자.[49]

카이퍼는 역사적 조건들의 힘에 대해 충분히 이해하고 있었고, 다른 곳에서 이렇게 적었다. "성급한 개혁자들은 항상 미래를 망친다. 신중하고 조심스럽게 움직이는 개혁자들에게서 미래의 조건을 변화시킬 수 있는 희망을 가질 수 있다."[50]

사실 카이퍼는 **온유한 마음**의 소유자였다. 그의 강의를 들었던 자유대학 학생들이 그들의 감사를 담은 기념품을 전달했을 때, 당시 고령의 나이였음에도 불구하고 카이퍼가 눈물로 응답했다는 것은 우리를 감동시키기에 충분하다.[51] 그러나 더욱더 감동하게 하는 때는, 임종 직전의 흐룬 판 프린스떠러에게 따뜻한 마음을 담아 보낸 마지막 편지와, 미망인이 된 디베츠 여사에게 위로의 편지를 보낸 것, 그리고 그의 모든 묵상록을 펼칠 때이다.

카이퍼는 종종 성급하기도 했고, 때로는 불공정하기도 했다. 그러나 이 모든 것은 그의 그리스도를 향한 사랑과 하나님 나라의 도래에 대한 열망과 관련이 있는 것이다. 그것은 그의 모든 삶에서 기반을 이루는 것이었다.

인내는 예수께서 그분의 영혼을 자신의 의로 깨끗하게 하시고 난 다음에 꾸미신 거룩한 장식이다. 인내는 성령의 열매이다. 그것의 씨앗은 우리 안에 있지 않다. 그것의 가지는 그리스도의 십자가를 휘감고 있다. 그것의 목적은 영원에 있다. 그것의 영광은 하나님의 은혜에 있다. 인내는 모든 하나님의 자녀들이 가지고 있어야 한다. 만약 인내하는 마음이 중생할 때 없었다면, 그리스도 안에서 성장함에 따라 반드시 그 사람 안에서 자라나야만 한다. 그러나 슬프게도 인내만큼 우리 안에 부족한 것이 없다. 이것은 우리의 침착하지 못함과, 십자가를 가까이 하지 않으려는 마음에서 비롯된 것이다. 비록 우리가 체념 속에서 우리의 가까이 하지 않으려는 마음을 숨기지만……우리는 인내를 필요로 한다.……그리스도의 사랑으로 우리에게 주어진 십자가를 지게 될 때, 찬양이 다시금 부흥케 될 것이다.[52]

70세 생일을 맞이한 카이퍼, 가족과 함께(1907년)

음에서 비롯된 것이다. 비록 우리가 체념 속에서 우리의 가까이 하지 않으려는 마음을 숨기지만……우리는 인내를 필요로 한다.……그리스도의 사랑으로 우리에게 주어진 십자가를 지게 될 때, 찬양이 다시금 부흥케 될 것이다.[52]

70세 생일을 맞이한 카이퍼. 가족과 함께(1907년)

1912년 10월 6일 개교한 로테르담의 카이퍼 학교에서 연설하는 카이퍼

16   마치며

요약

완숙한 경지에 이르렀을 때인 1917년에 이르러, 카이퍼가 쓴 두 권짜리 대작 「반혁명 정치학」이 출간되었다. 첫 번째 책이 728페이지, 두 번째 책은 654페이지 분량이었다. 이 책은 정말 탁월한 성취였다. 카이퍼는 이 작품을 위해 따로 시간을 마련 한 것이 아니라 일상적인 모든 업무를 진행하면서 꾸준히 노력한 끝에 완성했다.

1915년에 카이퍼는 이 작품을 쓰는 것에 대해 깜뻰의 출판업자인 J. H. 콕과 함께 논의를 거쳤다. 그 당시 카이퍼는 아직 한 글자도 쓰지 않았고, 여전히 준비 작업을 위한 시간이 필요했다. 그 작품을 쓰기 전에 카이퍼가 아직 읽어야 할 책들이 남아 있었던 것이다. "언제쯤 이 작품이 마무리될 수 있을까요?"라고 그 출판업자가 카이퍼에게 질문했다. "잠시 뒤에 제가 말씀드릴게요. 콕 씨." 카이퍼는 이렇게 대답했다. 카이퍼는 펜을 잡고 계산하기 시작했다. "월요일은 너무 할 일이 많고, 화요일에 시간을 최대한 낸다면 한 시간 정도, 수요일에는 시간이 나지 않고, 목요일에는 다른 일이 없고……합산하면 이 정도의 시간은 주 중에 낼 수 있겠고……한 시간에 나는 이 정도 분량을 쓸 수 있으니……그래서……" 이렇게 시간을 계산하고 난 다음에 카이퍼는 결론을 내렸다. "내 계획대로 진행되기만 한다면, 1916년 12월에 원고가 완성될 겁니다. 나를 믿어도 좋소."[1]

카이퍼의 계산은 정확하게 일치했다. 이 책의 서문에서 카이퍼는 자신의 청각이 약해짐에 따라 그가 가진 대부분의 시간을 연구에 몰두하게 되었고, 이것이 그로 하여금 그의 마음속에 묻어두었던 열망을 성취할 수 있게 했다고 고백했다. 말하자면, 몇 년 전에 썼던 「우리의 계획」보다 더 나은 구성과 더 종합적인 이해를 가지고 반혁명당 구성원들에게 교과서를 제공할 수 있게 된 것이다. 카이퍼는 많은 역사적 회고들을 바탕으로, 읽기 쉽고 근본이 되는 이 책을 완성했다. 카이퍼가 초기에 관심을 가졌던 많은 주제들이 다시 등장했다. 어떤 의미에서 보면 이 책은 그의 정치적 확신을 요약해서 제시한 것이라 할 수 있다.

카이퍼는 여전히 백전노장의 장수였다. 1894년에 로만과의 갈등으로 일어난 당의 분열에 대해 언급하면서, 카이퍼는 그것이 사회적 배경을 가지고 있기에 피치 못할 일이었다고 설명했다. 카이퍼는 계속해서 "우리나라의 자본주의와 귀족주의 세력들이 십자가의 군기를 끌어내리고 있었고, 19세기 후반의 끔찍한 배교의

기독교 정치학 교본인 「반혁명 정치학」(1916-1917년 출간)
이 책에는 반혁명당의 오랜 지도자이자 전략가로서의 카이퍼의 경험이 담겨 있다.

분위기가 창궐하고 있었기에, 주변부에 있었던 중하 계층과 노동자 계층만이 그들의 선조들이 갔던 길을 좇았던 유일한 사람들이었다는 사실은 부인할 수 없는 사실이다"고 말했다.[2] 카이퍼가 원숙한 경지에 이르렀다고 하는 것은 명백해 보인다. 다음의 카이퍼의 말을 들어 보자.

> 나는 비판받아 왔다. 반대파들에 의해서뿐 아니라 반혁명당 내에서와 대표자들의 연례 회의에서 너무 강력한 권력을 행사한다고 말이다. 나는 이러한 비판이 어느 정도 정당성을 가지고 있음을 부인하지 않지만, 그럼에도, 다음 세 가지 환경들에 의해 자연스럽게 주어진 결과라고 덧붙여 말하고 싶다. 내가 우리 정당을 시

작한 장본인이었다는 사실과, 지난 반세기 동안 유력한 언론의 편집인으로 활동해 왔다는 것, 그리고 1872년 이래로 매우 어려운 일인 대표자들의 연례 모임을 이끄는 일을 책임지고 이끌어 왔다는 것 말이다. 나는 내가 때로 실수를 저지를 수 있고, 이러한 실수들로 인해 다른 탁월한 지도자들의 불만을 불러일으켰다는 사실을 부인하고 싶은 마음은 없다. 그러나 이러한 이유들로 나를 비판하는 사람들이 이해해야 하는 사실은, 내가 맡고 있는 일이 얼마나 막중한 일인가 하는 것이다. 나는 내가 순결한 어린 양처럼 결백하다고 주장하려고 하는 것이 아니라, 나를 둘러싸고 있던 이러한 상황들에 시선을 돌려달라고 탄원하는 것이다.[3]

카이퍼의 중요한 관심사 중 하나는, 바로 창세기의 처음 열한 장의 역사적 사실성에 대해 일관적으로 주장하는 것이었다. 카이퍼는 법과 정의의 기원에 대한 글에서 진화론의 이론을 강력하게 비판하면서, 세상의 원래 구조를 계시하신 것이 하나님 자신임을 분명하게 강조했다.[4]

카이퍼의 또 다른 관심사는 낙태와 평화주의와 관련된 것이었다. 낙태와 관련해서 카이퍼는, 우트레흐트 대학의 교수로서 뉴욕에서만 8만 명 이상의 낙태가 매년 발생하고 있다는 사실에 대해서 분노를 표현한 까우어Kouwer 교수의 연설을 인용했다. 카이퍼는 또한 교황 피우스 9세의 입장에 동의하여 태아가 착상된 그 순간부터 인간으로 여겨야 함을 선언했다.

우리가 평화주의에 대한 질문을 고려하고자 할 때, 카이퍼가 이 책을 제1차 세계대전 중에 기록했다는 사실을 염두에 두어야 한다. 첫 번째 책에서 카이퍼는, 평화주의를 바라볼 때 약간의 이해와 동정심을 느낀다고 표현한다.[5] 동시에 그는 이 꿈이 가지고 있는 유토피아적 경향성에 대해서도 지적한다.[6] 카이퍼는 제2권의 한 장을 할애하여 전문가적인 식견을 발휘하며, 어떻게 조국 네덜란드가 지금까지 수호되었는지 자세히 기록했다. 카이퍼는 정당한 전쟁이 갖추어야 할 조건들에 대해 강조하지만,[7] 평화주의에 대한 문제에 대해서는 침묵을 지킨다. 정당한 전쟁을 위한 조건들에 있어서 독립과 왕국의 원래 상태로의 보존이 걸린 문제들이 있지만, 이러한 문제들을 해결하기 위한 다른 모든 수단들이 강구되고 난 다음이어야 함을 지적한다.

카이퍼의 주장 중에 또 하나의 중요한 것은, 정부가 하나님의 은혜로 지배되어야 하지만 신정 국가가 되어서는 안된다고 주장한 것이다. 이스라엘의 상황은 특별하며 반복될 수 없는 것이다. 사회는 나라에 의해서 창조된 것이 아니다. 사회는 하나님께서 주신 사회만의 주권을 가진다는 것이다. 여기서 카이퍼는 가족, 교회, 과학, 예술, 기술, 발견, 무역, 산업, 농업, 수렵과 어업, 그리고 사회적 기구들을 언급한다.[8]

여기서 분명한 것은, 우리가 과학적 분석이나 체계를 찾으려 하는 것이 아니라는 사실이다. 카이퍼는 그 시대에 발전된 삶의 충만함을 보았다. 카이퍼는 절대군주제를 선호하지 않았지만, 정부가 이러한 모든 삶의 영역의 특별한 성격을 인식하기를 소망했다. 그래서 정부가 이들 영역에서 도움을 요청할 때 지원하고, 이러한 영역들이 서로 충돌할 위험이 있을 때만 법적 구속력을 발휘하기를 기대했다.

비록 카이퍼가 교회의 협력에 있어서 그들만의 주권을 가져야 한다고 분류했지만, 또한 교회만의 독특한 성격이 있음을 강조했다. 교회는 다른 사회 조직처럼 어떠한 조직이나 협회가 아니다. 왜냐하면 교회는 사람이 아니라 왕이신 그리스도에 의해 창설되었기 때문이다. 하늘과 땅에서 영원한 왕국의 사역을 완성할 시작점이 교회인 것이다. 카이퍼는 자유로운 나라에서의 자유교회가 미국에서 가장 완성에 가깝게 이상적으로 성취되었다고 믿었다.[9]

사회 문제에서, 카이퍼는 사회적 문제들의 법제화에 있어서 재빠르게 대응해야 하는 것이 정부의 책임임을 명시했지만, 주요 동기와 필요한 조치들은 노동자들 스스로에 의해 주도되어야 함을 주장했다. 정부는 그들을 연합(그룹들 안에서의 연합과, 그룹들 사이의 연합)하게 하기 위해, 노동자와 고용자들이 모두 포함된 명단을 가지고 있어야 한다고 주장했다. 이러한 조직을 갖출 때에야 문제가 발생할 때마다 정부가 해결책을 즉각적으로 제시할 수 있는 것이다. 근본적인 차이점들(기독교인과 사회주의자와 로마 가톨릭주의자들 사이의)은 특별한 조직과 기구들의 존재의 필요성을 보여주는 것이다. 이는 이상이 실현되지 않는 한, 조정과 중재가 필수적이기 때문이다.[10]

80세의 카이퍼(1917년)

카이퍼가 수년 동안 발전시켰던 주제와 내용들이 너무 많기 때문에, 내가 제시한 것은 그가 이룩한 업적 가운데 약간의 예만 든 것에 불과할 것이다. 그 책은 이렇게 요약될 수 있을 것이다. 카이퍼가 얼마나 존경할 만하면서도 즐거움을 주는 방식으로 그러한 업적들을 성취했는지, 그리고 멈출 수 없는 에너지와 신실한 신앙고백의 표현이 그의 모든 삶의 페이지 속에서 빛나고 있기에 그를 어떻게 칭송할 수 있을지 가늠할 수 없다는 것이다.

영원의 빛 아래서

이미 언급했듯이, 카이퍼는 성경의 한 책의 주석을 집필함으로 자신의 사역을 마무리하고 싶다는 소감을 밝힌 바가 있다. 「완성에 관하여 Van de Voleinding」가 출간되었을 때만 해도 카이퍼는 이러한 자신의 소망이 성취되리라고 기대하지 않았지만, 그 기회가 서서히 왔다. 몇 년 후, 이 거대한 작품 후반부가 영어로 번역되어 「요한계시록 The Revelation of St. John」이라는 제목으로 출간된 것이다.

카이퍼는 인생 전반기보다는 후반기에 예수 그리스도의 재림의 징조들에 대한 질문에 대해 더 많은 관심을 가지게 되었다. 그는 1871년에 회개에 대한 강력한 호소를 전개하면서 재림의 징조들에 대해서 말한 바 있다.[11] 1912년에 그는, 모든 열방에 복음이 전해져야 그리스도의 재림이 이루어질 것이기 때문에 교회의 선교 사역이 더 활발하게 이루어져야 함을 주장했다. 카이퍼는 그리스도의 재림이 가까웠다는 것을 말해 주는 더 많은 징조가 있다고 덧붙였다.[12] 1915년 청년들을 위한 모임에서 그는, 제1차 세계대전의 공포가 우리 주님께서 말씀하신 말세의 징조들에 대한 성취라고 지적했다. 카이퍼는, 입으로는 예수 그리스도가 언젠가 재림하실 것이라고 고백하지만, **지금** 우리 시대에 오실 수 있다는 사실을 진지하게 고려하지 않는 잘못된 정통주의자들의 오류에 대해서 경고했다. 카이퍼는 청년들 앞에서 마음으로부터 우러나오는 다음과 같은 기도로 마무리했다. "오소서, 주 예수 그리스도여, 속히 오소서!"[13]

이제 카이퍼는, 마침내 교회와 세상의 종말에 대한 문제를 체계적으로 정리하기 위해 달려들었다. 그 작업의 열매들은 주간지였던 '드 헤르아우트'지를 통해 1911년부터 1918년까지 일련의 작품으로 전개되었다. 이 기사들은 성경의 마지막 책을 주석하며 성경 전체를 관통하는 동시에 앞으로 오게 될 하나님 나라의 소망을 통전적으로 다루었다.

만약 카이퍼 자신이 앞으로 오게 될 복락의 상태에 대한 보편적인 개념과 이러한 유토피아적 전망을 다양한 철학적 체계 안에서 논하지 않았다면, 그는 우리가 아는 카이퍼가 될 수 없었을 것이다. 그러나 또한 카이퍼가 모든 것을 규정하는 출발점으로 하나님의 말씀의 감독 아래 시작하지 않았다면, 어떤 것이라도 우연히 일어날 수 없고 하나님께서는 언젠가 모두에게 모든 것이 될 것이

생을 마감하던 해인 1920년 어느 날, 딸 요와 함께 산책중인 카이퍼

라는 하나님의 영원한 경륜 안에서 이 작업을 전개하지 않았다면, 그는 카이퍼가 될 수 없었을 것이다.

하나님의 작정의 성취는 단순히 인간의 몸과 영혼에만 미치는 것이 아니라, 하늘과 땅, 인류와 천사, 동물과 식물, 모든 하나님의 창조에 영향을 미친다. 카이퍼는 어떻게 하나님의 은혜가 역사를 통해 죄의 결과와 대항하여 싸웠는지 묘사했고, 어떻게 예수님의 승천이 이 역사에 있어서 위대한 전환점이 되었는지 설명했다. 이 마지막 부분에 대한 심도 깊은 주제들을 계시록 강해를 통해 우리에게 제공해 주고 있는데, 이 부분이 영어로 번역된 것이다.

이 책의 가치는 카이퍼의 이전 신학 작품과는 비교할 수 없다. 이 책을 완성했을 때, 그의 나이 팔십이었다. 이 책은 카이퍼의 아들인 H. H. 카이퍼 박사에 의해 출간될 수 있는 책의 형태로 정리되었는데, 약간의 개정작업을 한 그는, 이 책이 어느 정도의 반복과 더불어 여기저기서 주제와 벗어나는 부분도 있음을 인정했다. 그렇다 할찌라도, 실로 이 책은 카이퍼의 최고의 역작임이 분명하다. "우리는 이 작품을 읽는 가운데 거대하고 고풍스러운 교회당 앞에 서게 되는 느낌을 받게 된다. 우리는 우리의 작음에 충격받게 된다."[14] 그리고 왜 이 책의 저자가 마지막에 다음과 같이 기록했는지 이해할 수 있게 된다. "우리 시대에 이 연구를 마치게 하신 특권을 허락하신 하나님 앞에 잠잠히 감사하고 경배하게 하는 작품이다"(1918년 12월 15일).

죽음

1918년은 네덜란드의 혁명적인 혼란으로 기억되는 해이다. 세계대전의 종결 무렵, 독일의 총성이 네덜란드에까지 잠시 퍼져나간 것처럼 보였다. 여왕은 폐위되고, 네덜란드는 사회주의자 지도자인 뜨룰스트라P. J. Troelstra를 대통령으로 하는 공화국이 될 것처럼 보였다.

뜨룰스트라는 프리슬란트 사람이었지만, 프리슬란트 사람들 중 다수는 그를 지지하지 않았다.[15] 11월 14일부터 16일까지 수천 명의 해산된 군인들이 그들의 여왕을 지키기 위해 헤이그에 있는 왕궁에 당도했다. 그들 중에는 많은 프리슬란트 사람들이 있었고, 그 중에 다수는 카이퍼를 지지하는 사람들이었다. 3월 18일 저녁에 그들은 그들의 옛 지도자가 살았던 까날스트라트로 행진했다. 그들은 몇 가지 국가의 찬송가들을 불렀고, 마침내 친숙한 시편인 '여호와께서 위에서부터 그를 축복하다'를 불렀다.

카이퍼는 그들로 인해서 감동받았고, 그들에게 이렇게 연설했다. "내 시대는 지나갔고, 이제 여러분들의 손에 미래가 달려 있습니다.……여러분들이 여기에 온 것은 내 하나님으로부터의 신호인데, 내게 특별했던 내 삶의 원리로의 부르심이 새로운 세대에게 전수되었고, 또한 여러분들에게도 해당된다는 것을 확인시켜 주는 것입니다." 그리고 카이퍼는 그들에게 그가 즐겨 불렀던 시편을 부르기를 요청했다. "즐겁게 소리칠 줄 아는 사람은 얼마나 복이 있는가?", "오 우리의 하나님이시여, 우리의 자랑이며, 영광과 능력, 그의 주권적인 은혜는 우리의 성과 요새시라."[16] 이것은 그의 마지막 생애에서 가장 위대한 순간 중 하나였다.

그의 기력은 노쇠해 갔고, 83세 생일(1920년 10월 29일)에 그는 중병에 들어 있었다. 카이퍼는 그해 11월 8일에 하나님의 부르심을 받았다. 카이퍼의 가까운 친구였던 이덴뷔르흐가 '드 스탄다르트'지에 다음의 글을 기고했다.

나는 카이퍼가 임종하기 전 수개월에 걸쳐 그를 방문하는 특권을 누렸고, 지난 몇 주 동안은 매일 그를 볼 수 있었다. 나는 그의 육체가 고통당했지만, 신앙은 결코 사그러들지 않았다는 것을 목격했다. 나는 그가 언제나 그의 하나님과 더불어 안식을 누리는 것을 볼 수 있었다. 심지어 그의 몸이 평온치 않을 때라도 말이다. 수주 동안 카이퍼는 그가 그렇게 갈망하던 하늘나라로 가는 시간이 오기를 기다렸다. 그리스도와 함께함이 그에게 있어서 최고의 것이었다. 그가 오랜 시간 동안 침상에 조용히 누워 지낸다는 것이 무엇을 의미하는지는, 마지막 순간까지 그가 얼마나 끊임없이 열정을 가지고 일했는지를 아는 사람들만이 이해할 수 있는 것이다. 그의 신앙은 항상 분명하게 남아 있었는데, 그는 병상에서 그를 간호하던 사람들에게 오히려 신앙의 확신을 주었다.

그는 대화 중에 그의 많은 동료 신자들에 대한 변함없는 사랑을 여러 차례 언급한 적이 있었다. "우리 사람들we people"은 그가 주로 사용하던 명칭이었다. 나는 하나님의 은혜로 그가 가진 모든 것이 그들에게 의미가 있었다는 사실로 감사했다.

임종이 가까워 오자, 카이퍼는 하나님이 그의 피난처시며 힘이시며 환난 중에 도움이시라는 사실을 그들 모두에게 전달해 주기를 원했다

그리고 그는 우리 곁을 떠났다. 그가 우리 가운데서 늘 그러했던 것처럼, 그의 하나님의 은혜와 능력 안에서 영광을 돌리면서……[17]

카이퍼는 11월 12일에 무덤에 안장되었다. 그의 뜻에 따라 그의 묘비에 새겨진 글은 다음과 같다.

> 카이퍼 박사
> 1837년 10월 29일에 태어나다.
> 구주 품 안에서 잠들다.
> 1920 11월 8일.

영향

카이퍼는 19세기와 20세기를 짚고 서 있었던 거장이었다. 그의 인생은 한 시대를 마무리하고 다른 시대를 열어 가는 다리 역할을

했다. 그의 영향력으로 인해, 보수주의가 승리하고 자유주의는 좌절되었으며 사회주의는 억제되었다. 개혁주의 신학이 부활하고, 교회 안에서의 정직함이 선포되었으며, 신앙고백이 중요시되었고, 그리스도의 왕권이 천명되었다.

정치 영역에서 보면, 카이퍼의 많은 동료 신자들이 충실한 보수주의자이거나 네덜란드 헤베이 운동의 정서를 따르고 있다고 보아야 할 것이다. 보수주의자들은 국가의 기독교적 특성에 대해 믿었으며, 네덜란드인이라 불리는 것을 자랑스러워했으며, 현재의 우세한 상황을 바꾸는 것을 원치 않았다. 헤베이 사람들은 네덜란드의 감리교인을 대표하는데, 이들은 영혼 구원과 박애주의 열정에 사로잡힌 자들이었다. 그러나 그들은 정치적이거나 사회적 활동에 대해서는 소극적으로 대처했던 사람들이었다.

그 자신이 헤베이의 아들이기를 자처했던 흐룬 판 프린스떠러가 1874년에 강력하게 보수주의를 개혁하고자 나왔을 때, 카이퍼는 흐룬이 오랫동안 성취하고자 했던 것을 선택했고, 나라를 이끌면서 모든 삶의 영역에서 그들의 선조들의 신앙고백으로 돌아가기를 소망했다. 그러나 흐룬과 카이퍼 사이에는 분명한 차이가 존재한다. 흐룬은 탁월한 자질들을 갖춘 사람이었지만, 조직가나 입법가로서의 역량은 부족했다. 자유주의자의 유명한 지도자였던 또르베커Thorbecke가 흐룬에 대해 국회에서 이렇게 말한 적이 있다. "저 존경받는 연설가는 끊임없이 투쟁하고 있지만, 그가 하려는 것들에 대한 그 어떤 것도 법을 통해 실현한 것이 없단 말이야……."[18] 이것은 충분히 근거가 있는 말이었다. L. W. G. 숄턴 박사가 다음과 같은 비교를 남겼다.

> 흐룬은 군대 없는 장군과 같은데, 그의 사상들을 다른 사람들이 실천적으로 이용할 수 있도록 만들어 줄 군대가 없었다는 것이다. 카이퍼는 잘 조직된 당을 만들었고, 동등한 기반 위에서 협력을 위한 동맹을 잘 맺었으며, 그의 생각들이 시대적 필요에 어떻게 부합할지 가늠하며 자기 자신을 준비시켰고, 그것을 열매 맺게 했다.
>
> 흐룬은 공교하고 체계화된 형태로 정치 지형을 개혁하고 만들어 나가는 것을 거부했다. 그는 언제나 그와 함께 일하는 사람들을 신뢰했고, 항상 그들의 행동들로 인해 비극적으로 실망하곤 했다. 카이퍼는 이해심과 더불어 능동적으로 막대한 정치 체계를 주조해 나갔고, 이런 식으로 그를 따르는 사람들이 실제 상황과 조직 사이의 조화를 이룰 수 있도록 조절해 나갔다.[19]

카이퍼는 흐룬이 시작한 것을 완성했고, 실천적인 결과들을 이끌어 내는 데 있어서 급진적이었다. 흐룬은 민주주의를 지향했지만 내심 귀족주의를 버리지는 못했다. 일반적인 의미에서 통용되는 의미는 아니었지만, 카이퍼는 민주주의를 표방함이 분명했다. 우리가 살펴본 바와 같이, 그는 작은 사람들*small people*을 위한 사람이었기 때문이다. 카이퍼는 그들의 삶의 상세한 부분까지 다 알고 있었다. 카이퍼는 네덜란드라는 국가의 가장 작은 동네와 마을에서 무슨 일이 진행되고 있는지조차 인식하고 있었다.

카이퍼가 추구했던 것은 공인된 민주주의였다. 모든 권세의 원천은 결코 사람들에게 있지 아니하고 하나님에게 홀로 있다. 카이퍼가 추구했던 것은 사람들이 사람들을 다스리는 것이 아니라 모든 삶의 영역이 유기적인 구조로 이루어져 있음을 인식하는 것이었다. 이런 의미에서 카이퍼는 모든 사람들에게 투표권을 주기보다는 가족을 대표하는 가장들에게만 투표권을 주기를 원했던 것이다. 카이퍼는 인간 삶의 각 영역의 독립성과 주체성(하나님 안에서의)을 강조했는데, 이는 이러한 삶의 각 영역들이 정부에 의해 창조되지 않았기 때문에 정부에 의해 규제되어서는 안되고, 하나님께서 그들 각자에게 주신 소명을 따라야만 함을 강조했다. 정부의 규제는 갈등이나 중복의 경우에만 필요하다고 보았다.

흐룬은 (회심 이후에) 그의 전 생애를 통해 교회의 정직을 위해 투쟁했다. 그는 기독교 신앙의 기본적인 원칙들을 수호하기 위해 흐로닝언 학파와 근대주의, 그리고 윤리주의 신학자들에 대항하여 싸웠던 영감 있는 투사였다. 카이퍼는 우트레흐트에 도착한 후에 동일하게 정직함에 대한 목소리를 분명히 냈다. 그는 과감한 조치를 취하기를 두려워하지 않았는데, 사실 그는 미봉책을 내는 것을 싫어했다. 카이퍼는 심지어 교회에 분열음이 나게 되더라도 교회가 진정으로 개혁되는 것을 보기 전까지 결코 쉴 수 없었다. 그리고 그는 계속되어지는 개혁에 대한 갈망을 쉬지 않고 표현했다.

흐룬의 칭찬할 만한 박애주의적 태도에도 불구하고 그에게 부족했던 것은, 시기적절한 사회 문제에 개입하기를 망설였다는 점이다. 반면 카이퍼는 사회 문제를 해결하는 데 앞장섰던 사람이었다. 뿐만 아니라 그는, 시기와 타이밍을 잘 활용했던 사람이었다.

카이퍼는 자유주의자들의 자유방임주의를 반대하는 것만큼 사회주의자들의 국가 통제 사회도 반대했다. 그는 자유고용자와 자유노동자들이 끝없이 계급투쟁하는 것을 원치 않았다. 그 대신, 양자가 다른 시각을 가지고 서로를 바라보고, 그들의 계약을 명예스러운 방식으로 스스로 확립하기를 원했다. 그럼에도 불구하고 해결하지 못하는 양자의 차이에 대해서는, 중재나 정부 규제에 의해 해결하기를 바랐던 것이다.

카이퍼는 그 자신이 자유로운 사람이었다. 그는 결코 사람의 종이었던 적이 없었다. 그리고 그는, 심지어 그것이 동료들과의 우정을 깨뜨리는 결과를 초래한다고 하더라도 그가 본 진실에 대해서 말하기를 전혀 두려워하지 않았다. 그는 과학주의, 맘모니즘, 진화론, 문화주의와 같은 그 시대의 바알에게 무릎 꿇지 않았다. 그는 자유로운 교회와 자유로운 기독교 학교, 자유대학, 자유 기독교 노동 운동, 자유 기독교 정당을 위해 투쟁했다.

카이퍼는 자유를 갈구했지만 언제라도 정확 무오한 하나님의 말씀에 붙들려 남아 있기를 원했다. 그는 자유를 원했지만 항상 교회의 신앙고백들을 표현함으로 오는, 성도들과 모든 시대의 보편 교회와의 교통을 소중하게 여겼다.

카이퍼는 매우 관용적일 수 있었고, 어떠한 문제라 하더라도 혁명적인 방법으로 해결하기를 원치 않았다. 그는 역사의 교훈들을 존중했고, 기독교 공동체 간의 차이를 이해했으며, 교회 형태의 다양성에 대해 인정했다. 그러나 그는 사람들이 그들의 신성한 신앙고백에 충실하지 않는다는 것을 인식할 때마다 분명한 선을 그었다. 1914년에 카이퍼는 자유대학 이사회에 글을 보냈다. "여러분들이 어떤 박사 학위 소지자를 교수이자 선생으로 받아들이고자 할 때, 만약 그 사람이 명백하게 신앙고백으로부터 멀어진 것이 분명하게 밝혀지는 경우에는, 나는 자유대학의 모든 관계와 접촉을 끊되, 그것도 공개적으로 그렇게 할 것입니다."[20]

카이퍼가 무대에 등장했을 때, 이미 네덜란드는 그 지도력과 많은 부분에서 영광스러웠던 과거로부터 멀어진 상태였다. 자유주의자들은 '황금기'의 위대한 문화적 업적들을 가르치며, 과거의 부흥을 꿈꾸려고 시도했다.[21] 카이퍼는 국가의 칼빈주의적 특성을 강조했고, 종교개혁 시대의 힘과 담대함과 신앙에 호소했다.

카이퍼가 죽을 때, 전국 각지에는 자유 기독교 학교가 들어서 있었다. 신자들은 기독교적 원리들을 그들의 가정과 학교와 일터에서 실천하고 있었다. 기독교인 과학자들은 성경의 신앙은 시대에 뒤떨어진 것이 아니라 최신의 것임을 주장하고 있었다. 온 나라 전체가 새로워진 것이다.

"저의 평생의 열망하던 소원이 하나 있습니다.
저의 마음과 영혼에 박차 같은 높은 동기가 하나 있습니다.
제게 지워진 거룩한 필연성으로부터 벗어나려 하자마자
생명의 호흡은 내게서 멀어지게 됩니다.

그것은 바로, 세상의 온갖 반대가 있어도
하나님의 거룩한 규례가 사람들의 유익을 위해
가정과 학교와 국가에 다시 세워져야 한다는 것입니다.
성경과 창조계가 증거하는 주님의 규례가
이 백성의 양심에 아로새겨져,
백성들이 다시금 하나님께 충성하게 되어야 한다는 것입니다."

-1897년, '드 스탄다르트'지 25주년 기념 연설 중

추천 도서

아브라함 카이퍼의 수많은 저술 가운데 중요한 저작을 분야별로 나누어 소개한다. 그 밖에 카이퍼와 관련하여 참조할 만한 도서도 함께 수록했다—옮긴이.

신학적 저작

「성령의 사역*Het Werk van den Heiligen Geest*」(3권, 1888-1889년). 1883-1886까지 '드 헤르아우트'지에 연재.

「도르트 총회의 소원에 따라*E Voto Dordraceno*」(4권, 1892-1895년). 1886-1894까지 '드 헤르아우트'지에 연재, 하이델베르크 교리문답서에 대한 해설서.

「신학 백과*Encyclopaedie der Heilige Godgeleerdheid*」(3권, 1893-1894년, 1908-1909년).

「하나님의 천사들*De Engelen Gods*」(1902년). 1894-1897년까지 '드 헤르아우트'지에 연재.

「일반 은총*De Gemeene Gratie*」(3권, 1902-1905년). 1895-1901년까지 '드 헤르아우트'지에 연재.

「교의학 구술 교본*Dictaten Dogmatiek*」(5권, 1902년, 1910년). 학생들이 교의학 강의를 받아쓴 것.

「우리의 예배*Onze Eeredienst*」(1911년). 1897-1901년까지 '드 헤르아우트'지에 연재.

「왕을 위하여*Pro Rege*」(3권, 1911-1912년). 1907-1911년까지 '드 헤르아우트'지에 연재, 그리스도의 왕직에 대한 연구서.

「완성에 관하여*Van de Voleinding*」(4권, 1929년). 1911-1918까지 '드 헤르아우트'지에 연재, 종말론에 대한 연구서.

칼빈주의에 관한 저작

「칼빈주의, 우리 헌법적 자유의 근원과 보증*Het Calvinisme, oorsprong en waarborg onzer constitutineele vrijheden: Een Nederlandsche gedachte*」(1874년).

「칼빈주의와 예술*Het Calvinisme en de Kunst*」(1888년).

Het Calvinisme(1898년). (「칼빈주의 강연」크리스챤다이제스트) "카이퍼의 사상의 요약이요 진수가 담겨 있다"는 평을 받고 있는 책이다.

교회론에 관한 저작

"존 칼빈과 존 아 라스코의 교회론 비교 연구*Disquisitio historico-theologica, exhibens Joannis Calvini et Joannis a Lasco de Ecclesia Sententiarum inter se compositionem*"(1862년). 박사 논문.

「교회 개혁론*Tractaat van de reformatie der kerken*」(1883년).

「안식일론*Tractaat van den Sabbath: Historische dogmatische studie*」(1890년).

기독교 정치에 관한 저작

「우리의 계획 *Ons program*」(1879년).

Het sociale vraagstuk en de Christelijke Religie(1891년). (「기독교와 사회문제」 생명의말씀사)

「반혁명 정치학 *Antirevolutionaire Staatkunde*」(2권, 1916-1917년).

「국회 연설문 *Parlementaire Redevoeringen*」(4권, 1908-1910년).

성경 연구, 성경 묵상록

카이퍼는 20권이 넘는 성경 묵상록과 연구서를 출간했다. 이 책들에 대한 대중적 인기는 대단했다. 영어로 출간된 대다수 카이퍼의 저작들이 바로 이 범주에 속하는 것들이다. 카이퍼는 주일마다 한두 편의 성경 묵상록을 기록하곤 했다고 한다. 그리고 어떤 이는 이 묵상록들을 거룩한 신비주의의 노래라고 칭하기도 했다.

「말씀으로부터: 경건함양을 위한 성경 연구 *Uit het Woord: Stichtelijke Bijbelstudi*」(6권, 1873-1875년).

「반석으로부터 나온 꿀 *Honig uit den Rotssteen*」(2권, 1880, 1883년).

「열두 족장들 *De twaalf Patriarchen: Bijbelsche karakterstudien*」(1887년). 성경 인물 연구

「좋은 소식의 날들 *Dagen van goede boodschap*」(4권, 1887-1888년). 절기 묵상록.

「안식일을 위한 고멜 *Gomer voor den Sabbath: Meditatien over en voor den Sabbath*」(1889년).

「황양목과 도금양을 위하여 *Voor een Distel een Mirt: Geestelijke overdenkingen* 「bij den Heiligen Doop」(1891년).

「죽음의 그림자 아래In de schaduwe des doods: Meditatien voor de krankenkamer en bij het sterfbed」(1893년).

Vrouwen uit de Heilige Schrift(1898년). (「성서속의 여인들」한국기독문서간행회)

「당신이 당신의 집에 앉았을 때Als gij in uw huis zit: Meditatien voor het huislijk saamleven」(1899년).

「예수님이 예루살렘에서 나가심Zijn uitgang te Jerusalem: Meditatien over het lijden en sterven onzes Heeren」(1901년).

「세 마리의 작은 여우들Drie kleine vossen」(1901년).

「예수님 안에서 잠들다In Jezus ontslapen: Meditatien」(1902년).

「당신의 기념일들을 기념하라Vier uwe vierdagen: Meditati」(1903년).

Nabij God te zijn: Meditatien(2권, 1908). (「하나님께 가까이」크리스챤다이제스트)

그 밖에 아브라함 카이퍼 관련 도서

Cornelis van der Kooi and Jan de Bruijn(eds.), *Kuyper Reconsidered: Aspects of his Life and Work*, Amsterdam: Free University Press, 1999.

Ernst M. Conradie(ed.), *Creation and Salvation: Dialogue on Abraham Kuyper's Legacy for Contemporary Ecotheology*, Leiden: Brill, 2011.

Frank van den Berg, *Abraham Kuyper*, Grand Rapids: Eerdmans, 1960, rep. Ontario: Paideia Press, 1978. (「수상이 된 목사 아브라함 카이퍼」, 나비)

Gordon Graham(ed.), *The Kuyper Center Review, Volume One: Politics, Religion, and Sphere Sovereignty*, Grand Rapids: Eerdmans, 2010.

Henriette Sophia Suzanna Kuyper and J. H. Kuyper, *Herinneringen van de oude garde aan den persoon en den levensarbeid van dr. A. Kuyper*, Amsterdam: Ten Have, 1922.

James McGoldrick, *God's Renaissance Man: Abraham Kuyper*, Darlington, UK, 2000.

John Bolt, *A Free Church, A Holy Nation: Abraham Kuyper's American Public Theology*, Grand Rapids: Eerdmans, 2001.

John Bowlin(ed.), *The Kuyper Center Review, Volume Two: Revelation and Common Grace*, Grand Rapids: Eerdmans, 2011.

J. Budzisewiski, *Evangelicals in the Public Square*: Four Formative Voices on Political Thought and Action, Grand Rapids: Baker, 2006.

J. H. Kuyper, *De Levensavond van Dr A. Kuyper*, Kampen: Kok, 1921.

Luis Lugo(ed.), *Religion, Pluralism, and Public Life: Abraham Kuyper's Legacy for the Twenty-First Century*, Grand Rapids, 2000.

M. R. Langley, *The Practice of Political Spirituality: Episodes from the Public Career of Abraham Kuyper, 1879-1918*, Ontario: Paideia Press, 1984. (「복음이냐 혁명이냐」 한국로고스연구원)

Nicholas Wolterstorff, *Until Justice and Peace Embrace: The Kuyper Lectures for 1981 Delivered at the Free University of Amsterdam*, Grand Rapids: Eerdmans, 1983. (「정의와 평화가 입맞출 때까지」 IVP)

Owen Anderson, *Reason and Worldviews: Warfield, Kuyper, Van Til and Plantinga on the Clarity of General Revelation and Function of Apologetics*, Langham: University Press of America, 2008.

Peter S. Heslam, *Creating a Christian Worldview: Abraham Kuyper's Lectures on Calvinism*, Grand Rapids: Eerdmans, 1998.

Richard B. Gaffin, *God's word in Servant-form: Abraham Kuyper and*

Herman Bavinck on the Doctrine of Scripture, Jackson, MS: Reformed Academic Press, 2008.

Richard J. Mouw, *Abraham Kuyper: A Short and Personal Introduction*, Grand Rapids: Eerdmans, 2011.

Vincent Bacote, *The Spirit in Public Theology: Appropriating the Legacy of Abraham Kuyper*, Grand Rapids: Baker, 2005.

정성구, 「아브라함 카이퍼의 사상과 삶」, 용인: 킹덤북스, 2010.

주

해설의 글

1. 카이퍼의 영향에 대하여는 Peter S. Heslam, *Creating a Christian Worldview Abraham Kuyper's Lectures on Calvinism*(Grand Rapids: Eerdmans, 1998), 5-8. 그리고 한국 내에서의 영향에 대해서는 다음 책을 보라. 손봉호, "Relevance of Sphere Sovreignty to Korean Society", in *Kuyper Reconsidered*, ed. C. van der Kooi(Amsterdam: Free University Press, 1999), 179-189.
2. 네덜란드 국교회 소속 교회사가 오토 드 용 교수는, 자신의 교회사 교본에서 1870-1920년대를 다루는 장의 이름을 카이퍼의 시대 *De tijd van Kuyper*라 명명했다(Otto J. de Jong, *Nedelandse Kerkgeschiedenis*[Callenbach: Nijkerk, 1986], 344-374).
3. 카이퍼의 저술 목록과 저작 배경에 대한 소개는, 룰만 목사가 쓴 다음의 저술이 표준적이다. J. C. Rullmann, *Kuyper-bibliografie*, 3 vols, s-Gravenhage Bootsma; [etc.] 1923-1940. 현재 네덜란드에서 진행되고 있는 신칼빈주의 저술의 온라인 프로젝트 사이트를 참조할 수도 있다(www.neocalvinisme.nl).
4. 한국 장로교 신학자들로서 박사 학위 논문 속에서 아브라함 카이퍼를 논구한 이들로는 서철원, 이상원, 유해무, 정광덕 등을 들 수 있다.
5. 19세기 시대정신에 대한 분석을 위해서는 다음 책을 참조하라. Praamsma,

Abraham Kuyper(Ontario: Paideia Press, 1985), 7-20.

6. Praamsma, *Abraham Kuyper*, 7-20.

7. A. Kuyper, *Confidentie: schrijven aan den weled. Heer J. H. van der Linde*(Amsterdam: Höveker & Zoon, 1873), 64.

8. 이 항목을 위해서는 다음 책을 참조하라. Praamsma, *Abraham Kuyper*, 31-38.

9. Praamsma, *Abraham Kuyper*, 33-34.

10. H. Bavinck, *De theologie van D. Chantepie de la Saussaye*(Leiden: D. Donner, 1884).

11. H. Bavinck, *De theologie van D. Chantepie de la Saussaye*, 84-86.

12. Praamsma, *Abraham Kuyper*, 35-38.

13. R. H. Bremmer, *Herman Bavinck en zijn tijdgenoten*(Kampen: Kok, 1966), 21-26.

14. A. van de Beek, *Van verlichting tot verduistering? Theologen vanaf 1800*(Callenbach: Nijker, 1994), 37.

15. Praamsma, *Abraham Kuyper*, 37.

16. G. C. Berkouwer, *A Half Century of Theology*, trans. Lewis B. Smedes(Grand Rapids: Eerdmans, 1977), 22.

17. Praamsma, *Abraham Kuyper*, 40.

18. Praamsma, *Abraham Kuyper*, 42.

19. 그는 이와 같은 자신의 회심 과정을 *Confidentie: schrijven aan den weled. Heer J. H. van der Linde*(Amsterdam: Höveker & Zoon, 1873)에서 비교적 자세하게 기술하고 있다.

20. A. Kuyper, *Confidentie*, 39; Praamsma, *Abraham Kuyper*, 43.

21. Praamsma, *Abraham Kuyper*, 45에서 재인용하고 있다.

22. A. Kuyper, *Confidentie*, 45.

23. A. Kuyper, *Wat moeten wij doen. het stemrecht aan ons zelven behouden of den kerkraad machtigen*(Culemberg: A. J. Blom, 1867).

24. A. Kuyper, *J. A Lasco Opera et Vitam*, 2 vols.(Den Haag/Amsterdam

1866). 이 책의 출간으로, 카이퍼는 유럽 대륙에서 훌륭한 학자로서의 명성을 얻게 되었다(Praamsma, *Abraham Kuyper*, 48).

25. Frank van den Berg, *Abraham Kuyper*(1978). 네덜란드 헌법 91조에 의하면 "국회의원은 종교 목회자가 될 수 없다"고 명문화하고 있다.

26. 김영중, 장붕익, 「네덜란드사」(대한교과서주식회사), 232.

27. 사립학교에 대한 공립학교에 상응하는 재정 지원이 법적으로 최종 확정된 것은, 1917년 꼬르뜨 판 데어 린던*Cort van der Linden* 내각 때 이루어진 헌법 개정으로 말미암는다(김영중, 장붕익, 「네덜란드사」, 266-267).

28. A. Kuyper, *Souvereiniteit in eigen kring*(Amsterdam: J. H. Kruyt, 1880). 카이퍼의 강연문의 영역문은 다음 책을 참조하라. J. d. Bratt(ed.), *Abraham Kuyper a Centennial Reader*(Grand Rapids: Eerdmans, 1998), 461-490.

29. Praamsma, *Abraham Kuyper*, 76.

30. J. D. Bratt(ed.), *Abraham Kuyper: A Centennial Reader*, 441.

31. Frank van den Berg, *Abraham Kuyper*, 10-11장; Stellingwerff, *Kuyper en de VU*, 83ff.

32. Frank van den Berg, *Abraham Kuyper*, 157-195.

33. Praamsma, *Abraham Kuyper*, 제9장. 최근에 개혁교단GKN과 국가교회 NHK는 오랜 세월 동안 일치운동을 전개하여 2004년에 네덜란드 개신교회(Protestantse Kerk in Nederland: 약칭하여 PKN이라고 함)라는 이름으로 재통합을 이루게 된다. 이 통합교단에는 복음주의 루터교회까지 참여하고 있다. 이 교단의 공식 홈페이지를 참조하라(http://www.sowkerken.nl/).

34. Calhoun, *Princeton Seminary*, Vol. II. 177ff.

35. 이 책은 이미 오래전 세종문화사에서 출간했고, 최근에는 크리스챤다이제스트사에서 다시 출간했다.

36. Frank van den Berg, *Abraham Kuyper*, 20장.

37. 심지어 그의 후계자 헤르만 바빙크조차도 카이퍼에 대하여 비판적 입장을 표명했다.

38. A. Kuyper, *Onze Eredienst*(Kampen: Kok, 1911).

39. Kampen, 1916-1917. 이것은 이미 1879년에 출간했던 *Ons Program*의 수정 증보한 것이다.
40. 김영중, 장붕익, 「네덜란드사」, 271-272.

1장

1. 다음 책을 보라. O. Chadwick, *The Secularization of the European Mind in the Nineteenth Century*(1975), 11. (「19세기 유럽정신의 세속화」 현대지성사)
2. 헤르더는 이 책에서 자신의 역사철학을 개진했다.
3. 이삭 다 코스타는 1823년에 「시대정신에 대항하는 반론들*Bezwaren tegen den geest der eeuw*」에서 "시대정신*de geest der eeuw*"이라는 표현을 사용하고 있다. 프람스마는 이 구를 "spirit of the age"라고 영역한 것이다. "spirit of the time"이라는 구는 독일어 "Zeitgeist"를 번역한 듯하다.
4. A. Kuyper, *Het Modernisme*(1870); *De Gemeene Gratie*, II(1905), 27, 408-411.
5. "그리스도가 왕이 되게 하라Let Christ Be king!"는 이 구호가 이 책의 제목이다. 그리고 이 부르짖음은 카이퍼가 그리스도론의 책 제목으로 삼았던 "왕을 위하여*Pro Rege*"라는 구호와 관련되어 있다.
6. E. Gewin, "Julianus von Krudener," in *Pietistische Portretten*(1922), 50-53.
7. A. Kuyper, *Ons Program*(1880), 402-403.
8. 다음 책을 보라. H. G. Schenk, *De geest van de Romantiek*(1966), 13.
9. 다음 책을 보라. E. Troelsch, *Der Historismus und seine Probleme*(1922).
10. 다음 책을 보라. M. C. d'Arcy, *The Meaning and Matter of History*(1959), 9.
11. 소설처럼 읽히는 영국계 네덜란드 신학자인 알렉산더 꼼리의 생애 스케치 속에서, 카이퍼는 때때로 그의 상상력에 고삐를 풀어 주곤 한다. 다음 책을 보라. *The Catholic Presbyterian*, January, March and April 1882와 A. G. Honig, *Alexander Comrie*(1882), 19ff.
12. 헤베이*Réveil*이라는 프랑스어 단어는 재생, 소생, 각성의 의미를 가지고 있

다. 이 독특한 영적인 운동은 영미권에서 흔히 말하는 부흥 운동이나 대각성 운동과는 다른 뉘앙스를 가지고 있기 때문에 이 책에서는 그냥 헤베이라고 옮겼다.

13. 알렉산더 비네Alexander Vinet(1797-1847)는 프랑스 태생이나 스위스에서 신학자·윤리학자·문학비평가로 활동했다. 로잔대학에서 신학을 공부한 후 스위스의 프랑스어권에서 종교개혁을 확립하는 데 기여했다. 바젤 대학에서 프랑스어를 가르쳤고(1817-1837), 1837년 로잔으로 돌아가 로잔 대학에서 실증신학 교수(1837-1845), 프랑스 문학 교수(1845-1846)로 재직했다.

14. 아돌프 모노Adolphe Monod(1802-1856)는 코펜하겐에서 태어나 파리와 제네바에서 교육을 받고 나서 나폴리, 리옹, 파리 등에서 개신교 설교 사역을 했다. 몽또방에서 신학 교수로 재직하기도 했다. 그는 19세기 프랑스의 유명한 개신교 설교자였다.

15. *Kuyper-Gedenkboek 1897*, 72.

16. K. Scott Latourette, *A History of Christianity*(1953), 1193.

17. 이 글은 디쁜호르스트P. A. Diepenhorst가 흐룬 판 프린스떠러의 「불신앙과 혁명Ongeloof en revlutie」(1922) 270-271쪽에 후기로 첨부한 글에서 인용했다.

18. J. Dillenberger, C. Welch, *Protestant Christianity, Interpreted Through Its Development*(1954), 205.

19. 이 구절은 카이퍼가 1899년에 연설한 「진화Evolutie」의 첫 문장들이다.

2장

1. K. Barth, *Die Protestantische Theologie im 19, Jahrhundert*(1947), 425-432.

2. K. Aner, *Kirchengeschichte*, Vol. IV(1931), 158.

3. K. Aner, *Kirchengeschichte*, Vol. IV, 155.

4. *Verspreide geschriften*(1860), 16.

5. A. Kuyper, "Alexander Comrie," in *The Catholic Presbyterian*(1882).

6. 알렉산더 꼼리(1706-1774)에 대해서는 조엘 비키, 랜들 페더슨의 「청교도를 만나다」(부흥과개혁사) 698-701쪽을 보라.

7. A. Streenbeek, *Herman Munthinge*(1931).

8. J. C Rullman, in *Chrisstelijke Encyclopaedie*, first edition, Vol. IV, 441.

9. P. Kasteel, *Abraham Kuyper*(1938), 44.

10. K. Barth, *Die Protestantische Theologie*, 379-80.

11. A. Kuyper, *De Vleeschwording des Woords*(1876), 60.

12. A. Kuyper, *Encyclopaedie der heilige Godgeleerdheid*, Vol. I(1908), 351.

13. B. M. G. Reardon, *Religious Thought in the Nineteenth Century*(1966), 44.

14. K. Barth, *Die Protestantische Theologie*, 400.

15. K. Barth, *Die Protestantische Theologie*, 377.

16. H. Bavinck, *Gereformeerde Dogmatiek*, Vol. I(1980), 140. (「개혁교의학」 부흥과개혁사)

17. Dillenberger and Welch, *Protestant Christianity*, 189.

18. Schaff-Herzog's *Religious Encyclopedia*, Vol. III(1958 edition), 156.

19. A. Kuyper, *Eenige Kameradviezen uit de jaren 1874 en 1875*, 196; *Ons Program*, 148, 413.

3장

1. The Generality Lands 혹은 Lands of the Generality 혹은 Common Lands 등으로 번역되는 네덜란드어는 *Generaliteitslanden*이다. 다른 주처럼 주 의회가 구성되지 못하고, 전국 회의 혹은 국회에 의해서 통치되었던 지역들을 말한다.

2. 영어에서 '윌리엄', 독일어에서 '빌헬름'이라는 불리는 이름은 네덜란드어로 '빌럼'이라고 한다.

3. 다음 책을 보라. A. Goslinga, *Willem I als verlicht despoot*(1918).

4. A. Kuyper, *De Leidse Professoren en de Executeurs der Dordtsche*

Nalatenschap(1879), 83.
5. 암스테르담 당회는 암스테르담 시내에 있는 모든 국교회를 관리·감독하는 기구이므로, 우리나라의 당회와는 다르다.
6. 앞서 언급한 네덜란드 국교회에서의 분리 운동을 말한다.
7. 그랜드 래피즈에 소재한 칼빈 신학교 Calvin Theological Seminary가 속한 기독교개혁교단을 말한다.
8. A. Kuyper, *Confidentie*(1873), p. 64.
9. 1802년에 출생한 호프스떼이더 드 흐로트는 1819년에 흐로닝헌 대학에 입학했고, 1829-1872년까지 동대학에서 교수로 재직했으며, 흐로닝헌 학파의 창시자가 되었다.
10. J. Lindeboom, *Geschiedenis van het Vrijzinnig Protestantisme*, Vol. II(1930), 54.
11. G. J. Vos, *Groen van Prinsterer en zijn tijd*, Vol. I(1886), 81.
12. 종교개혁기에 네덜란드 개혁교회가 처음으로 모인 준 총회적 모임을 가리킨다.
13. R. H. Bremmer, *Herman Bavinck als dogmaticus*(1961), 67.
14. P. A. van Leeuwen, *Het Kerkbegrip in de theologie van Abrahm Kuyper*(1946), 29.
15. H. Bavinck, *De Theologie van D. Chantepie de la Saussaye*(1884), 84-86.
16. L. Knappert, *Geschiedenis van de Nederlands Hervormede Kerk gedurende de 18en 19e eeuw*(1912), 326-327. J. H. 스콜턴은 1936년에 하나님의 사랑에 대한 논문으로 박사 학위를 받았고, 1840년에 프라너꺼르 신학교 교수로 취임했다. 1843년 레이던 대학의 특별 교수 및 대학 교목으로 자리를 옮겼으며, 1846년에는 신학부 정교수가 되었다. 그는 처음에 신약학을 가르치다가, 1852년에 교의학 교수가 된다. 그는 아브라함 카이퍼와 헤르만 바빙크의 박사 논문 지도교수였다. 그가 남긴 주저는 「네덜란드 국교회의 교리 *De leer der hervormde Kerk in hare grondbeginselen*」이다.
17. *Institutes*, I. 7.
18. Belgic Confession, Article 5.
19. J. H. Scholten, *De Leer der Nederlands Hervormde Kerk*, Vol. I(1861),

194-221.

20. K. H. Roessingh, *Het Modernisme in Nederland*(1922), 91.
21. 아브라함 쿠에년은 1851년에 레이던 대학에서 박사 학위를 받았고, 겨우 스물네 살이던 1852년에 모교의 교수가 되었다. 신약, 신학 백과, 윤리학, 셈어 등을 가르쳤지만, 그의 관심은 구약학에 집중되었다.
22. 오경 비평은 모세오경에 대한 비평이다. 오경은 주전 9세기부터 주전 4세기에 이르는 시기에 기록된 다양한 문서들(흔히 J, E, P, D로 불리는 문서들)로 구성되어 있다고 가정한다.
23. K. H. Roessingh, *Het Modernisme in Nederland*, 83.

4장

1. A. Kuyper, *Calvinism*(1961 editon), 35-36.
2. 그의 어린 시절에 관한 몇몇 매력적인 일화들은 J. C Rullmann의 *Abraham Kuyper*(1928) 2장에서 살펴볼 수 있다.
3. 브람Bram은 아브라함의 애칭이다.
4. 당시 독일과 네덜란드에서 학생들이 대학에서의 학업을 준비하기 위해 다녔던 중고등학교의 이름이다.
5. 수상이 되었을 때, 카이퍼는 하원 연설에서 다음과 같이 말했다. "로버트 프라인과 최고의 역사가들에 의하면, 칼빈주의자들은 16세기에 우리나라를 구원한 사람들이었다"(J. C. Rullmann, *Kuyper-Bibliografie*, III, 1946, 287).
6. 그는 신학 후보생이 되었을 때 마침내 이 과정을 마치게 되었다. 그때는 소명에 적합하다고 선언되기 바로 직전이었다(Rullmann, *A. Kuyper*, 23).
7. 본인의 박사 논문 '역사가로서 아브라함 카이퍼*Abrahm Kuyper als kerkhistoricus*'(1945) 17쪽을 보라.
8. 로더베이크 빌럼 에른스트 라우언호프는 1828년에 출생했고, 1859년에 레이던 대학에 부임하여 1889년까지 교회사 교수로 재직했다.
9. A. Kuyper, *Het Modernisme*(1871), 67.
10. A. Kuyper, *Confidentie*, 35.

11. *Confidentie*, 39.
12. 카이퍼는 통상적으로 새벽 두 시가 되기까지 침대에 가지 않았다(Rullmann, *Kuyper*, 12).
13. 이때 카이퍼가 제출했던 논문은 최근에 자유대학 교수인 J. 프레이 등이 편집하여 출간했다. Vree, Jasper & Zwaan, Johan, *Abraham Kuyper's Commentatio*(1860): *The Young Kuyper About Calvin, a Lasco, and the Church*, 2 vols.(2005). 첫 권은 해설서이고, 두 번째 권은 비평적인 라틴어 원문이다.
14. 그가 출간한 논문의 제목은 *Disquisitio historico-theologica exhibens Johannis Calvini et Johannes a Lasco de Ecclesia sententiarum inter se compositionem*이다.
15. 나의 책 *Abrahm Kuyper als kerkhistoricus* 34쪽 이하를 보라.
16. 샤를롯 용어(1823-1901)는 영국의 유명한 여류 소설가였다. 1853년에 출간한 「레드클리프의 상속자」로 인해 그는 대중적인 성공을 거두었다. 그리고 그는 많은 저술들을 남겼는데, 후에 Jane Austen, Honoré de Balzac, Gustave Flaubert, Trollope, Emile Zola 등과 비교될 정도로 호평을 받았다.
17. *Confidentie*, 42.
18. *Confidentie*, 43.

5장

1. *Predicatiën*(1913), 5.
2. *Predicatiën*, 243.
3. *Predicatiën*, 245-246.
4. 카이퍼 아르카이브에 있는 1865년 1월 28일자 편지.
5. 「칼빈 전집」이란 흔히 CO로 불리는 *Calvini Opera*(59 vols.)를 말한다.
6. *Predicatiën*, 246.
7. *Confidentie*, 45.
8. 도르트 교회법 제22조를 보라.

6장

1. J. C. Rullmann, *De strijd voor kerkherstel*(1928), 160.
2. 다음 책을 보라. S. Kierkegaard, *Attack upon "Christendom,"* trans. W. Lowrie(1959).
3. *Kuyper-Gedenkboek*(1897), 71.
4. T. de Vries, *G. Groen van Prinsterer in zijn omgeving*(1908), 115.
5. 흐룬은 종종 자신을 칼빈주의자라고 불렀으며, 예정론은 쉽볼렛shibboleth이 될 수 없다고 선했다(J. C. Rullmann, *Strijd voor kerkherstel*, 66).
6. *Nederlandsche* Gedachten, August 19, 1871.
7. *Het beroep op het volksgeweten*(1869), 17-18.
8. Rullman, *Abraham Kuyper*, 50.
9. 이 설교의 본문은 에베소서 3:17(믿음으로 말미암아 그리스도께서 너희 마음에 계시게 하시옵고 너희가 사랑 가운데서 뿌리가 박히고 터가 굳어져서)이었다.
10. *Predicatiën*, 327ff.
11. Rullman, *Abraham Kuyper*, 54. 카이퍼는 후에 *Uit het Woord*, Vol. I(1884)에서 이 문제에 대해 폭넓게 저술했다.
12. *Kuyper-Gedenkboek*(1937), 216(T. Ferwerda가 쓴 글).
13. Rullmann, *Abraham Kuyper*, 55.
14. Rullmann biography, *De strijd voor kerkherstel*, 175.

7장

1. 네덜란드에서는 후보자가 투표용지에 자기 이름을 올리는 것 이상을 허용하지 않지만, 나는 미국적인 관용어구인 "공직에 출마하다run for office"라는 표현을 사용했다.
2. A. A. van Schelven, *Uit den Strijd der geesten*(1944), 190. 1878년에 카이퍼는, "우리 선조들의 정치이론은 오점이 있었으며" 그들은 때때로 "자신들의 원리와 상충되게" 행동했었다는 점을 자인했다.

8장

1. *De Standaard*, 1878년 7월 23일자.
2. 이렇게 총회에서 임명하는 교수를 kerkelijke hoogleraar라고 불렀다.
3. 아브라함 카이퍼의 개교 연설문은 *Souvereiniteit in eigen kring. Rede ter inwijding van de Vrije Universiteit, den 20sten October 1880 gehouden, in het Koor der Nieuwe Kerk te Amsterdam*(Amsterdam: J. H. Kruyt, 1880)으로 출간되었다.
4. *The Herald*, 1880년 10월 3일자.
5. 이 연설은 1881년 10월 20일에 총장직을 넘겨주면서 행한 연설을 말한다.
6. 이 연설문은 1904년에 영어로 번역되어 *Bibliotheca Sacra*를 통해 공표되었다.
7. Present-day Biblical Criticism in its precarious Tendency for the Congregation of the Living God, in *Bibliotheca Sacra*(1904), 414.
8. *Present-day Biblical Criticism*, 674.
9. *Present-day Biblical Criticism*, 684.
10. 카이퍼는 헤르더, 초자연주의자, 흐로닝헌 학파, 그리고 그의 스승이었던 스콜턴을 언급했다.
11. *Synopsis Purioris Theologiae*(1632 edition), 24. 17세기 레이던 대학의 신학 교수들이었던 왈래우스, 리베타우스, 튀시우스 등이 저술했던 이 책은, 오랫동안 개혁파 교의학 교본으로 사용되었으며, 1881년 헤르만 바빙크가 최종판을 편집하여 출간한다.
12. *The Christian College in the Twentieth Century*, 72ff.
13. *The Christian College*, 83.
14. 로만 문제에 대해서는 Kasteel의 *Abrahm Kuyper* 195-202쪽과 327-333쪽, 그리고 L. C. Suttorp의 *A. F. De Savornin Lohman* 5장과 10장을 보라.
15. 1890년 2월 10일자로 로만에게 써 보낸 편지(Kasteel 157쪽을 보라).
16. *De Leidsche Professoren en de executeurs der Dordtsche nalatenschap*(1879), 83.

9장

1. *Het Conflict Gekomen*, II(1886), 41.
2. *Het Modernisme*(1871), 45.
3. *Laatste Woord*(1886), 7.
4. *Tractaat van de Reformatie der Kerken*(1883), 143.
5. *Tractaat*, 112-115.
6. *Het Conflict Gekomen*, III(1886), 36. 카이퍼의 이러한 염원이 어떻게 성취되었을까 궁금할 것이다. '신학 백과'는 1893-1894년 어간에 *Encyclopaedie der heilige Godgeleerdheid*, I-III (Amsterdam: J. A. Wormser)으로 출간되었고, 1899년에는 영역되기도 했다(*Encyclopedia of Sacred Theology, its Principles*, with an introduction by Benjamin B. Warfield〔London: Hodder and Stoughton〕). '교의학'의 경우, 생시에 다섯 권으로 묶어져 출간되기는 하지만 자신의 손에서 직접 나온 것이 아니고, 강의실에서 구술된 것들을 편집한 『교의학 구술 교본-*Dictaten Dogmatiek*』(5 vols., Kampen: Kok, 1910)으로 출간되었다. 그리고 성경책 중 한 권에 대한 해설서를 쓰고 싶다던 카이퍼의 소원은 「요한계시록」을 통해 성취했다. 그러나 이 책은 카이퍼 사후에 출간된 *Van de voleinding*, vol. 4 (Kampen: Kok, 1935)에 담겨 있던 것을 1935년에 *The Revelation of St. John*, Translated by John Hendrik de Vries(Grand Rapids: Eerdmans)으로 출간한 것이다.
7. J. C. Rullmann, *De Doleantie*(1917), 342.
8. 1834년에 네덜란드 국교회에서 분리한 교회는, 카이퍼가 주도한 돌레안치 운동을 통해 국교회에서 분리해 나온 개혁교회와 1892년 네덜란드 개혁교회로 연합했다. 본문에서 저자가 언급하고 있는 것은 바로 이 연합을 말한다. 그러나 분리교회 중 일부는 이 연합에 동참하지 않고 기독교개혁교회로 계속 남았으며, 현재까지도 *Christelijke Gereformeerde Kerken*으로 불리며 아뻴도른에 교단 신학교를 가지고 있다.
9. V. Hepp, *Dr. Herman Bavinck*(1921), 180.
10. *The Implications of Public Confession*, trans. Henry Zylstra(1934), 49.

11. Hepp, *Dr. Herman Bavinck*(1921), 180.
12. G. Puchinger and N. Scheps, *Gesprek over de onbekende Kuyper*(1971), 50.
13. T. F. Bensdorp, *Pluriformiteit*(1901), 10.
14. Article on Alexander Comrie in *The Catholic Presbyterian*(1882), 281.
15. 다음 책을 보라. *E. Voto Dordraceno*, I, 344ff; *Pro Rege*, II, 197; III, 336ff.
16. *E. Voto Dordraceno*, II, 490.
17. *Verklaring van de kerkordening van de Nationale Synode van Dordrecht van 1618-1619*, ed. J. de Jong(1918), 171.
18. 보다 상세한 내용은 나의 학위 논문 *Abraham Kuyper als Kerkhistoricus* (1945) 129쪽 이하를 보라.

10장

1. 카이퍼의 연설문은 *Het sociale vraagstuk en de Christelijke Religie* (Amsterdam: J. A. Wormser, 1891)으로 출간되었다. (『기독교와 사회문제』 생명의말씀사).
2. *Handenarbeid*(Amsterdam: J. A. Wormser, 1889).
3. Baron B. J. L. de Geer to Kuyper on September 6, 1891(P. Kasteel의 *Abraham Kuyper* 203쪽을 보라).
4. *Proces Verbaal Social Congress 1891*, 106.
5. *Het sociale vraagstuk en de christelijke religie*, 40.
6. *Het sociale vraagstuk*, 71.
7. C. J. Mulder, *Het sociale leven en streven in verleden en heden*, Vol. II, 185ff.
8. *De Standaard*, February 3. 1903.
9. A. Kuyper, *Parliamentaire redevoeringen*, Vol. II, 334.
10. P. Kasteel, *Abraham Kuyper*, 271.
11. 네덜란드어로 *kiesvereniging*인 대표자들의 매년 모임은 '대표자 모임

deputatenvergadering'이라고 불리었다.

12. 이 연설은 *Wat nu?: Rede ter opening van de Deputatenvergadering, gehouden te Utrecht op 2 Mei 1918*(Kampen: J. H. Kok, 1918)으로 출간되었다.
13. 카이퍼의 말로 하면 "독재적인 개인들 그룹은 자신들의 의지를 온 나라에 행사하려고 한다."
14. *Wat nu?*, 21.

11장

1. T. Ferwerda, "Dr. Kuyper als hoogleraar," in *Gedenkboek 1937*, 211ff.
2. In the United States by L. J. Hulst in *Supra en Infra*, and in The Nethelands by C. Veenhof in *Rondom 1905*.
3. Canons of Dort I 7쪽을 보라.
4. *E Voto Dordraceno*, II, 170-172.
5. A. G. Honig, *Alexander Comrie*(1892), 서문.
6. A. Kuyper, Jr., *Johannes Maccovius*(1899), 서문.
7. Rullman's *Bibliographie*, II, 263ff.
8. 1898년에 행한 '칼빈주의 강연'에서 카이퍼는 다음과 같이 선언했다. "모든 과학적 지식의 전제는, 우리 자신의 존재에 대한 신념, 우리 자신의 감각에 대한 신념, 사유 법칙의 정확성에 대한 신념, 특별한 현상들의 일반적인 국면에 대한 신념, 무엇보다도, 우리를 이끄는 원리들에 대한 신념이다."(*Het Calvinisme*, 124).
9. *Institutes*, I, VI, 2.
10. *Encyclopaedie der Helige Godgeleerdheid*, II(1984); 다음 책도 보라. *De Gemene Gratie in Wetenschap en Kunst*(1905).
11. *Het Calvinisme*, 125-126.
12. *Bedoeld noch gezegd*(1885), 46.
13. *De Heraut*, December 7, 1877.

14. 하지만 카이퍼는 건전한 개혁과 변증학의 권리와 필요성에 대해서 인정한다(*Encylopaedie* III 456쪽 이하를 보라).
15. "Recent Dogmatic Thought in The Netherlands," in *The Presbyterian and Reformed Review*(April 10, 1892), 226.
16. R. H. Bremmer, *Herman Bavinck als Dogmaticus*(1961), 13-64.
17. 카이퍼는 diathetical이라는 단어를 가지고 사물의 상황과 특성을 설명한다.
18. 에른스트 트룄치는 그것을 "원초적인 제네바 칼빈주의의 곡해Hineindeutung in den primitiven Genfer Calvinismus"라 칭했다(*Soziallehren*, 1923년판, 607).
19. E. Troeltsch, *The Social Teachings of the Christian Churches*, II, 1960년판, 688.
20. 문자적으로 "칼빈으로부터 흘러나온"이라는 의미. 이 표현은 흐룬 판 프린스떠러에 의해서 종종 사용되어진 것이다.
21. 나의 책 *Abraham Kuyper als Kerkhistoricus*(1945) 138쪽 이하를 보라.
22. 특히 루터허스와 공저한 *Publiek vermaak*(1881)와 「칼빈주의 강연」 2강을 보라.
23. 나의 책 *The Church in the Twentieth Century* 25쪽 이하를 보라.
24. H. Beets의 *The Christian Reformed Church*(1946) 91-92쪽을 보라.
25. 이러한 결론들은 1908년 기독교개혁교회 총회에서 채택되었다(L. Berkhof, *Systematic Theology*, 1972, 639-640).
26. T. Ferwerda, in *Gedenkboek*(1937), 221.

12장

1. *Predikatiën*(1913), 399.
2. *Ons Program*(1879), 30.
3. *Tractaat van de Reformatie der kerken*(1883), 67.
4. 다음 책들을 보라. *Confidentie*(1873), 5; *Calvinisme en Revisie*(1891), 47-48; *Evolutie*(1899).

5. *Briefwisseling van Mr. G. Groen van Prinsterer met Dr., A. Kuyper*, bewerkt door Dr. A. Goslinga(1937), 58-59, 67-68, 217-218.
6. E. Burke, *Speech on Reconciliation with America*, ed. Muller-Lage (1923), 22, 24-25.
7. Translated by J. H. De Vries (Oberlin, Ohio).
8. Rullmann, *Bibliographie*, III, 163.
9. Rullmann, 84-85.
10. *De positie van Nederland*(1917), 9.
11. *Varia Americana*(1889), 7-8.
12. *Varia Americana*, 35.
13. *Varia Americana*, 19, 144-151.
14. *Varia Americana*, 64.
15. *Varia Americana*, 81.
16. In an article by A.G. Mackay
17. *Varia Americana*, 83.
18. *Calvinism*, 28-29.
19. *Varia Americana*, 131-132.
20. *Varia Americana*, 50-51.
21. *Varia Americana*, 133.
22. *Varia Americana*, 152.
23. *Varia Americana*, 168.
24. 그는 L. P. 스토운 강좌 위원회에 의해서 초빙되었다. 1908년에는 헤르만 바빙크 박사가 '계시 철학'이라는 주제로 스토운 강좌를 맡았고, 1930년에는 V. 헤프 교수가 '칼빈주의와 자연 철학'이라는 주제로 스토운 강좌를 진행했다.
25. 이것은 네덜란드의 제이란트주의 모토 *Luctor et emergo*를 암시한 것이다.
26. *Das Wesen des Christentums*(1900, 영역본은 1901년에 출간됨).
27. *Calvinism*, 34.
28. 카이퍼는 느슨하게 연결된 파편 다발들을 가리키기 위해 이 용어를 사용했다.
29. *Calvinism*, 22-23.

30. *Calvinism*, 14.

31. *Calvinism*, 34.

32. *Calvinism*, 33.

33. A. A. van Ruler, *Kuypers idee ener Christelijke cultuur*(1938)

34. S. J. Ridderbos, *De theolosche cultuurbeschouwing van Abraham Kuyper*(1947), 286.

35. Ridderbos, 321.

36. *Anti-Revolutionarie Staakunde*, I(1916), 627.

13장

1. Prof. T. L. Haitjema in *Op den uitkijk*, December 6, 1924.

2. *De navolging van Christus en het moderne leven*(1918), 32.

3. *Uit het Woord*, II(1875), 129.

4. J. H. Scholten, *De leer der Hervormde Kerk*, II(1862), 26ff.

5. *Uit het Woord*, II, 193–194.

6. *Uit het Woord*(Second Series: *Dat de genade particulier is*, 1879), 250–251.

7. *Predicatiën*(1913), 111ff.

8. *E Voto Dordraceno*, II, 192.

9. *E Voto Dordraceno*, II, 159.

10. *E Voto Dordraceno*, II, 166–167.

11. *Uit het Woord*(1879), 17–38.

12. *Uit het Woord*(1879), 151ff.

13. *Uit het Woord*(1879), 254–255.

14. 이 연설문은 「일반은총론」(총신대학교출판부)으로 출간되었다.

15. *De algemeene genade*, 6.

16. 다음 책을 보라. H. Kuiper, *Calvin on Common Grace*, 178.

17. *Institutes*, 2. 2.12–17.

18. 다음 책들을 참조하라. J. Douma, *Algemene genade*, 19; S. J. Ridderbos, *De theologische cultuurbeschouwing van Abraham Kuyper*(1947); A. A. van Ruler, *Kuyper's idee eener christelijken cultuur*(1937); and C. Van Til, *Common Grace*(1947).
19. 다음의 요약을 보라. G. M Den Hartogh, "Dr. A. Kuyper's standpunt inzake de verhouding van staat en kerk," in *Antirevolutionaire Staakkunde*(January 1938), 1-38.
20. *De Gemeene Gratie*, II, 533-600.
21. 다음 책을 보라. J. C. Rullman, *Kuyper-Bibliographie*, III(1940), 255.
22. 판 룰러는 그리스도의 대속적인 속죄 교리를 받아들이지 않는다. 다음 책을 보라. H. J. Langman, *Kuyper en de volkskerk*(1950), 219ff. 특히 237-238쪽을 보라.
23. 다음 책들을 보라. K. Schilder, *Twee bijdragen tot de bespreking der "gemeene-gratie idee"* (Almanak F. Q. I., 1947); *Chrisuts en de cultuur* (1947)
24. *Acta Synode Gereformeerde Kerken*, 1940-1943, Article 682.
25. H. Beets, *The Christian Reformed Church*(1946), 108.
26. 다음 책을 보라. D. H. Kromminga, *The Christian Reformed Tradition* (1943), 145-146.

14장

1. *E Voto Dordraceno*, IV, 33.
2. *Gedenkboek*(1920), 35.
3. *Gedenkboek*, 85. 발렌테인 헤프Valentijn Hepp(1879-1950)는 자유대학 신학부에서 카이퍼와 바빙크의 지도하에 교의학을 전공했고, 세 교회에서 목회를 하였으며(1904-1922), 목회중인 1914년에 헤르만 바빙크의 지도를 받아 박사학위를 받았다. 헤프는 비록 바빙크의 제자였지만 성향상 카이퍼에 더 가까운 인물이었다. 교의학 교수로 취임하고 1950년에 생을 마감하기까지 약 28년의

공적 사역 기간 동안에 그는, 두 스승(카이퍼와 바빙크)의 신학을 규범으로 삼이 새로운 사상들을 비판하는 일에 매진했다. 학자들은 대체로 헤프 교수가 아주 예리한 사상가이자 재능이 많은 저술가라는 사실을 인정하지만, 그럼에도 불구하고 헤프 교수의 중대한 문제점으로 카이퍼와 바빙크의 신학을 거의 경전화했다는 점을 지적한다.

4. J. C. Rullman, *Kuyper-Bibliographie*, III, 261-264.
5. *De Heraut*, Sept. 24, 1905. For the J. H. De Vries translation. 다음 책을 보라. *To Be Near Unto God*, 23. (「하나님께 가까이」 크리스챤다이제스트)
6. 카이퍼는 존 칼빈을 거명하여 다음과 같이 말한다. "칼빈은 차갑다고 일컬어지지만, 그리스도와의 신비적 연합, 그리고 그분 안에서 영원하신 하나님과의 연합에 그렇게 강조점을 둔 신학자는 없다."
7. Introduction to *Nabij God te zijn*(1908).
8. *Het Sociale vraagstuk en de christelijke religie*(1891), 15.
9. *De Christus en de sociale nooden en democratische klippen*(1895), 45.
10. *E Voto Dordraceno*, I, 465.
11. *De Vleeschwording des Woords*(1887), 10-11.
12. *Vleeschwording*, 87.
13. *Vleeschwording, 88ff; Encyclopaedie der Heilge Godgeleerdheid*, II, 160ff.
14. *E Voto Dordraceno*, IV, 535.
15. *Het werk van de Heilige Geest*(1888-1889; 영역본 *The Work of the Holy Spirit*).
16. *Pro Rege*, I(1911), 468ff.
17. *Pro Rege*, I, 359.
18. *Pro Rege*, I, 476-477.
19. *Pro Rege*, III, 212.
20. *Pro Rege*, III, 23.
21. *Pro Rege*, III, 83-84.
22. *Pro Rege*, III, 125ff.

23 *Calvinism*, 제2강.

24. *Pro Rege*, III, 132.

25. *Pro Rege*, III, 184ff.

26. *Pro Rege*, III, 204.

27. *Pro Rege*, III, 447.

28. *Pro Rege*, III, 589.

15장

1. *De meiboom in de kap*(1913), 14.

2. P. Kasteel, *Abraham Kuyper*, 269

3. D. Hans, *De man der kleine luyden*(1905), 27.

4. P. A. Diepenhorst, *Dr. A. Kuyper*(1931), 27.

5. Rullman, *Kuyper-Bibliographie*, III, 347.

6. 이것은 네덜란드 역사가 얀 로메인의 저서 *Erflaters van onze beschaving*에 나오는 표현이다.

7. Kasteel, *Abraham Kuyper*, 60.

8. 다음 책을 보라. J. A. de Wilde and C. Smeenk, *Het volk ten baat*(1949).

9. 다음 책들을 보라. *Het volk ten baat*, 318-320; Rullman, *Bibliography*, 408, 434.

10. 그의 주간지 *Hollandia*에서.

11. *De Meiboom in de kap*, 21-22

12. Rullmann, *Kuyper-Bibliographie*, III, 420.

13. A. Kuyper, *Om de oude wereldzee I. Het Aziatisch gevaar, Rumenië, Rusland, de zigeuners, het Joodsche probleem, Constantinopel, Klein Azie, Syrie, Het Heilige Land*(Amsterdam: Van Holkema & Warendorf, 1907); *Om de oude wereldzee II. Het raadsel van den Islam, het land der Pharao's, Soedan, de Hellenen, Sicili?, het protectoraat van Tunis, de Algerijnsche kolonie, Marokko, Spanje, Portugal*(Amsterdam: Van

Holkema & Warendorf, 1908).

14. *Om de oude wereldzee*, II, 239.
15. *Anti-Revolutionaire Staatkunde*, I, 544.
16. 다음 책들을 보라. A. B. David, *Een middeneeuwer in onze dagen* (1909); J. L Tal, *Jood en Jodendom in christen-omgeving*(1916).
17. 다음 책들을 보라. Kasteel, *Abraham Kuyper*, 297; A. Kuyper *De Gemeene Gratie*, I, 387.
18. *Gedenkboek*(1921), 168.
19. *Wij Calvinisten*(1909), 15-16.
20. *Anti-Revolutionaire Staatkunde*, I (1916), 602-603.
21. Published in his *Forma ac Ratio*.
22. In *Geschiedenis der Christelijke Kerk in Nederland*(1869, edited by Ter Haar and Moll), 289. 다음 책도 보라. *Onze Eeredienst*, 39.
23. "The Antitheisis Between Symbolism and Revelation"(a lecture delivered before the Historical Presbyterian Society in Philadelphia in 1899), 23.
24. *Onze Eeredienst*, 556.
25. In his review in *Ons Tijdschrift*(1911), 761-781.
26. *Onze Eeredienst*, 30.
27. *Onze Eeredienst*, 47.
28. *Onze Eeredienst*, 85.
29. *Onze Eeredienst*, 256-257.
30. 다음 책들을 보라. *Antirevolutionair ook in uw huisgezin; Ons program*, 411-476; *gij in uw huis zit*(1899)
31. 카이퍼는 1899년에 행한 총장 연설문인 '진화*Evolutie*'에서 광범위에 걸쳐 이 이론에 대해 비판했다.
32. *Gedenkboek*(1921), 79-80.
33. Article in *Onze Toekomst*(Chicago), issue of Nov. 19, 1920.
34. 자유대학 사무실의 총무인 J. 판 오퍼스떼이흐가 *De Rijpere Jeugd*(Dec. 15,

1920)에 쓴 글을 보라.

35. *Gedenkboek*(1897), 155-156.
36. 당시에 자유대학 학생이었던 A. G. 호너흐 교수의 증언에 따름(*De Bazuin*, November 12, 1920).
37. The complete letter is in Rullmann's biography, 71-74.
38. *Mr. Levinus Wilhelminus Keuchenius*(1895). 카이퍼는 쾨우허니우스의 이름을 따라 자신의 한 아들의 이름을 지었다. 이 책은 기적적으로 말을 할 수 있는 능력을 회복했던 쾨우허니우스의 임종에 대한 잊지 못할 묘사를 포함하고 있다.
39. In *Vir clarissimus F.L Rutgers*(Student Almanac 1918).
40. "Bij de nagedachtenis van Willem Hovy," in *De Amsterdamer*, March 14, 1915.
41. *Gedenkboek*(1921), 16.
42. Kasteel, *Abraham Kuyper*, 8.
43. "그 안에는 카이사르적인 본성이 있었다. 그는 주도적인 특징들을 가졌다. 그는 일종의 거장이었다."(*De Beukelaar*, 1920년 11월 19일자).
44. G. 푸칭허는 다음과 같이 썼다. "그는 19세기의 위대한 꿈꾸는 자였다." (*Gesprek over de onbekende Kuyper*, 1971).
45. *Gedenkboek*(1897), 77.
46. 1897년 4월 1일에 행한 연설.
47. 다음 책을 보라. V. Hepp, *Herman Bavinck*, 163.
48. 다음 책을 보라. J. Foret, *In Rapport met de Tijd*(1980), 114.
49. *Anti-Revolutionare Staakunde*, I, 485.
50. *Onze Eeredienst*, 179.
51. *Gedenkboek*(1921), 227.
52. *The Practice of Godliness*(1977 edition), 65-66.

16장

1. 콕 씨가 저널리스트인 브루세씨에게 말한 내용(*Nieuwe Rotterdamsche*

Courant, February 5, 1927).

2. *Anti-Revolutionaire Staatkunde*, I, 559.

3. *Staatkunde*, I, 568-569.

4. "동물세계는 진화의 산물이 아니라, 전능하신 하나님에 의해서 그것의 총체적인 구조와 내적인 유기체와 더불어 한순간에 창조된 것이다. 그러므로 동일하신 전능하신 하나님의 능력이 한순간에 그것을 변화시켜서 한때 평화로웠던 조직체가 파괴적인 것으로 바뀌도록 할 수 있다는 것은 명백하다."(*Anti-Revolutionaire Staatkunde*, I, 51). "하나님께서는 창세기의 첫 아홉 장들 속에서, 하나님 자신이 말씀으로 표현하셨던 것 속에서 근본적인 법과 원리들을 계시하셨다."(79쪽: 또한 84쪽을 보라).

5. *Staatkunde*, I, 116-119.

6. *Staatkunde*, I, 424.

7. *Staatkunde*, II, 535ff.

8. *Staatkunde*, I, 265-266.

9. *Staatkunde*, I, 418, 480.

10. *Anti-Revolutionaire Staatkunde*, II, 534, 544. 카이퍼가 사회 문제가 정치 영역으로 확대됨으로써 노동 영역의 주권을 포기했다고 한 W. 스뻬일만의 언급은 제대로 된 주장이라 볼 수 없다(다음 책을 보라. *In rapport met de Tijd*, 1980, 178).

11. 1871년 마지막 날에, 카이퍼는 '회개하라. 천국이 가까웠느니라'는 주제로 설교를 했다 (*Predikatiën*, 1913, 374ff).

12. *Afgeperst*(1912), 65.

13. "Address to the Young People's Society in Kralingen," 1915 (Rullman, *Kuyper-Bibliographie*, III, 423-426).

14. Rullmann, *Kuyper-Bibliographie*, III, 423-426.

15. 프리슬란트는 네덜란드의 북부 주 가운데 하나이며, 여전히 자신들의 언어에 대한 자부심을 간직하고 있다. 프리슬란트인들은 판단의 독립성에 의해 특징 지어진다.

16. Frank Vanden Berg, *Abraham Kuyper*(1978), 263.

17. *Gedenkboek*(1921), 15-16.
18. *Kasteel, Abraham Kuyper*, 83.
19. L. W. G. Sholten, "Kuyper als politicus," in *Gedenboek*(1937), 235.
20. Kasteel, *Abraham Kuyper*, 337.
21. 그들 가운데는 E. J. Potgieter(*Het Rijksmuseum and Jan, Jannetje en hun jongste kind*의 저자)와 C. Busken Huet(*Het Land van Rembrandt*의 저자) 등이 있다.